# 神々の食べ物

## 聖なる栄養とは何か

ジャスムヒーン 著
鈴木 里美 訳

ナチュラルスピリット

# 序文

この本の執筆のための資料を集めるうちに、私はすべての人が何かに飢えていて、そのような栄養の欠乏こそが、今日の私たちの前にある地球上のほとんどの病気や不調和を創りだしていることに気づきました。また、教育の欠如がこのような不調和や病気の状態を継続させていることにも気づきました。多くの人々は、私たちの誰もが求めている肉体的、感情的、精神的、霊的健康と幸福を生みだす栄養源を利用する方法に気づいていないのです。

物質的な栄養のバランスや肉体の健康維持に関する研究や執筆は数多くされていますが、細胞レベルと魂レベルの両方で私たちの飢えをすべて満たしてくれる栄養源については、ほとんど書かれていません。私たちに深い満足感をもたらす簡単で実用的なツールについても、ほとんど紹介されていません。

私は、聖なる栄養を解説した一連の著作のシリーズで、ほかに2冊の本を書きましたが、本書の中では私たちの飢えをすべて満たすための非常に単純で、わかりやすい方法を紹介したいと思います。そして、もし望むなら（その人が正しい経路に同調する準備ができているならば）、人々を物質的な食べ物による栄養摂取から解放する、基本的な体系についても紹介したいと思います。しかしながらこの本に書かれた原則、ライフスタイル、瞑想などは、誰もが活用できるものです。唯一の違いは、物質的な食べ物を、今まで通り味わいたいという人々に、健康と感受性、そして地球資源維持のために、私たちは菜食をお勧めするということです。

この『神々の食べ物』という本と、ここに書かれた研究や推薦は、愛、健康、幸福、平安、豊かさに飢えているすべての人に適したものです。私はこのような飢えを、聖なる栄養プログラムの「第1段階」と呼びます。「第2段階」で、私たちはこのような飢えを満たし、健康と幸福と平安と豊かさを獲得します。「第2段階」は、これらのものを私たちの領域に引き寄せるのに必要な栄養を得るためのツールを獲得し利用する段階です。次に聖なる栄養プログラムの「第3段階」では、私たちは自らをさらに洗練し、物質的な食べ物を食べる必要性から解放される方法や、シータ-デルタ波の紫の光の周波数域内で、より自由に存在する方法を学びます。この本の中ではどちらの範例についても解説し、これら両方をうまく達成するためのツールを提供しています。

多くの方々がすでにご存知の通り、私は長年の修行を経て、1993年より「神々の食べ物」の領域への経験に基づく研究(そしてその結果の記録と報告)の旅を始めました。限りない愛の流れと癒しの導きを受けるために、私は22年以上この領域に意識的にアクセスしてきましたが、この領域のプラーナの栄養の恵みについては、まだ探求の余地があります。この旅について、そしてこのような旅が個人的にも世界的にも私たちにどのように関係するかについては、シリーズの最初の2冊、『リヴィング・オン・ライト——あなたもプラーナで生きられる』(小社刊)と『*Ambassadors of Light*-*World Health & World Hunger Project*(光の大使—世界保健および飢餓プロジェクト)』の中で紹介しています。

そしてこの3冊目の本では、聖なる栄養の現実を次元バイオフィールド科学の観点から見つめます。もちろん私のお気に入りのトピック——私たちすべての内に存在する神、全知全能ですべてを愛し、あらゆるところに存在する力。私たちを生かし、導き、すべての領域に命を与え、生まれ来るものすべてを支え、育む力、そして聖なる母の愛、または私がマドンナの周波数域と呼ぶものとして表される力――についても、さらに詳しく紹介します。私はこの力に、忠誠と愛と時間を捧げます。この力を知ることは、それを愛することであり、この力と一つになることで、私たちの疑問はすべて消え、私たちの内なる存在が本当の栄養で満たされ充実するからです。

現在の段階において、「神々の食べ物」の旅は完全に経験に基づいたものであり、私たちを次元バイオフィールドへと深く導き、ヨギたちが「究極の現実」と呼ぶ、私たちの論理的なマインドの範囲を超えた場所へと導くものです。バイオフィールドとは、すべての生命体を取り巻く放射する金のフィールドで、二つ以上の生命体が互いに引きつけられたときに発生します。

この研究分野における私の個人的課題は次の通りでした。

**①純粋にプラーナ、あるいは聖なる栄養だけで、肉体を健康的に維持できることを自分自身に証明し、疑いをなくして、議論や懐疑の中でも堂々としていられるようになること（そういう運命にあることは気づきませんでした）。**

**②この旅の支えとなる研究を可能な限り集め、それらを分かち合い、ほかの人々に理解しやすくすること。**

**③世界中の健康と飢餓の問題の解決策を見つけること。**

**④新しい研究をすべて分かち合うことで、形而上学の領域と、主流の科学と医学の領域との架け橋となり続けること。**

**⑤興味をもった人々に、新たなレベルの自由――私たちの地球資源を大量に消費することからの自由、病気からの自由、選択の自由、飢餓からの自由、そして最終的には私たちの感情的、精神的、霊的食欲不振からの自由――を獲得するための、安全で実用的で簡単な方法を伝えること。**

①、②、③については、このシリーズの最初の2冊の本の中でも説明しています。本著では④と⑤の事項を取り扱います。それでも異なる世界間の橋渡しは、地球の進化の計画の一部ですので、これは一個人が単独で克服

できるものではありません。またこの本に書かれていることを理解するために、ほかの2冊の本を読んでおく必要はありません。

私たち一人ひとりが役割をもち、一人ひとりが変化のための大規模な計画の一片を担っています。その中に私たちの進化の自然な道筋が形成されていきます。そのうちに私たちが発見したことはすべて、当たり前の事実として受け入れられるようになり、これらの領域に開かれた人々による個々の探求と、正常で標準的な研究とが結びつくことで、これが現実となるでしょう。

私が求めるのは、すべてにとって良い方法で、敬意をもって行われるということです。もし私たちが皆、「誰もが成功を共有できる」解決策を求めて、尊敬と誠実さをもって行動するならば、私たちの世界は真の文明化の状態へと発展し、飢え、貧困、戦争、暴力などは過去のものとなるでしょう。

ですから「神々の食べ物」では、私たちがシータ-デルタ場の存在から直観的に受け取った情報を提供しながら（情報の中にはこれらの経路にアクセスできる人、そしてこの特別な恵みを体験したいと願う人にしか実証できないものもあります）、異なる領域間の橋渡しをすると期待される次元バイオフィールド科学の十分な基礎も紹介しようと思います。

私たちの提案が立証されるまで、どれくらい時間がかかるかは科学界次第ですが、証拠は生きることの中にあります。より多くの人々が栄養源を聖なる愛の経路に切り替えることで、より早く私たちの内なる世界と外なる世界が平和になります。

心理学者や形而上学者たちは、私たち人間の飢えの理由とそれらの飢えを満たすための方法に関する豊富な文献を提供していますが、私たちはここで、私たちに与えられたもっとも純粋な栄養源である、聖なる栄養と神々の食べ物のツールとデータを提供することに焦点を合わせなければなりません。完全に発表されてもなお、これは新奇な――そして主に経験的な――研究分野であり続けるでしょう。

この議論により深く入る前に、私たちは読者に次のような前提を確認しなければなりません。

**① 全知全能で愛に満ち、私たち一人ひとりの内側も含めた、あらゆるところに存在する力を信じていること。この信念がなければ、私たちの提案のほとんどがあまりにも信じ難く思えるでしょう。少なくとも次元バイオフィールド科学の側面は、あなたに将来考えるべきことを提供してくれるかもしれません。**

**② この力を知ることにオープンでありながら、自分自身の内なる直観を信頼し、洞察力を働かせることができること。なぜなら私たちが探求している領域において、真実を確認できるのはあなたの直観だけだからです。**

本書は、私が形而上学のテーマで書いた18冊目の本です。基本的な秘儀の教えのほとんどは『*In Resonance*（共鳴の中で）』で扱っていますし、その科学については、私たちの地球平和プログラムも含め、『*Biofields & Bliss*（バイオフィールドと至福）』シリーズの中で説明しています。この本の中で、私たちは読者に何かを納得させようというつもりはありませんが、研究内容の説明を比較的簡単にしてはいるものの、形而上学の読書をある程度しているほうが読者にとってはわかりやすいでしょう。

また、私たちが推奨するすべての瞑想やプログラミングは安全であり、利用すればあなたの人生に恩恵のみをもたらすものなので、「試して確認する」という取り組み方をお勧めします。

私たちは人間の生命組織を聖なる栄養の経路へと切り替えるための実用書を提供したかったので、この本の中では、このシリーズの前の2冊と『バイオフィールドと至福』シリーズの内容のいくつかが繰り返されています。

これ以前の私たちの研究マニュアルをすべて読んでくださった読者には、ここでの必要な繰り返しをどうぞお許しください。

この本を書く上で、私は初めのうち、すべての人々に健康と幸福を保証するレベル2の栄養の簡単な秘訣を紹介しようか、聖なる栄養の議論をさらに進めて——レベル3のプラーナの栄養の恵みとともに——科学の領域へと入っていこうか迷いました。この分野での私の旅が始まって以来、私は直観的に科学界と形而上学界の橋渡しをしたいと熱望していました。これを行いたいという私の飢えが、両方の目的の達成を可能にしてくれることを願っています。しかしながら、問題なのは現代の科学では、形而上学の領域に必要な評価を与える準備がまだできていないということです。まず、形而上学の領域が理解される前に、科学者は彼らが知るべきことを受け入れるために意識を拡大し、量子の領域へさらなる関心をもち、研究することが必要です。次にこのような領域は安定しておらず、静的でありながら常に変化し、事象に立ち会うだけでも変化を引き起こします。

次元バイオフィールド科学は、すべての次元——1次元、2次元、3次元、4次元、5次元、6次元、7次元とさらに先の次元——の生命を理解するための科学です。いまだに多くの人々が、自分たちは3次元だけの存在であると思いこんでいますが、形をもった神としての人間の生命波は、すべての次元に同時に存在しています。より多くを知り、今以上の存在になることに飢えているすべての人に。

これはあなたのための本です。

ナマステ　　　ジャスムヒーン

# 献辞と謝辞

コンラッド・ハールビッヒと彼の妻カレンに、このシリーズの最初の1冊を出版することを決断してくれたこと、そしてそれ以降この情報の公開が引き起こした論争の中で堂々としていてくれたことに対して、私はずっと感謝しています。

また私の初期の研究に感動して私とともにこの道を歩み、私の発見が彼らにとっても真実であるということを、自らの体験を通して証明してくれたドイツの人々に感謝します。私より以前に、そして私とともにこのような領域すべてを探求してきた大勢の人々にも感謝を捧げます。彼らは私たちの旅をより楽にしてくれました。

またドイツ、イタリア、クロアチア、フランス、スペイン、ブラジル、ベルギー、スウェーデン、ギリシャ、ハンガリー、ルーマニア、ポーランド、ロシア、そして日本の出版社の皆さんへ、このような物議をかもしうるテーマを公表し、地球上にこの情報を深く根づかせてくださった勇気に、感謝を捧げます。常識を覆すような物事に対する私たちの処理能力に関係なく、進化は支えられていくものです。

気功とプラーナ・ヒーリング・ネットワークの研究を分かち合い、情報を収集させてくださった人々に感謝します。また、現代医学と古代医学の世界をつなぐ忍耐強い試みをしてくださったディーパック・チョプラ博士に感謝します。太陽光線で生きる研究をシェアしてくれたスディール・シャー博士と、不食の研究に20年間取り組んできたカール・グラニンジャー博士に感謝します。これらの人々の研究と、『*Ambassadors of Light*（光の大使）』の中で紹介したすべての人々の研究もまた、私の旅をより楽にしてくれました。彼らの仕事のすべてに対して、私は永遠に感謝します。「水からの伝言」の研究で、私たちの仕事に信頼性を加えてくださった江本勝博士、この世界に喜びをもたらす存在であり、その寛大さで彼の調査とライフワークを共有することを快諾してくださったマスター、マンタク・チアに感謝します。

すべての人々に本当の栄養をもたらすのは、私たちの体内での物質的な食べ物の化学反応ではなく、私たちの内に存在する非常に賢明で愛に満ちた知性であり、その知的存在と一つになることで私たちの飢えがすべて満たされることを知っている人々にも感謝します。私たちすべてがこの源を認識し、この源によって育まれ続けますように。

長年私を支え続けてくれた私の家族に感謝します。私が自分の限界を見つけ、それを広げようとして肉体と生命組織を極限のサイクルへと追いこんでいるとき、彼らは私を支えてくれました。そして私の公の研究がもたらした議論に丁寧に対処してくれたことにも感謝しています。心から愛しています。

最後に私たちの研究を分かち合うため、長年にわたって（論争にかかわらず）彼らの国々へ私を招待し続けてくださった主催者の皆さんへ、私は皆さんを心から愛しています。そして祈りを通してこの研究（そして私自身）を生かし続けてくださった皆さん、あなた方がいなければ私たちはここまでやってこられませんでした！　愛とサポートで私の内面を満たしてくれて、本当にありがとうございます。

# 神々の食べ物＊目　次

## ■聖なる栄養プログラムのツールとテクニックのリスト■

〈レベル2と3の栄養と感受性の開発ツール〉

〈レベル3の栄養と感受性の開発ツール〉

# 神々の食べ物

# 〔第1章〕誰もが何かに飢えている

対象を特定できるできないにかかわらず、誰もが何かに飢えています。そして人間の飢えのほとんどは、簡単に識別できます。多くの人々が愛に飢え、またある人々は富に飢えています。健康と幸福への飢えもまた、私たちの時間を支配します。今このときにも、ある人々は報復を求め、ある人々は調和や平和を求めて叫び、正義と真実と優しさが打ち勝って愛する者を戦場へ送らずにすむことを求めています。

ある人々は肉欲を満たすことに飢え、またある人々は霊的に満たされることに飢えて、まるで日々の食事をとるように悟りを求めます。そのような人々は、より説明しがたい飢えに動かされているからです。飢えは、その深さと駆りたてる欲求によって様々な方法で表現されます。人生における問題が何であろうと、その問題の表面を一皮むけば、誰もが何かに飢えていることがわかります。

権力への飢えはほかへの征服につながり、知識への飢えは成長へとつながります。富への飢えはほかからの搾取、利他主義への飢えは富の再分配につながります。コミュニケーションへの飢えはほかとの和合へとつながり、本当の食べ物への飢えは、私たちにしばしば欠乏感を与えます。知恵に対する飢えは、私たちを自分自身の深みに触れさせ、その知恵を人生に応用するように私たちを試します。真実への飢えは、私たちをスピリットという霊薬の入った内なる聖杯の発見へと導きます。

スピリットへの飢えはＤＯＷ（Divine One Within――内なる神、以下ＤＯＷと表記）を明らかにします。それは生命維持という領域で脈打つ、非常に複雑なバイオメカニズム――63兆個の細胞が一定の速度で振動し、一生を通して私たちが経験する様々な現実を決定するメカニズム――のマスターコンピューターの管理者として現れます。

このようなおびただしい数の飢えを満たすことに、指導者が、賢人が、そして同様に好奇心の強い人たちがその思考と時間を費やしてきました。しかしこのゲームにより深く向き合おうとする人も、そのための時間を作る人もほとんどいません。多くの場合、人々は生存するための飢えを満たし、繁栄のために十分な栄養を見つけることに夢中になりすぎています。本物の栄養を理解する計画に取り組む人というのは、事前にプログラムされている人々か、あるいは人生における大きな変化によってこの計画に偶然出くわす人々です。

完璧な栄養を求める人々の間で共通して見られることは、まるで人生という複雑なジグソーパズルに新たな層を加えていくように、一つの飢えが満たされるやいなや、新たな飢えが明らかになってくるということです。私たちの飢えをすべて適切に満たし続けることは、時間のかかる情熱であり、一つの芸術でもあります。すべての飢えを満たすには時間、集中力、意志力、願望、焦点、夢に描き計画すること、お金、エネルギー、協力、ほかとの和合、コミュニケーションとプログラミングが必要であり、これを適切に行うには十分な基礎的スキルが必要です。

飢えを満たしてあらゆるレベルの飢餓感から解放されるためには、ホリスティックな教育が必要です。私たち自身を満足させるためには、まず私たちが本当は誰であるかを理解する必要があるからです。63兆個の細胞メカニズムが機能する私たちの存在のどのような側面をもそれを無視することは、視覚を否定して人生を暗闇の中で過ごすようなものです。もしも視力を一度ももったことがなければ、私たちは何を失っているのかわかりませんが、一度でも視覚を経験しているならば、より大きな調整が必要となります。実は、私たちのＤＯＷ――聖なる自己――は、私たちにその存在を知ってほしいのです。なぜならＤＯＷこそが私たちに呼吸をさせ、私たちを生かしているメカニズムの背後にある力だからです。

私たちのＤＯＷは、基礎をなす創造的な周波数として私たちの細胞や原子の中にあまねく存在していますが、多くの場合その存在感は非常に薄れてしまっています。次元バイオフィールド科学では、私たちが焦点を合わせるものが常に増大するからです。私たちがあまりにも長い間私たちの身体のボスを無視し続け、より物質的な方法で自らの飢えを満たすことに集中してきたために、ＤＯＷのエネルギー・フィールドは「基礎的管理」状態へと調整されてしまいました。

基礎的管理モードにあるＤＯＷは私たちに呼吸をさせ、私たちの思考に耳を傾け、たいてい私たちを自由にふるまわせ、試し、私たちが学びながら成長するよう経験させます。私たちが「私は誰？　なぜここにいるの？この存在により高次の目的があるの？　すべての人が地球上で平和に暮らすことができるの？　どうしたらみんなうまくやっていけるの？」などのような疑問をもち始めるまでは、私たちのＤＯＷは休眠状態にあり、求められない限りそのすべての可能性を明らかにすることができないのです。

ありがたいことに一人ひとりの人間の身体には、本物の栄養を提供する完璧で無限の供給者が備えつけられています。私たちのＤＯＷにはすべての飢えを満たす力があるのです。私たちが、ＤＯＷの力とそれに自然に伴う恩寵《グレース》の流れを意識的に取り扱うことで、私たちの人生は気楽さと喜びのスムーズな流れとなり、何事も問題ではなくなり、全体の中で、すべてが完璧な調和とバランスをとって機能するようになります。

私たちは愛、健康、豊かさなどに対する飢えを満たすことができても、ＤＯＷを知るという生来の飢えを満たすまでは決して満足することはありません。すべての存在は、ＤＯＷを知るようにプログラムされています。ＤＯＷは私たちの身体の聡明な創造者、神と呼ばれる力であり、私たちがそのことを思いだしてＤＯＷと意識的に溶けこまない限り、私たちが完全に満たされることはないのです。賢人たちはこのような栄養の摂り方を神々の本当の食べ物へのアクセスと呼びます。

**私たちの飢えの分類**

基本的に、私たちの飢えは以下のように分類されます。

・肉体的な飢え
・感情的な飢え
・精神的な飢え
・霊的な飢え
・共同体や地球的な飢え

実は、これらすべての飢えが満たされない限り、私たちは絶えず不満を感じます。一人ひとりの人間には、すべての飢えを満たすための知識とツールの両方が、細胞レベルでコード化されているからです。すなわち私たちは生まれながらにして必要なものを備えつけており、自分で栄養補給ができるのです。この知識と技術の解放は、私たちの人生の旅路の、特定の行為や願望を通して起こります。

肉体的な飢えはわかりやすく胃の中の空腹感として表れます。それは私たちが食べ物を与えるまでそこにとどまります。私たちが選ぶ食べ物の種類によっては、身体を健康に保ち、再生させることもあれば、身体にとって不自然な食べ物や飲み物を選ぶことで、その毒性に対処するために身体を酷使してしまう場合もあります。健康的な正しい栄養摂取については豊富な研究がなされていますが、私たちはこの本の中で、身体を健康に保ち、病気にならないようにするためにアクセスできる、もう一つの栄養源の活用に進みたいと思います。幸いなことにこの種の栄養へのアクセスは、私たちの感情的、精神的、霊的な飢えをも満たします。なぜならこれがＤＯＷの力の本来の性質であり、ＤＯＷこそが無限の栄養源への鍵を握っているからです。

私たちの飢えの理由は、私たち自身と同じように多様です。過去の満たされない経験にさかのぼるものもあれば、ただ漠然と満たされないというものもあります。たとえば子供時代に愛されなかったと感じている人は、感情的に不安定で、愛と承認に飢える場合があります。または子供が小さいために職場を離れることを選択した母親たちが、精神的な刺激に飢えて、創造的なはけ口を求めることもあります。若者たちは彼らの人生に待ち受けているすべてを経験するために世界へ飛びだしたいと願い、老人たちは若さを再び取り戻したいと願います。同様に、より形而上学的なレベルでは、高密度のベータ場内での人生経験に飢える魂もあれば、そこを去ることに飢える魂もあります。

私たちの飢えとその理由には無数の種類があり、これらのいくつかを理解するためにはまず、なぜ私たちが栄養を受け取る能力をブロックしてしまうのか、という理由を見つめることが役立ちます。次に『聖なる栄養シリーズ』の中で解説している飢えのタイプの情報や、私が慣例的または非慣例的と分類する、私たちに利用可能な別の栄養源などを受け入れやすくする、または受け入れにくくする人間の意識の自然なサイクルを探求することが有益です。

聖なる栄養のプログラムに進む前に、私たちにアクセス可能な三つの栄養レベルの分類についてより深く見てみましょう。以下のようにまとめるのがわかりやすいと思います。分類をすることは、私たち人類の区別を進めるようで好きではないのですが、この本の目的にそって行いたいと思います。

**聖なる栄養プログラム(Divine Nutrition Program：以下DNPと表記)レベル1**

レベル1の生命体はとても飢えています。平均寿命は70歳代で、時間をかけてゆっくりとした身体の衰弱を経験します。肉体的、感情的、精神的、霊的な病気にかかりやすく、健康、幸福、平和、豊かさのレベルは変動します。レベル1の人々がベータ波の領域を離れることはめったにありません。

**聖なる栄養プログラム(DNP)レベル2**

レベル2の生命体は、すべてのレベルにおいて十分な栄養で満たされ、個々の存在は健康、幸福、平和、豊かさの持続可能で満足のできるレベルを経験します。レベル2の人々は脳波をアルファーシータ波の領域に保つ傾向があります。

**聖なる栄養プログラム(DNP)レベル3**

レベル3の生命体は、地球資源の多くを必要とせず、(もしその人が望むならば)物質的な食物を摂らずに身体の健康を維持し、病気にかかることなく生命を維持することができます。レベル3の中には老化の進行や、死からも解放される人々がいます。レベル3の生命体は超常的な能力の多くを使い、脳波のパターンをシーターデルタ波の領域に保つ傾向があります。

# 〔第２章〕聖なる栄養の贈り物、脳波パターンと私たちの超常的能力

「神々の食べ物」と、その聖なる栄養の贈り物を理解するために、私たちはまず私たちの脳波パターンの領域を調査する必要があります。10年間の経験的研究の結果、私はこの領域へのアクセスに成功する秘密が、二つあることを発見しました。一つはライフスタイルによって決まる私たちの個人的周波数です。そしてもう一つは私たちがそれぞれ属する脳波パターンの分野です（これもまた、私たちの個人的周波数に影響します）。

私たちの脳波パターンが機能する速度やサイクル、そしてそれらの振幅は、人生における私たちの栄養摂取状態を決定づけます。そして、もしある特定の方法で調整されれば、西洋社会ではまだ比較的調査されていない、別の栄養源を明らかにすることができるのです。

２００２年にインドを訪問中、スディール・シャー博士と彼の研究チームに会ったとき、私は聖なる栄養の旅を理解するために重要な一つのつながりを与えられました。私はそのときすでに、この本を執筆するよう導かれていて、「聖なる栄養の分野」で行われるべき今後の研究に焦点を合わせていました。そんな中で出会ったシャー博士の脳波パターンに関する個人的研究は、私の新たなレベルの理解へのきっかけとなりました。私たちが「神々の食べ物」を純粋な栄養源として受け入れるためには、私たちの身体や脳の働きをより良く理解することが必要です。脳波パターンの研究分野については、後ほどより詳しく見ていきます。

## 脳波パターンと聖なる栄養プログラム

簡単に言うと、脳波には主に四つのパターンがあります。

・ベータ脳波パターン　14～30ヘルツ――レベル1
・アルファ脳波パターン　8～13ヘルツ――レベル2と3
・シータ脳波パターン　4～7ヘルツ――レベル2と3
・デルタ脳波パターン　0・5～3ヘルツ――レベル3

意識的に脳波パターンを変化させる訓練を受けていない人とヨギたちとの間で生じる、脳波パターンの異なる種類に関する研究は現在行われています。その中で、まだ調査されていないのは以下の点です。振動数が遅く、振幅が大きい脳波パターンを長期間維持した場合、人間の身体には何が起きるのか？　すなわちある人がシータ波に定着することを決めた場合、その人の人生には何が起きるのか？　そして、このような定着はどうやって行われるのか？

これらすべてについて、後ほど別の章で述べますが、今ここでは、シータ場内での人生が、私たちにもたらす贈り物について紹介しましょう。

## 超常能力

シータ-デルタ周波数パターンの脳波が維持されるとき、その人の人生には次のような特質が現れることが研究により明らかになりました。これらの特質は超常能力として分類されることがあります。

＊予知能力――これから何が起きるかを感じる能力。
＊テレパシー――言葉にしないメンタル面のコミュニケーションを理解する能力。
＊バイロケーション――同時に二つの別の場所に存在する能力、または自分のホログラフィックな投影を、どこか別の場所へと送る能力。
＊超感覚力と感情移入――他人が感じていることを感じる、または理解する能力。
＊透視能力――第3の眼を通して異なる世界間を見る能力。
＊ヒーリング――触れるだけでヒーリングをする能力、遠隔からヒーリングを起こす能力。

シータ-デルタ脳波パターンは、私たちの潜在的な超常能力の発祥地であり、そこにアクセスすることによって、私たちの聖なる栄養の内なる力があふれだします。形而上学の世界では、一人の人がどのような能力をもつかは、たいていその人が受け入れた人類の進化のサイクルの中での役割によって決まります。

人々がシータ-デルタ脳波パターンを維持するとき、マインドの意識と無意識の間のベールが剥がれ、より効果的に生命組織全体を再プログラミングすることが可能になるばかりでなく、現実の別の領域との接触も始まります。そのとき、私たちには次のようなことがより現実的になります。

＊聖なる輝き――オーラの放射を増減させることで、私たちの存在がほかの人々に健康的な栄養を与える。
＊聖なる意図――共同創造における私たちの意図や願望の力を理解し、それをすべてにとって良い方法で賢明に使うことにより、力強く滋養に満ちた宇宙の力に支えられる。
＊聖なるガイダンス――信頼できる内面からくるガイダンスへのアクセス。
＊聖なる豊かさ――私たちがすべてのレベルで満たされるために必要な豊かさへのアクセス。
＊聖なる通信――共感またはテレパシーなどの方法で、シータ-デルタ場に永住する存在たちとのコミュニケーションを得る能力。
＊聖なる共同創造――最高の潜在力を刺激し、解放し、明らかにする、創造の能力と行為。
＊聖なる恩寵《グレース》――人生の潤滑油となりうる説明のつかない聖なるエネルギーを体験できる能力。
＊聖なるコミュニケーション――内なる神と内面の神聖さとのコミュニケーション。
＊聖なる顕現――創造者の意志を認識し、それを現在の聖なるプランである地上の楽園の意識的な共同創造の計画にしたがって顕在化する能力。
＊聖なる至福――真の感情的、精神的、霊的栄養。
＊聖なる栄養――プラーナのような聖なる栄養と、それによってもたらされる自由。
＊聖なる啓示――現実や理解力の制限を超えた知の領域へのアクセス。

以上は聖なる栄養の経路にアクセスすることによってもたらされる利益の一部です。これらについて後ほど詳しく述べます。

私はこれらを、私たちがマドンナの周波数に同調するときに受け取る贈り物と呼んでいます。マドンナの周波数とは聖なる愛、聖なる慈悲の周波数です。マドンナの周波数は、神々の本当の食べ物の配達者です。なぜなら（この説明は完全に非科学的ですが）形而上学的に言うと、私たちに滋養を与えることができる――そしてもし私たちが選択するならば、物質的な食べ物やビタミンのサプリメントを摂取することなく、完全な健康を維持することができる――のは、純粋な聖なる愛としか説明のつかないエネルギーだからです。この聖なる愛のエネルギーは、ある人がシータ-デルタ脳波パターンを維持するときに、自動的に引きだされるものだと私は思います。

私がかつて出会った男性は、こう言いました。

「なぜあなたはそれほどまでに神聖さについて話すのですか？　聖なるあれこれについてばかり話すのですか？それにあなたは私たちが聖なる存在だと言いますね。あなたにとってはそうかもしれないが、私は自分がそうだとは思えません」

私はこの問いかけに、ヨハネによる福音書14章にあるイエスの言葉を引用して答えられたかもしれません。

「私の父の家には住む所がたくさんある。もしなければ、あなた方のために場所を用意しに行くと言ったであろうか（2節）。あなた方が私を知っているなら、わたしの父をも知ることになる。今から、あなたがたは父を知る。いやすでに父を見ている（7節）」（新共同訳）

しかしこれはキリスト教徒にしか通用しません。私たちが神と呼ぶ存在ではなく、至高の知性を信じる仏教徒にとってはどうでしょうか？　そしてこのことが脳波パターンの科学的測定と聖なる栄養に、どのように関係するのでしょうか？

脳波の居場所が定着すると、聖なる栄養はそこに流れだし、私たちの内側で実際に解放されます。これは特に、私たちが意識的に脳波をシータ-デルタ場に同調させるときに起こります。

それでは神性についてはどうでしょうか？

神性とは、私たちが本当に崇高な存在とともにあるときに感じる畏敬、認識、驚嘆、感謝の感覚と体験の状態です。そのようなことがありえるのでしょうか？　私たち全員がこれを経験できるでしょうか？　それは私たちの願望と、それに気づく能力しだいです。さらにもっとも驚くべきことは、もしも私たちが神聖な存在を信じ、そのような存在に姿を現してくれるよう頼むならば、出会うことができるのです。特に、神聖な存在が、より自由に自らを表現できるシータ場へと、私たちが意識的に同調することによってそれは可能になるのです。

私は論理のゲームや真実と信念のゲームが好きです。

見つめるだけで事象を変化させてしまえる量子のゲームが好きです。

そして私は、私たちが神であるということを試すことができるという事実、私たちすべてが十分な信念をもち、場を再調整するために必要なことを行うならば、私たちが焦点を合わせるものが顕在化するという事実が好きです。

このことが、もし私たちが一つになって集合的に集中するなら、この地球上にどんなものでも共同創造できることを意味しているという考えが好きです。

果てしない創造の体験や、神が私たち自身の内面も含めたあらゆる場所に存在し、そういう意味で、すべての存在が生まれながらにして神聖であるという認識が好きです。

今日の形而上学者の役割は、私たちが神聖な存在としてふるまうことを援助するために適切な栄養を吸収することだけです。また適切な栄養を摂取することで、超常能力をもつことが私たち全員の人生にとって当たり前の状況になるという未来の事実が好きです。

現状の体制にとって、「正常」または「許容範囲内」とされる考えを見つめるのは、非常に興味深いことです。現代社会において、私たちは病に苦しみ、生命組織の崩壊をむかえ、朽ち果てることが当たり前です。70代で死ぬことや、感情の激しい起伏を経験することも当たり前です。暴力が私たちの子供たちの苦しみとして、日常的に容認されてもいます。私は個人的にこのようなことが、私たちが内なる栄養の流れを妨げない方法を学ぶことにより、日常的に受け入れられるのではなく異常なことになると考えたいです。

必要なのは、私たちに理解と有効な選択肢をもたらす教育です。私たちが人間の意識の自然なサイクルを理解することで、選択がより簡単になるのです。

〔第３章〕
# 人間の飢えと意識のサイクル

世界中の多くの形而上学者たちと同様、私は生まれながらにしてシータ場内で生きたいという飢えをもっていました。しかし私の周囲のほとんどの人は、そのような衝動を忘れてしまっていました。形而上学の世界では、飢えには自然なサイクルと根拠があるとされ、それらはこの章の最後にある図1で説明しています。これは人生の異なる段階として見ることもでき、理解すると飢えや衝動はより説明しやすく、扱いやすくなります。

## 第1段階　ベータ場で機能し、常にあるレベルにおいて飢えている

### 聖なる栄養プログラム（DNP）レベル1

人類の意識の大部分はこの状態にあります。「ここで生き残らなければならない」「ナンバーワンになりたい」という段階です。より多くの選択肢が与えられている西洋社会での私たちの関心事は「どこで働こうか」「どこに住もうか」「誰と結婚しようか」「子供をもつべきか、何人子供をもつべきか」などです。そして私たちはこれらを行動に移す段階に入り、自分や家族の世話をできるだけします。ここで生きるために苦労することもあれば（世界中で30億もの人々が、1日120円以下で生活しています）、ありがたいことにゆとりのある生活を送りな

がらも、内面に満たされないものを感じたりもしています。

この第1段階では、脳波パターンは14～30ヘルツのベータ周波数に共振し、焦点は、通常「私と私の親類」に集中しています。この周波数帯にあるとき、聖なる栄養という観念やその光で生きるという考えは、たいていバカげたものに思え実行不可能で、ヨギ*や悟りに達した人々による未来の夢の世界の出来事のように思えます。このようなことを選択肢の一つとして想像することは本質的に不可能であり、個人的な現実の一部としてとらえることはできません。

＊インドでは女性のヨギのことをヨギニと呼びますが、私にとってヨギとは男性でも女性でもありませんので、本書の中では区別しないことにします。

## 第2段階　アルファ場を発見し、ときどき飢えを感じる

### 聖なる栄養プログラム(DNP)レベル1＆2

生存するための飢えが満たされたとき、もしくはまだ生きることに必死になっている最中でさえも、人はそれだけではなく繁栄を求め始めます。この次なる段階は多くの場合、感情的、精神的、霊的栄養の欠乏から生じ、ときには臨死体験によって発生することもあります。この段階で私たちは「私は誰?」「なぜここにいるの?」、または「人生には、請求書の支払いをして家族を養う以上の何かがあるはずなのでは?」などの疑問をもち始めます。

この種の疑問は、神聖な存在としてこの世界で人間の体験をし、目を覚まして意識することを願っている自身の中の全知で無限である部分によって駆り立てられます。この疑問をもったとき、自らの脳波パターンをより内

省的で瞑想的な意識のアルファ帯へと刺激し、それによって高次の知識が流れこむための扉を開きます。

この段階で私たちは、「私と彼ら」というヨガの二元性の意識へと移行します。自分たちが宇宙の中心ではないことに気づき、ほかの存在と彼らの必要性を理解し、ほかの存在と調和、または不調和のうちにも共存できることを理解します。この意識の範囲内での選択は明白になり、私たちは自らの運命の犠牲者ではなくマスターであるという事実に気づき始めるかもしれません。この第2段階においての脳波パターンは、ストレスを受けたときにときおりベータ領域に巻きこまれることはあるものの、8～13ヘルツのアルファ領域にしっかりと定着します。このストレスは、脳波のパターンがベータ場に引き戻されたときにより大きくなります。この段階で私たちは、瞑想し、休息をとり、異なる選択をすることで「気持ちの良い」アルファ波が戻ってくることを、経験を通して知ります。

この段階で私たちの大半は、健康的で新鮮な食べ物の恩恵、さらには肉なしの食事の恩恵に気づきます。肉体を神殿として扱いエクササイズすることによる恩恵、またヨガや日常的な瞑想、そして孤独と内省の時間がもたらす恩恵も理解します。あるいは、他人や自分自身に優しさと慈悲をもって接するときに受け取る栄養にも気づくかもしれません。そして私たちは、人生とは自分自身の意識の反映であり、個人的成長の問題が重要になるにしたがって、自分自身の意識の旅をコントロールできるということを理解し始めていきます。ここでは誠実さや自己評価、そして「私は本当に幸せか」「もし幸せでないなら、それはどうしてか」「この状況を変えるために私に何ができるのか」などのような疑問に心を奪われるかもしれません。すでに述べたように、「中年の危機」*でさえも、アルファ場に入るきっかけになります。この段階で私たちはたいてい、自分の人生がより高次の存在に導かれているような感覚や経験、あるいは説明のつかない「偶然」やシンクロニシティーに巻きこまれる経験をします。

*「中年の危機」（ミドルライフ・クライシス）とは、人が中年と呼ばれる時期に差しかかり、精神的にも肉体的にも衰えを感じながらも、心がそれを認めきれずに現実の落差を解消できず、混乱したり自分を見失ったりする症状のことを指します。

## 第3段階　シータ場を発見し、ほとんど飢えを感じない

### 聖なる栄養プログラム(DNP)レベル2&3

脳波パターンがアルファ領域に定着し、ほかの存在と思いやりをもって調和の内に共存できるということを意識すればするほど、私たちはより平安で満たされていきます。そしてさらに本当の自分（DOW）のガイダンスである内なる声や第6感に耳を傾け、信頼することを学んだときは、特にその平安が増します。

この段階で私たちは統合された意識の領域へと移行し、そこですべてと「一つ」であると感じるかもしれません。それはまるで、慈悲深く聡明で愛に満ちた意識で脈動する神聖な有機体の身体の中の、小さな細胞の一つであるかのような感覚かもしれません。そして時間の過ごし方や意識したものが、自分の人生に引き寄せる経験に直接影響を及ぼすことに気づきます。この段階までに、現実を創造する自分の思考の力に気づき、その時点から繁栄を感じ、より大いなる計画と同調する人生を創造するための思考を選ぶようになります。この第3段階で、私たちはすべての生命に神を見ることを学び、人生のタントラや二元性、分離感の消滅を感じます。私たちのDOWが永遠であり、死が幻想にすぎないということに気づくに従って、すべての生命の自然なサイクルと創造の完全性を認識し学びます。

脳波パターンは4~7ヘルツのシータ領域にしっかりと定着します。この領域では聖なる啓示と神聖なビジョ

ンがより一般的に得られるようになります。内なる領域に住む神聖な存在たちの訪問も同じように当たり前になります。これは第6感である直観力と、第7感である知力が活性化され、それぞれの経路に同調したときにアクセス可能になります。私たちはプログラミングの力や願いと意図の意識的な方向づけを通して、神聖な存在たちと同調します。

その成功の可否は純粋なハートを引きつけるための、自分自身のハートの純粋さのレベルによって決まります。この領域内に滞在すればするほど、「お返しをしたい」と願うようになり、ほかの役に立つために奉仕し、この世界でポジティブに貢献したいと思うようになります。

エクスタシーのマスターであるシャーマンや、神性の探求者であるヨギが本当の力を現すのはこのシータ場内です。私たちは創造の広大さを目撃し始めると同時に、より多くを知れば知るほど、いかに知らないかということに気づき始めます。

## 第4段階　デルタ場に存在し、決して飢えない

### 聖なる栄養プログラム（DNP）レベル3

この段階で、私たちのもつあらゆる疑問はすべて消えます。内なる存在が非常に力強い栄養で満たされ、飢えを感じなくなります。そして肉体はたくさんの光、愛、聖なるエクスタシーで満たされ、すべての細胞は形をもった本物の神の周波数で振動します。

感情体は無条件の愛の存在に満たされ、創造の美と完璧さと広大さで深い認識と畏敬の念を経験します。私た

ちのメンタルな性質が、この領域内で意識を保つか保たないかは、どれだけ深くデルタ領域に飛びこむかどうかで決まります。いずれにせよ、私たちがこの領域に浸ることは、非常に深いレベルで私たちを永遠の存在に変え、そこでの経験は説明できるものではなく、しばしば感動で言葉を失うほどです。

多くの場合、私たちはこの段階でシータ場とデルタ場の間を行ったり来たりします。デルタ領域に浸っているとき、物質世界にかかわり、そこで機能したいという願望をもち続けることは困難だからです。実際に私たちがこの周波数帯に浸るとき、物質世界の意識は通常消えてしまいます。これは「大いなるすべて」の領域、そして完全意識の領域です。そこは純粋な栄養と、創造性豊かな可能性が無限に流れる神々の住処なのです。

神々の食べ物は、脳波パターンがデルタ場内で深く共鳴しているときに体中に届けられる、時間を超越した神秘です。すでに述べたように、これは私たち人間の魂と細胞を満たす栄養の性質の一形態です。スピリチュアルな言い方をすると、このデルタ領域からのエネルギーのもっとも純粋な本質は愛です。次元バイオフィールドにおいて、このエネルギーは単純に内なる扉を開くことができる脳波パターンであり、その扉が開かれ、プログラムされたときに、聖なる栄養と呼ぶ最高の種類の栄養が私たちの原子を満たすことが可能になります。

マナ、プラーナ、気、普遍的生命力として知られるこのデルタ領域の本質は、錬金術的なレベルにおいても恩寵《グレース》の波を通して表現されます。そこでは共時性や調和の流れによる魔法や偶然の一致が当たり前になります。デルタ場の恩寵《グレース》の波とつながり、体験することで、私たちは必要とされるもっとも純粋な栄養を提供する新たなレベルを人生に一つ加えることになります。

# 第5段階　自由

## 聖なる栄養プログラム(DNP)レベル3

ここでもう一つ、本当の自由の段階を加えたいと思います。私たちが第1段階から第4段階を経てその恩恵を体験したとき、次の三つのことが起こります。

1　聖なる栄養の流れを妨げるものから自由になることを学びます。

2　次に、この世界での役割が完了していない場合、私たちは直感的にシータ場にしっかりと定着し、この世界を支えるために、事象に完全に精通した光り輝く実例となるよう導かれます。この中心から再び、慈悲深く奉仕する方法を学びます。「私」が消えて「私たち」へと入れ替わります。

3　最後に、この地球上での自分の役割を完了し、シータ-デルタ波の領域にしっかりと定着している場合、私たちはこの地球を去る機会を与えられることがあります。

私は、時が来たら神様から迎えのリムジンが送られてくるだろうと冗談を言います。そのときがくるまで、私たちはリラックスして楽しみながら、ここでやるべきことを実行していればいいのです。すると私たちは、本当の神々の食べ物である愛と光に満たされ、純粋な磁気の愛の帯域に溶けこみ、圧倒されて肉体から離れたくなります。すなわち私たちはアセンションし、肉体を離れて純粋な光の領域へと上昇する機会を与えられます。

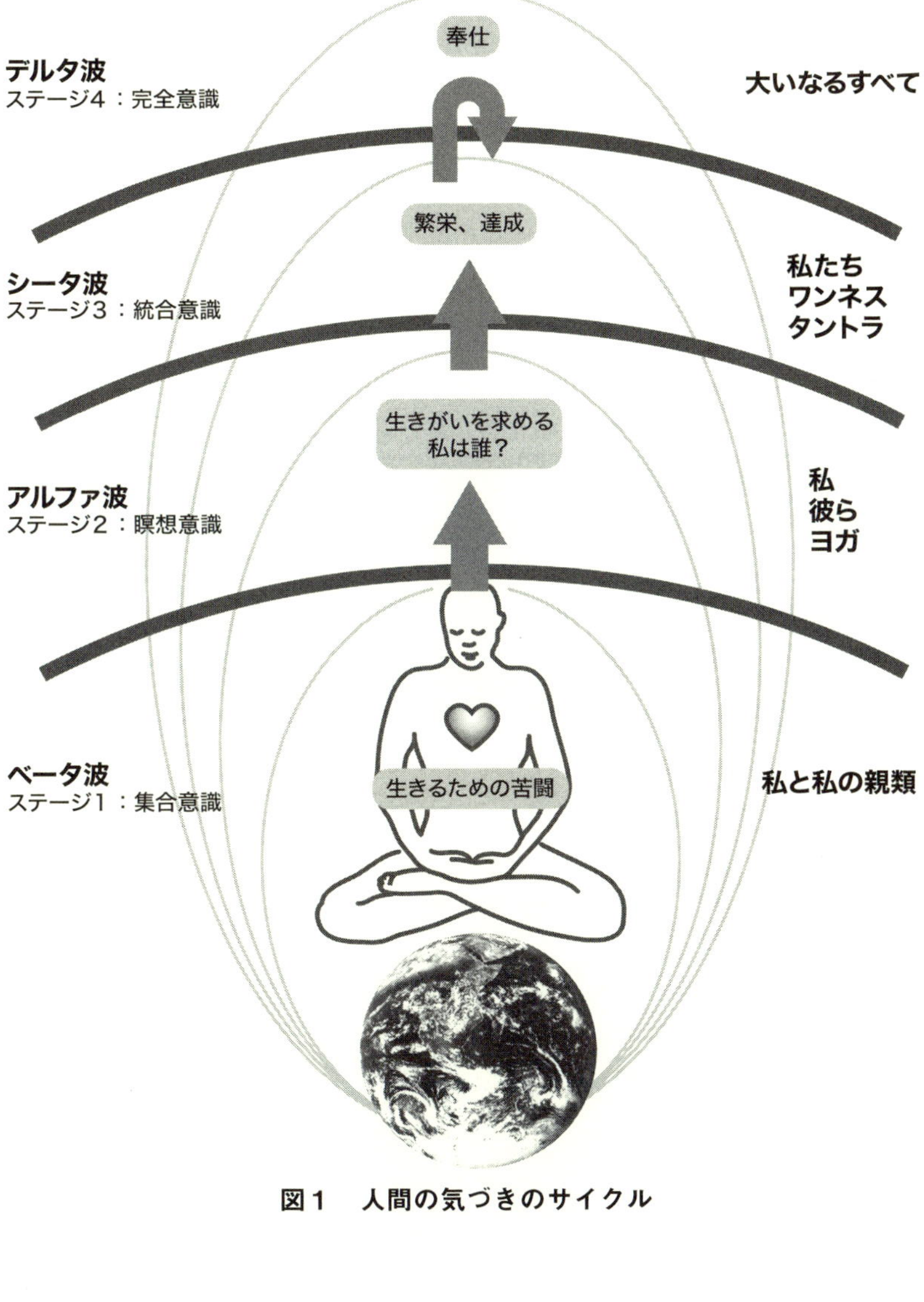


図１　人間の気づきのサイクル

## 〔第4章〕栄養のブロック、生命の萎縮

昼の流行テレビ番組の司会者であり、オプラ・ウィンフリー（訳注：アメリカで非常に人気のあるトーク番組の司会者）の支持者でもある心理学者のフィル・マックグロー博士は、彼の著書『*Self Matters*（自己の問題）』の中で、本物の自己（ＤＯＷ）に耳を傾ける人々だけが最終的に満たされると述べています。偽りの自己——文化や条件づけによって作り上げられた私たち自身の側面——は、必要なものを与える能力をもっていないからです。偽りの自己は、自分に対する周囲の人々の期待に、すべて応えようと必死になりすぎて、最終的に本当の性質から完全に離れてしまうことがよくあると彼は言います。私はこのように本物の自己を無視し続けることが、私たちを感情的、精神的、霊的食欲不振へと陥らせ、私の人生に健康と幸福のレベルの衰退を引きおこすのだと思います。本物の自己を無視することが、今日地球上に存在するすべての病の一番の原因であり、ホリスティックな意識の欠如や、ＤＯＷの力への不信が、私たちに適切な栄養を与えるその能力をブロックしているのです。

体が必要としているものと化学的に合致しない毒性物質を肉体に取りこむ以外にも、人生には偶然出会う要因から、聖なる栄養の経路へのアクセスを妨げてしまう事例が数多くあります。毒性のある感情と思考の計画の一部に「恐れと判断」があります。死への恐れ、変化への恐れ、他人と違うことへの恐れ、または自分自身と他人への判断など、これらすべてが、私たちの本当の自己の無条件の愛の栄養に満ちた流れを妨げます。

栄養が不足しているということは、生命の萎縮を助長されることになり、私たちは常に死のダンスを踊っていることになります。そして人との触れあいや愛が不足していると、私たちの聖なる自己は、その最大の可能性を発揮することができません。私たちの人生における役割とその本当の力に気づかず、聖なる（本物の）自己を忘れること、またはそれを私たちの一部としてではなく、聖職者や聖人たちにだけ語りかける外的な神として扱うことによって、私たちは自らの内なる声とそれがもたらす栄養をブロックすることを選択しています。私たちは物質社会に焦点を合わせることで、この大いなる力を無視し、必要なときには返事を求めるものの、まるでありがたがられない友人のようにそれをマインドの深い谷底へと追いやります。シータ－デルタ波に浸ることが、この大いなる力を私たちの無知なる行為の監獄から解放する唯一の手段です。今、私たちは、死と病気を永続させるライフスタイルを選んでいます。それはまるで私たちの命が、想像的で愛に満ち、永遠に命を吹きこみ続ける源からの尊い贈り物などでは決してないと言っているかのようです。

私たちの身体、マインド、内なる喜びの存在の萎縮は、私たちの無関心さと、ある特定の経験（または少なくともその結果の学習）が事前に選択されているという事実との両方を通して起こります。すなわち、無知さえもが私たちの栄養源になりえます。なぜなら無知は、しばしば私たちが大きな苦難を乗り越えた後に学びを得るという選択をすることを可能にするからです。

生命のサイクルと、その上にある私たち、太陽の栄養で生かされている惑星「地球」のサイクル、そしてセントラル・サンに生かされている太陽のサイクル。そして内なる銀河と外なる銀河のサイクル、宇宙の中で継続し展開していく宇宙のサイクルなど、これらすべては単なる時間のサイクルです。聖なる鼓動、聖なる呼吸は、音と言葉と生命の魔法のリズムを作りだし、それは表面的で超光速の疑問の答えを求めている人々にも、細胞や魂のための栄養を求める人々にも、同じように続いていきます。ある人は本当の栄養の呼びかけを遮り、またある人は成長発展して受け入れ、そしてゲームは続いていきます（これもまた、ただの時間のサイクルです）。すべては完璧に展開し、それは善し悪しではありません。

ただ別の生命のリズムが存在するというだけで、それぞれのリズムは私たちのマインドの意識を反映して調整されています。全体としてのより大いなる計画からすると、私たちが個人として選択している栄養源は――苦しんで学ぶこと、またはその欠如や私たちの痛みと同様に――非常に不適切なものです。しかし今、ここに存在し、人生のすべての深みを体験することが可能な私たちにとって、このような選択は決して不適切ではありません。

自分自身や他人を批判し、なぜ私たちをすべての面で満たしてくれる唯一の栄養源からの栄養をブロックしてしまうのでしょう？　この源への無知、無関心、あるいは記憶喪失でしょうか？　ホリスティックな教育の欠如のせいでしょうか？　と問いかけるのは簡単なことです。私たちが永続させている死や病のすべてが、人生という学びの本来のサイクルの完全な一部分ではないと、誰が言えるでしょうか？　おそらく私たちの感覚がベータ場で鈍り、本物の栄養源の呼びかけに無感覚になってしまったのかもしれません。しかしより多くの人々がこの源を思いだすことで、私たちの選択はより明確になってきます。私たちは本当の栄養源の力を取りこみ成長発展することも、これを無視して生命の萎縮と死を迎える、いわゆる「正常な」サイクルを経験することもできるのです。

## 死のダンス

私は2003年の新年を、疑問だらけのマインドで迎えました。それは死を身近に感じていたからです。愛すべきものたちがあまりにも多く、ゆっくりとこの世を去ろうとしており、またすでに去っていきました。瀕死のペット、瀕死の父、瀕死の結婚生活、そして瀕死の人生……。すべては非常に困難なものに思えましたが、感謝すべきこともたくさんありました。私は人間の感情とコントロール、評価と認識、疑問など、このようなことすべてに対処するという変化の祝宴に立ち会っていたからです。私はこの期間、ネガティブな影響を最小限に抑えるために私自身を調整するツールを、とにかくたくさんもっていました。この本の中でこれらのツールを皆さんに紹介しようと思います。

あまりふさぎこみすぎることや、変化や未知を恐れることは、魂にとって特に良くありません。これらの状態は、私たちのエネルギー場を典型的なベータ波の静止の状態に陥らせます。

それはまるで過去の啓発されていない暗黒時代に、私たちの狂信が生みだした火あぶりの刑に処せられるようなものです。そして死は、私たちが本当にすべてを手放し、変化を受け入れて先に進むことを同意したときに、再生をもたらすこともあります。結婚も、私たちの命と同様に、必要な栄養を与えることで再生することができます。

しかし関係が本当に花開くのは、二人が本物の自己に耳を傾けるときだけです。私たち自身を適切な栄養で満たすための最初のステップは、どんなときに満たされていないのかを認識し、必要な移行を妨げないために物事を変える勇気をもつことです。死の後には、常に再生が続くからです。

死を迎える時期に生まれる絆を体験し、立ち会うことは喜びです。それは現実を見つめ、正直になり、評価し、再選択し、尊重し、ある時点まで一致協力する時期です。死と再生の本当のダンスは、常に単独で行われます。

喪失や死への恐れは、愛することを抑制し、栄養で満たされることをも妨げます。数年前、私の末の娘は、彼女が特別にかわいがっていた最初のペットのネズミを愛情こめて埋葬しているときに、こう宣言しました。「もうたくさん！　もう二度とペットは飼わない。みんな死んでしまうんだもの。こんな苦しみには耐えられない」

しかし私は、彼女の苦しみが彼女のハートを萎縮させ、彼女が無条件の愛の栄養を経験するのを妨げることを知っていたので、その日の午後には２匹の赤ちゃんネズミを買って帰り、家族でかわいがりました。

私のペットのネズミ、モンディは、もっとも忠実で愛に満ちた友達です。初めて目が合った瞬間から、私たちは互いに魅了されてしまいました。「こんにちは！」と彼女の目と髭が言いました。「あなたに会えて最高に嬉しいよ！」これは少なくとも彼女が私の中に引きだした感覚です。私のインナー・チャイルドが興奮と期待でクスクス笑いました。私たちが親友になることはその時点で明らかでした。

人生には、ある種の威厳と思慮をもって行動しなければならないときがあります。死のダンスはその一つです。モンディが90歳以上となった高齢の体を支えよろめき歩く姿や、白髪の混じった茶色の毛や、疲れを訴えている目に、私の胸は打たれました。私は彼女の小さな体に愛を送りました。すると、彼女の体は栄養で満たされ、強くなるのを感じ、私は非常に驚きました。それはまるで非常に穏やかなバンパイアのようでした。愛のひと吹きが、彼女に新たな数年の命（ネズミの年齢で）を与えるようでした。愛する者の本物の食べ物を、私たちが拒めるはずがありません。モンディが私の手の中で休むとき、私は彼女の体を両手で優しく包みこみ、指で彼女のまゆ毛のあたりをなでます。そうすることで、動物と人間との絆がどれほど尊いものであるかを気づかされます。それは親しい結びつきを感じ、別の知的生命体の領域内で交流を楽しむという純粋な喜びの贈り物です。ネズミはとても利口な動物です。ネズミは仏陀の呼びかけに応じた最初の生き物でした。

ネズミを友達として飼うのは、別の知的生命体との交流に興味のある人や、命の栄養である無条件の愛をより多く経験したいと願う人々にとって、非常に良い方法です。まず彼らは仕事と遊び、探求と発見、反応することや楽しむことのすばらしい手本となります。彼らはいつでも遊びたいと思っているからです。モンディは仰向けに寝転がり、足を空に向けて、私にくすぐられたりなでられたりするのが大好きです。私が彼女に触れるとき、私の指先から流れる癒しのエネルギーを吸収して、彼女の小さなお腹はきっと震えていたでしょう。私たちの両手はとても神聖で、願う通りのヒーリングを行うことができます。私たちはいずれこのことに気づき、このように両手を使うようになります。私たちの両手は、本当の神々の食べ物さえも伝達することができるのです。

私のハート・チャクラにモンディを休ませ、私はハートを開き、まるで大きな灯台の明かりで照らすかのように、彼女のフィールドを私の愛で満たし始めます。モンディはいつも静かに横たわり、私が彼女に優しく話しかけるのを聞きながら、私の愛を吸収します。私は彼女の1日について質問したり、海の側の新しい家について話して聞かせたりしました。私はその家で孤独な時間を過ごし始めたところでした。瀕死の結婚や飢えた自己が、その海の側での静かな滞在によって再生しようとしていました。

いっさいの科学技術から離れた私の休息の時間は至福に満ち、私のハートは大いなる喜びを再び解き放ち始めました。モンディにも、彼女が彼女自身にとって必要なことを理解する間、この海風と私と一緒の時間が必要でした。死とは乗り越えられるプロセスでしょうか？　おそらくそうなのでしょう。誰かの死のダンスに立ち会い、その人が必要としていることを支持し、愛を与える以外に、その人のために自分ができることは何もないということを知るのは、非常に貴重な経験です。相手に必要なものを提供するための感性を発達させることは、私たち自身を育む能力をも発達させるのです。

＊＊＊

死を迎えようとしている父のベッドに寄りかかり、父と見つめ合うと、私たちは互いの目の中に自らの魂の反映を認めました。それはとても貴重なものでした。特に私の母が死んでから、私たちはより多くの時間を一緒に過ごすようになり、父と娘としての絆は強くなりました。母の存在は、常に父の瞳を光で満たしていたので、彼女が死んだときに父の一部も一緒に死んでしまったかのようで、父は不完全な人間のようになってしまいました。新しい妻となる女性に出会ったことで、父は数年間の幸福な時間を過ごしましたが、それでも彼は、この世を去ることを深く望んでいました。父は神と交渉をし、求め、祈り、その祈りが聞き入れられるときが来たのでした。

「私は落ち着いている」と父は言いました。「彼女もだ」と、病室から廊下へと出て行く妻を愛情深く見つめながら、彼は続けました。

「ここはとてもいい病院だ」

次に何が起こるのかわからないことを覚悟しながら、私たちは皆これに同意しました。

「明日、医師からおまえたちに話があるそうだ。これ以上、私からは何も言えないが、私はそのことについて知っているし、落ち着いている」

彼はまるで時間——準備する時間——が決められていることを喜ぶかのように、ため息をつきました。

「痛みもないし、痴呆にもならないと医師が言っていたよ」

「ええ、私は賛成するわ——このほうがずっといいでしょう。ただ身体が弱っていくだけだもの」

父の検査結果を推測し、私たちは無言のうちに了解してうなずきました。後に私は父に
「病気と戦う意志はないの？　小さくして消してしまうことも可能だと思うけど？」

と、父の胃の入り口をふさぎ、食道にまで広がっているテニスボール大の腫瘍を指差しながらたずねました。

「いいや、私は幸せだし落ち着いている」

と彼は答えました。

「新たな冒険……」

と私たちは同時に言い、まるで子供のように笑いました。

「不安はある？」

と私は聞きました。

「いいや、みんなに会えるんだ……お前のお母さん、ポール、ニーナ……」

「それにおばあちゃんやおばさんにも」

「そうだね」

と言って父はにっこりと笑いました。

「怖い？」

私は続けてこう言いました。

「ただ手放すだけなのよ」

「火だけが怖い」

父が答えました。そして私は彼が地獄の炎のことを言っているのではないのだと気づきました。

「わかった、約束する」

「何を？」

父がたずねました。

「火葬場の火の中に入れる前に、お父さんが瞬きしていないかチェックするわ」

私たちはもう一度大笑いをし、同時に言いました。

「約束だよ」

看護師の姿が私の目にちらっと入りました。おそらく彼女は、私たちの会話を奇妙に感じたことでしょう。しかしこのときのために、私たちはもう何年も準備をしてきたのです。

疲れて飢えている魂はどのようにして人間の身体を離れるのでしょうか？　洗練された臨終の計画をたてるラマ僧は、瞑想しながら自らの意志で肉体を去ります。そうではない私たちは、時間をかけて身体を壊していきます。どんなものでも、適切な栄養を与えられなければ時間とともに崩壊し、完璧なまま生きつづけることは不可能です。割り当てられた時間と学びの計画は、同時性をもっているのです。それはまるでページをめくるごとにメッセージが伝えられ、読み終わると閉じられてしまう本のようなものです。

私は、私たちの人生の段階について、個人的な時間のサイクルについて、そしてときには重荷が私たちを押しつぶしてしまうことについて考えてきました。あるいは、一つの章を消化して、突然新しい人生と栄養の摂取方法を受け入れ、完了を感じるときについて考えてきました。それはやがて私たちが人生の中で見つめなければならない「私は私自身と私が作り上げてきたものに満足している」という感覚です。

「父はあとどれくらい生きられますか？」

様々な選択肢について医師が説明しているときに、私はたずねました。「3～4ヵ月でしょう。それは彼の決断しだいです。彼には十分な栄養を摂ってもらい、体重の減少を抑えなければなりません。そうでなければ彼はやせ衰えて、合併症に苦しむことになるでしょう」

私が父にキスとハグをしながら、彼がカプチーノを飲むために起き上がるのを助けているとき、父は私を見つめて微笑みました。

「来月、私は来月いきたい。そう、来月がいいと思う」

「それは、私たちが注文できるものなのかしら？　たとえば、カレンダーがあって、そこには、ああ、そうそう、アーニー、彼はもういつでもいいよ。いつから出勤してる？　そうか！　退社予定はいつになってる？　ううん！30日後？　40日後？　何て書いてあるのかしら。文化的ね。まるで解雇通知が届けられるみたい」

私の父は静かに笑って目を閉じました。

私は見守りながら待ち続け、父もまた見守りながら待ち続けました。父は毎日少しずつ弱っていきました。父は瞳を輝かせて冗談を言うこともあれば、不平を言い、年老いて疲れ果て、まるで昔は良かったとでも言っているかのように、両足を引きずって歩くこともありました。私はかつてのバイキング系の誇り高き男、古い蓄音機でクラシックを聞きながら眠ってしまった私を毎晩ベッドまで運んでくれた父を見つめました。優しい大男の父は、私をベッドに入れると、まるで私が珍しくて貴重な生き物でもあるかのように、おでこにそっとキスをしてくれました。私は姉が誕生してから、子供はもういらないと誓った両親のもとに、思いがけなく誕生した男の子のような女の子だったのです。

父を見つめていると、私はこの思いやりのある人が、かつて錆びた中古の自転車を数ヵ月かけて修理し、新品のようにピカピカにして私の7歳の誕生日にプレゼントしてくれたことを思いだします。彼がすばらしいテノールの声でよく歌っていたことも覚えています。歌声は父の仕事場の壁に響きわたり、遠く離れて歌っているときでさえも、まるでコンクリートがオペラを聴く耳をもっているかのように反響しました。あるいはレンガが父の音の情熱を吸収していたのかもしれません。

私は新しい海のアパートのバルコニーに座って執筆しながら、多くの時間を追憶にふけって過ごしました。「神々の食べ物」が私の焦点であり、本当の栄養とは何なのかを見つめていました。

もし愛をこめて料理された食べ物が、ただ料理されただけの食べ物よりもおいしく、私たちに多くの栄養を与えてくれるとしたら、ただの愛はどうでしょう?

純粋な無条件の愛はきっと、もっとも滋養に満ちた食べ物なのではないでしょうか?

そして食べ物と愛で育まれる人と、食べ物はあっても愛がない人とを比べると、その人生にはどのような違いが現れるのでしょうか?

ハートの食べ物についてはどうでしょうか?

マインドの食べ物はどうでしょうか?

そして最後に、私たちの魂の食べ物についてはどうでしょうか?

細胞と魂の両方にとって完璧な栄養はあるのでしょうか?

優しい海風を頬に受けながら、私のマインドにはこれらの疑問が浮かび上がりました。そして私はこのように考える時間がもてること、そして行動するのではなくただ存在する時間があることに感謝して、再びため息をつきました。

＊＊＊

私たちは生まれるずっと以前から、自分自身を栄養で満たしたいという欲求をもっています。それは過去生からの痕跡として、分子が新しい形を作りだすときにもち越されます。古代の賢人は、新しい生命の原子の半分は、私たちの以前の肉体から再び集められると言っています。それはまるで脱ぎ捨てられた服が、もう一度着るために集められるようなものです。

このような考え方にかかわらず、私たちは子宮を出た瞬間から、満たされたいという欲求に駆られます。母親の愛を受け、母乳を求め、触れられることを求め、彼女の声と匂いを求めます。そして世界中の食べ物を吸収するすべての感覚がゆっくりと活性化し、私たちに本当の栄養を与えるものと疲れさせるもの、私たちを感情的に冷たくし、老けさせるものなどの区別ができるようになるまでには、たいてい数十年かかります。

世界中にはあまりに多くの相反する信号があるので、最初の本物の食べ物は、「私は知っている」という内なる感覚を認識し、耳を傾けることから生じます。それに耳を傾けるとき、私たちは満たされ、無視するとき私たちは飢えます。このベータ社会に生まれてくるほとんどの人が、生まれた瞬間から死に向かっていきます。

それでも新たな命の誕生のプロセスに立ち会うことは、とても恵まれたことであり、多くの母親たちが生まれたばかりの自分の子供を畏敬と驚嘆の目で見つめてきたことでしょう。すばらしい愛の感覚が彼女のハートと魂を満たし、母なる自然から与えられた贈り物を大切に育てていきます。

死のプロセスに立ち会うこともまた、非常に恵まれたことです。完了と終焉は、新たな始まりと、魂を満たす経験をもたらします。魂の本当の食べ物とは、人生を生きることと死ぬことによってもたらされる、分かち合いと思いやりだからです。

マインドの食べ物は、疑問の大小にかかわらず、その答えとしてもたらされます。ハートの食べ物は、私たちを深く満たし、魂の真の才能を解き放つ愛の波としてもたらされます。魂は、愛の波の中で現われるようにプログラムされています。常に似た者同士が認め合うように、私たちのハートと魂は、どちらも愛によってのみ満たされるようにプログラムされています。

もしも死が休暇で、人生が授業時間だとしたら、その場合は死もまた栄養になります。死は、私たちに休む時間と、一歩さがって（肉体から自由になって）これまでの人生を振り返り、次の人生の計画を立てる時間を与えてくれるからです。本当の食べ物は、成長するための力を与える化学物質と洞察の両方を私たちに提供してくれます。

神々から与えられる食べ物には、隔たりがありません。それは私たちのすべての側面を満たします。ですから私たちは、何が本当の栄養であるかを見極める見地を拡大しながら、本当の食べ物が発生するすべての源を認識する必要があります。

私たちの思考を拡大し、限られた思考から水平思考や無限の思考へと移行することは、明らかに私たちのマインドに栄養を与えます。人類のマインドは莫大な可能性をもっており、精神面で私たちがどれだけ満たされるかは、私たちが機能しているレベルによって決まります。多くの人々は無意識の欲求や必要性に動かされています。

そのような人々は自分が本当は誰であるかを知ることはなく、また自分がとっている行動の動機づけは何であるかについても、立ち止まって考えるようなこともしません。このような人々の多くは、満たされたいという飢えをもたらす潜在意識が作りだす現実によって動かされています。私たちが神々の食べ物を十分に吸収して、超意識のレベルに存在するということは、無私の状態に達し、思いやりと慈悲の経路に同調したとき以外、めったにありません。哀れみ、慈悲、思いやり、利他主義、無条件の愛などで内面に作り上げた高い感情の周波数域は、精神面での私たちの思考の高次の側面と協力して歩むものだからです。

それは私たちに、なぜここにいるのか？　私たちは調和して生きられるか？　私たちは平和のうちに共存できるのか？　みんなが仲良くやっていけるのか？　などの疑問を投げかけてくる思考です。そして私たちが心からその答えを知りたいと思うとき、私たちを取り囲む聡明な宇宙がこれらすべてを現実化させ、育てるために必要な栄養を私たちに与えてくれるのです。またこのような思考は、私たちのＤＯＷに栄養を与え、目覚めさせます。

## マインドのマスターVS枠組みと制限

10代半ばに、私はあるインド人のグルに出会い、それからの10年間、定期的に彼のもとに通いました。私は彼の言葉に飢えていただけでなく、彼から放射されるエネルギー、私の魂に触れて栄養を与える目に見えない力の領域に飢えていました。やがて私は、彼が常に同じことを言っているのに気づきました。異なる例え話や推論を用いて語られていただけでした。神々の食べ物の栄養も同じようなものです。それは私たちの必要に応じて、異なる包装や形態で届けられます。そして真の知恵とは、このグルが繰り返すメッセージのように常に非常に単純なもので、私たちがいったん理解すればわかるものです。

私が2歳のとき、私は恐怖の波動をもたない物質的な食べ物に飢えていました。私たちのテーブルに並ぶ肉類は、祈り、または私が前世で親しんでいたような配慮なしに屠殺されたものだったからです。私はこの直感的拒否反応の理由を説明することができず、ただ子供がするように、意見を聞き入れてもらおうとあがきました。私の母はもちろん、私の健康のためには肉を食べることが大切だと思いこみ、そうしないと私は栄養不良で弱って死んでしまうと思っていました。たんぱく源の選択肢に関する私たちの知識不足から、母と私との対立は続きました。私の「本物の自己」を無視する母の強要は、別のレベルでの死をゆっくりともたらし、私は霊的に飢え始めました。霊的な飢えは、私たちが自分のＤＯＷのガイダンスを無視するときにいつも起こるのです。

私は創造的で知的な家庭環境で育まれ、愛情深い母はいつも私に、愛と物質的な食べ物を十分与えてくれました。しかし、それでもなお私は飢えていました。この飢えが何であるかに気づくまで数十年かかりました。10代の少女として、私はすべて満たされているかのように思えたからです。愛する家族、健康な身体、学校での良い成績、人気と友人たち、頭の回転の良さと健全な推理力、独立、そしてたくさんの愛もありました。それでも自分の内にある私の飢えが、いったいどこからやってくるのかを発見し、特定するまでにはしばらくかかりました。さらに宗教の幻影という見えない難関をくぐり抜けて、自分の飢えが魂の飢えであることに気づくまでには時間がかかりました。それはまるで私の魂の声が「まだほかにある！　もっとたくさんある！　すべて受け取って！そうすることが私にもあなたにも必要！」と静かに叫び続けているかのようでした。

この後の第6章の中で紹介する栄養源を通して、自分自身のすべての側面を満たす方法を発見し、私は多くの人々が自殺傾向にあるということを目の当たりにしました。

たとえば、私たちが自身のマインドを否定、判断、他人の枠組み、そして期待に応えてもらえなかったときの失望の中に絶えず浸し続けることは、精神的な自殺行為になるのです。それはコップの水を見て、半分も入っているというのではなく、半分しか入っていないという選択を常にしていることと同じです。

人生の大変な時期にストレスを感じることを選択するのは、感情的な自殺行為としてとらえることができます。瞑想や瞑想することによってもたらされるアルファ-シータ波浴の恩恵は、私たちが物事にあまりとらわれず、反応するのではなく行動することを可能にします。人生の中での出来事を、怒り、憎しみ、恐れなどを促進する方法で解釈し続けることも、感情的な自殺行為です。癌を作りだし、寿命を縮めると研究が示している食べ物を肉体に取り入れることもまた、ある種の自殺行為と言えるでしょう。

もちろん以上のことは、一つの判断としてとらえることもでき、様々な選択肢についての教育を受けているとき、私たちは、皆どのように考え、感じ、行動したいかを選択する自由意志をもっています。

だからこそ教育が鍵となります。これは私たちがマインド、肉体、感情以上の存在であるという事実の教育、私たちの肉体には適切な栄養が必要であるという事実の教育、そしてすべてに敬意を表するやり方でこの栄養を供給する方法に関する教育を意味します。この教育を実用的なツールとともにいったん受けてからは、これ以上言い訳ができなくなります。形をもった神として、私たちがこの地球上で望む通りの人生を作りだすことは、私たちの選択にかかっており、これを行う上で私たち個人の必要性と地球の必要性の両方が評価されなければなりません。

結局、私は40年間悟りに飢え、聖者たちが共有してきた意識を経験することを熱望してきました。この追求期間に私が人生の中で個人的に体験したことは、決して稀なことではなく、自身は気づいていないだけで多くの人々が私のような飢えに突き動かされてきたことと思います。私は私自身の飢えをすべて満たすことに成功しました。結果として私は、私を標準と異なりすぎると判断した人々によって制限も受けました。この判断の感覚は、私たちがまだ自分の力をもっていないときに、毒性として私たちのエネルギー場に吸収され、孤立感や劣等感、あるいは疎外感を感じさせ、私たちの個人的な聖なる栄養の流れを遮ってしまいます。自己の容認と自己愛が、この栄養が自由に流れるためには不可欠だからです。よってこのような投影されたエネルギーを私たちのフィールドから取り除く方法を、後ほど説明します。

## 吸収VS放射

私たちの育みを遮る栄養の流れのブロックは、消耗させる外面の周波数を吸収し、肉体を圧倒することによっても起こります。聖なる栄養の経路に絶えず同調するのに十分なほど敏感になると、私たちは世間とのかかわり方について考慮する必要がでてきます。エネルギー体として、私たちは内なる領域と外なる領域から周波数を常に吸収し、また放射しているからです。あらゆるエネルギー場や次元で有効に生きようとするとき、たくさんの疑問が浮かび上がります。たとえば、もしもすべての生命がエネルギーを放射するとしたら……。

＊私たちはベータ場、あるいはアルファ場から、行き当たりばったりの限定的な影響を吸収しなければならないのでしょうか？　——いいえ。
＊世界中の大多数の人々がベータ場の波動を維持しているときに、シータ、デルタ場の恩恵を知った一人の人間が、これらの周波数場内で純粋に存在することは可能ですか？　——はい。
＊あらゆる周波数場内で、その周波数に圧倒されずに存在することは可能ですか？　——はい。

＊私たちが求めるものを、周波数レベルにおいて肯定的な方法で世界中から吸収することはできますか？　——はい。
＊エネルギーの流れを絶えず世界へ向けて放射し、そのエネルギーが触れるものすべてを変えることは、私たちがでたらめにエネルギーを吸収して、そのエネルギーを変質させるよりも簡単ですか？　——はい。

では、私たちはこれらすべてをどのようにして行うのでしょうか？　それはこの本の中でこれから述べるツールを応用することによって可能となります。すばらしいことに、次元バイオフィールド科学の力学のおかげで、私たちは一つの領域内で自分が何を吸収し、放射したいかを選択し、管理することができます。ではその証拠は？　証拠は確かにあります。私たちがこの科学を応用すると、人生がより良く変化し、明確な個人的体験が私たちの疑いの余地をなくしてしまうでしょう。

また、より多くの人々が栄養源としての聖なる経路につながるようになると、地球全体も栄養に満たされるようになり、この変化はシューマン・レゾナンス（訳注：電光から放射される電磁波のうち、極超低周波帯の電磁波が、地球と電離層で囲まれた球殻空洞内で共振現象を起こし、約4～40ヘルツの周波数帯で観測される現象）によって計測することができます。これによって現在、かつてベータ場にあった集合意識と地球の周波数は、約7・4ヘルツのアルファ波で共鳴していることが証明されています。

これは二つのことを意味します。まず地球の周波数が現在、私たち人類の一人ひとりが浸り、追いつき、調和するための滋養に満ちた基礎を提供しているということ。次に過去数十年間、グリッド・エンジニアやジオマンサー、ライトワーカーたちが行ってきた地球を癒すワークが、わかる人々にだけわかるようなポジティブな結果をもたらしているということです。

このような変化はほかにも数多くの要因によって引き起こされています。たとえば、マハリシの組織は、次元バイオフィールド技術者たちが瞑想やライフスタイルを通して、アルファ、シータ、デルタ場への内なる扉を開き続けることを支援してきました。この結果、ベータ場を、より純粋なアルファ波やシータ、デルタ周波数で満たすことができました。

それはそれぞれの次元バイオフィールド技術者の周波数場への影響力によります。一人ひとりのフィールド技術者が意識的に周波数場を変える能力は、日々のライフスタイルに影響される彼らの基調によって異なります。しかしながら、地球上の人々の主な周波数場は、いまだベータ波とアルファ波の混合です。そのことを私たちは理解し、シータ-デルタ波の状態を保ち、そこに存在し、成長するために、私たちは効果が保証されたある簡単で強力な手段を用いなければなりません。

フィールドをコントロールする第1のツールは私たちの態度です。吸収したいか、放射したいか？　などの質問をすることで、私たちは自らの意向を変えます。

すべての生命体がエネルギーを放射していますので、私たちが周囲からむやみにこれらのエネルギーを吸収すると、私たちの内なる領域の基調が変わってしまいます。だからそれは、私たちを育む方向に変化することもあれば、消耗させる方向に変化することもあるのです。どのような影響を受け、何を吸収したいかを決めるのは私たち次第なのです。

もしも私たちが精神的、感情的、肉体的毒性をある程度まで吸収した場合、私たちはストレスを感じ、病気になり、あるいは衰弱し、一般的に不幸になります。私たちが特別な制限のあるライフスタイルを送ることで、選択して吸収した場合でも、私たちにふさわしくないベータ場の影響があまりにも濃すぎて、内なる領域のアンバランスに陥る場合もあります。私たちがアルファ場に十分同調しているときでも、受容力の拡大に伴い、飢えを感じることがあります。そして私たちは自然とシータ場の周波数と、そこに関連する現実を渇望するようになります。

これらの周波数に対する私たちの受容力は、私たちが自分自身に押しつけた枠組みや制限——肉体的、感情的、精神的、霊的制限——からいったん抜けだすと、常に変化し、拡大し続けていきます。たとえば、毎日エクササイズをする人は、1年に一度しかエクササイズをしない人と比べるとかなり優れた身体能力をもっています。毎日瞑想をする人は、絶えずベータ場での活動に従事し静けさの中にいる時間をもつことがない人よりも、アルファ、シータ、デルタ波を引きつける感性と能力に優れています。瞑想をしたことも、聖なる存在の愛の波が自分を通して脈動するのを経験したこともない人が、聖なる栄養とその光で生きるという意図を理解しがたいのはこの理由からです。

ベータ場は貧困、暴力、社会の不正、感情の起伏の激しさの領域で、一般的に人間が作りだし、自らに課した混沌の領域です。ベータ場で生きる人は、瞑想、マインドのマスタリー、ヨガなどのライフスタイルの簡単な変化によって、ほかの領域の恩恵を知り、聞き、感じ、滋養を得る能力を拡大することができます。

アルファ場は人生の禅を明らかにし、落ち着いてくつろぎ、人生の方向性をリセットし、バランスの取れていない部分を見極め、すべてにとって良い方向へと向きなおす時間を私たちに与えてくれます。アルファ領域で時間を過ごすことは、私たちの健康と幸福のレベルを向上させ、私たちの魂に直接、かつ意識的に栄養を与えるための第一歩となります。

シータ場は、もはや偶然とは思えないような一致をもたらします。この領域で時間を過ごすことは、象徴性や意味深い可能性に満ちた出来事を引き寄せます。なぜならここは無限の創造の可能性の領域であり、恩寵《グレース》と真の栄養と愛の領域だからです。神聖な存在や真のメッセンジャーたちはすべて、このフィールドを通して現れます。この領域から、神聖な書物はすべて生まれます。

そしてデルタ場はあらゆるすべてをもたらします。この領域から楽園や、聖書の神の「エデンの園」が生まれます。デルタ領域はエロヒムや大天使や純粋な知識の本拠地です。

内なる扉を開き、ハート・チャクラとクラウン・チャクラを接続する瞑想は、私たちの内なる領域がエネルギーレベルで絶えずデルタ場やシータ場に同調することを可能にし、元素が私たちのまわりに集まり、反応するための丈夫な基礎を用意します（これらの瞑想は第6章と第7章で紹介します）。

いったん内なる扉が開かれ、身体が接続されると、新たな力強い放射が計画を支配し始めます。そのとき、私たちの心的態度は「私たちの肉体のすべての細胞、毛穴、原子、聖なる愛、聖なる知恵、聖なる力を外の領域へと放射する伝達局として自分自身を想像し、人生を歩む」というようなものでなければなりません。

すべてがクモの巣よりも細かいエネルギー基盤によって、人生の領域という織物の中で相互につながっており、私たちが焦点を合わせるものが成長するということを、私たちは知っています。それゆえ聖なる栄養の領域にアクセスし、その健康的な流れを維持するためには、私たちの心的態度と心構えが非常に重要になります。

シータ-デルタ領域にアクセスするための主要な鍵の一つは、私たちのハートの純粋さであることを、私はここで付け加えたいと思います。これは私たちの感情の領域が誠実さ、謙虚さ、ゆだねることや思いやり――「人生」という教室で、生きた存在たちとの交流を通してのみ学べる物事――で脈動している必要があることを意味します。残念なことに、このような交流は私たちのハートを閉じ、共鳴の法則に基づいて聖なる栄養の流れをブロックする感情で私たちのハートを満たしてしまうこともあります（62ページ図2参照）。

シータ－デルタ波の栄養で生きることに成功するためには特別な調整が必要です。それはその人が何を達成したいのか、そして何を達成するよう運命づけられているのかによって決まります。すでに述べたように、それは以下の点に左右されます。

・私たちの領域がどれだけ開けているかどうか。
・私たちのどの部分が、栄養を必要としているか（聖なる栄養はあらゆるレベルで私たちにもたらされます）。

私たちが、いまだに家父長制が優勢な社会に存在していることにより、私の意見では肉体的、感情的、精神的、霊的側面のバランスのとれた栄養は、マドンナの周波数場からのみもたらされるものだと思います。私たち全員がすべてのレベルで満たされるまでは、戦争、暴力、混沌が、私たちの日常生活の一部としてとどまり続けることでしょう。

世界がどのように機能しているかにかかわらず、この瞬間からでも私たちは自分自身の領域をコントロールできます。私たちは、あらゆるエネルギーが混ざりあった野菜スープのようになるまで、出会うものすべてを吸収して生きることもできますし、私たちの領域を浄化し、聖なる栄養の経路につながって聖なる愛と知恵の滋養に満ちた周波数を世界中に向けて放射して生きることもできます。吸収するか放射するかは、私たちがこの本の中で紹介しているツールを活用することによって生じる、単なる選択の問題です。後ほど、私たちが必要のない周私たちの領域の信号による栄養のブロック。私たちがたくわえているものは、何であっても周囲の領域へと放射され、エネルギーが拡大または収縮するに従って、似たような周波数を引きつけて、もともとの起源（私たち）へと戻ってきます。

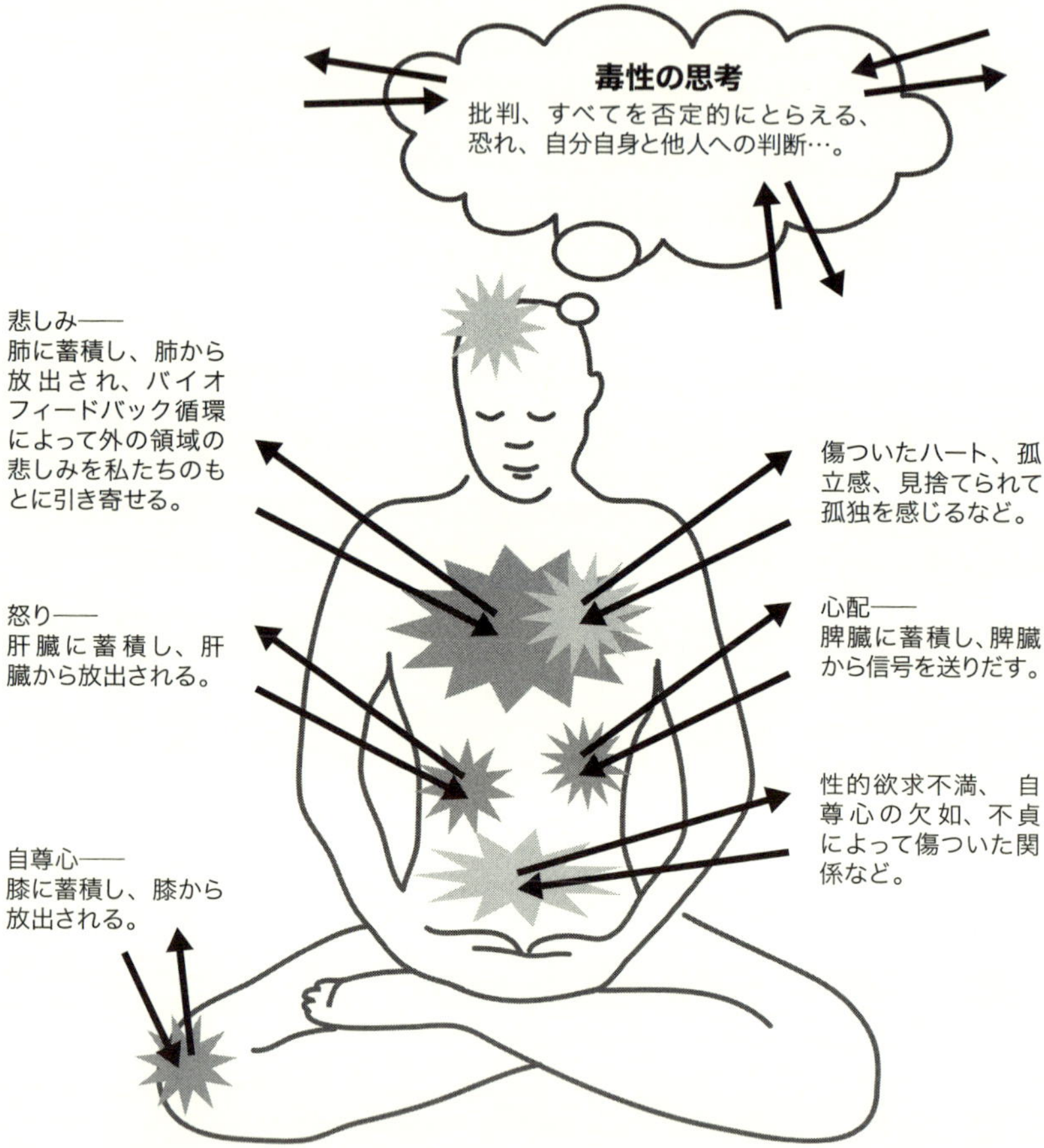

毒性の思考
批判、すべてを否定的にとらえる、恐れ、自分自身と他人への判断…。

悲しみ――

肺に蓄積し、肺から放出され、バイオフィードバック循環によって外の領域の悲しみを私たちのもとに引き寄せる。

傷ついたハート、孤立感、見捨てられて孤独を感じるなど。

怒り――

肝臓に蓄積し、肝臓から放出される。

心配――

脾臓に蓄積し、脾臓から信号を送りだす。

性的欲求不満、自尊心の欠如、不貞によって傷ついた関係など。

自尊心――

膝に蓄積し、膝から放出される。


私たちの細胞や器官を未解決な有毒感情で満たし、毒性の思考の絶えまない流れをチェックせずにいればいるほど、私たちが感情的、精神的、霊的健康を手に入れ、維持するために必要な栄養のレベルを引きつけ、保ち、放射する能力が妨げられてしまいます。肯定的な思考パターンを選び、私たちの生命組織を紫の光で満たすことで、私たちの細胞がより滋養に満ちた領域を引き寄せられるように調整しなおすことができます。詳しくは第6章をご覧ください。

図2

波数から自分自身を守るために利用できる特別な生命保護装置について説明します。さらに「領域を編みこむ」についても見ていきます。これは真の栄養のための特別なエネルギー場を作る方法であり、すでに存在している領域をシーターデルタ波の利益をより受けやすくするように編みなおす方法もあります。

# 〈第5章〉プラーナの栄養と神々と同じような栄養摂取

新たに誕生するものにはすべて由来があります。新しく思えるものが、実は古来のものであることもときにはあります。聖なる栄養への道筋と、その肉体、感情体、メンタル体、スピリット体の栄養の贈り物もその一つです。新しい情報が現れるとき、まず嘲笑され、次に反対され、その後でようやく受け入れられるようになります。新しい生き方を世界に提案している私たちの旅もこのようなものです。私たちは、自分たちが紹介している事柄が、人類を真の自由の状態へと導く可能性があることを認識し、安全にこの旅を続けています。食べること、飲むこと、眠ること、老いること、病気になって死ぬことの必要性からの解放は、聖なる栄養プログラムの第2レベルですが、シーターデルタ場で生きることの恩恵には、まだまだ探求の余地があります。特に私たちの集合フィールドが同調したときにもたらされる、無数の恩恵があることは間違いありません。

私はこれまでの10年間を振り返り、私に挑戦してきた人々、あるいは多くの研究を行い、自分自身の内面に深く入りこみ、聖なる栄養とプラーナの力についてさらに多く理解するよう促した人々、それらすべての人々に心から感謝します。

振り返ってみるとすべてはずっと簡単なことのように思われますが、「もし……でさえあれば」という思いは、私たちの夢の中に永遠につきまといます。「もし私が今知っていることをあのとき知ってさえいれば……、もしあんなことやこんなことをしていれば……、もし私にもう少し準備ができていれば……」

私はよく、もし私が「神々の食べ物」の分野で自分に運命づけられていることを知っていたならば、私はまず医者になり、次に聖職者になっただろうと言っていました。純真な信念が、ときには聖なる栄養の領域のレベル３へアクセスするための必要条件の一つとなるということを除いては、これらは両方とも、私たちの懐疑的な社会に対応するために非常に有利な地位だと思います。おそらく知的情報が多すぎると、私たちのハートの扉が閉ざされてしまうのかもしれません。

私たちの世界の先駆者たちは、常に勇気と確信と信念をもち続けることを求められてきました。可能性に挑戦し、限界を広げ、現状に異議を唱えながら、個人的なバランスと健全さを保ち続けることは大変な仕事です。それは勇敢な心か、または本当に純真な心の持ち主にしかできない仕事だからです。

私が最初に聖なる栄養の「レベル３」の経験的研究を公開したとき、人々は私の純真さが私を守ったのだと言いました。思い返せば私もそれは本当のことだと思います。信念とは、変化の流れの下に隠れている抵抗に気づかないまま、多くの人々を人生の波に乗せてしまうものだからです。

振り返ってみると私の旅は最初から明確でした。それは聖なる力に焦点を戻すための旅です。「神々の食べ物」は物質的な食べ物から栄養を摂取する必要性から、私たちを解放する以外にも、たくさんのことを提供してくれるからです。聖なる栄養の経路が、愛と癒しとガイダンスをもたらしてくれるという事実は、プラーナの栄養摂取という現象に対する世間の反応の中で残念ながら見落とされています。この本はその全体像を取り戻し、望む人だれもが聖なる栄養の経路に接続できるように、安全で段階的なプログラムを提供するための私の試みです。

・もっと簡単な方法はありますか？　――おそらくあるでしょう。
・あなたはすべてを知っていますか？　――すべてではありませんが、これは私たちが今日までに理解したことです。
・より多くの経験的、科学的、医学的研究を推奨しますか？　――もちろん！
・新しい存在の仕方の先駆者たちは完璧ですか？　――いいえ。私を含め、ただの一個人ですが、そのほとんどは学びながら前進し、人生の神秘を探求することに心を開き、踏みならされていない道を歩むのに十分な強い意志と純粋なハートをもっています。

人々はよく、一つの計画の詳細を、その論理と動機づけ、目的と結果とともにすべて知った上で、与えられた仕事を実行し始めることがいかに有利であるかについて話します。あいにく奉仕の分野では、神々の領域を探求するイニシエートたちにとって、このようなことはめったにありません。信頼と信仰の旅はすべてのスピリチュアルな戦士の人生につきまとうものであり、高次の領域や神々の王国へ入るための鍵とは、誠実さ、謙虚さ、そしてゆだねるエネルギーの混合です。これらは私たちが自分の人生を生き、行動することによってのみもたらされる美徳です。より多くを経験したいという願望と、聖なる栄養の経路に自分自身を同調させるための訓練もまた、私たちに必要な鍵となります。そして、そうすることでもたらされる利益には十分な価値があります。

この世に運命などというものはありません。人生とは私たちが作り上げるものです。個人の利益のためであれ地球のためであれ、人生の中で出会うものを利用することは常に私たち自身の選択だという人がいます。神々の世界では、私たちが夢に描くことはすべて現実化しますが、その達成方法は長い間忘れ去られてきました。その道のいくつかは、すでに歩まれていますが、まだ完全に探求されてはいません。創造的な可能性の領域は、実に無限だからです。それぞれの道は、探究心のある者を引きつける磁場のように働きます。共鳴の法則は常に似た者同士を引きつけ、似たような領域を合流させ、作用させるからです。

誠実さをもって行動する人は後悔することがありません。特に彼らがハートの純粋さをもち、すべてのために有益なことをしようとするときはそうです。しかしこれだけではその人の純粋なハートを、より新しく純粋な視野に対して否定的な人々の怒り、無知、困惑から保護することはできません。それは今までもこれからも、おそらくそのようであり続けるでしょう。ですから『リヴィング・オン・ライト——あなたもプラーナで生きられる』(小社刊)に書かれている情報は、医学界、製薬業界、さらにはホリスティックな健康産業など、様々な業界に挑み続けています。

この栄養源を私たちが本当に利用するようになれば、すべての病気や不調和が消えてしまうからです。聖なる栄養という現実と、そこに簡単にアクセスする方法が広く受け入れられるようになると、医学や栄養の分野で働く多くの人々が職を失うことになります。彼らの仕事に対する個人的、地球的需要が時間をかけて減少するからです。これは私たちの進化のための自然な道筋であり、私たちが学びながら成長していくための知性を、本質的にもち合わせていることの証拠でもあります。

人生の喜びの一つは私たち全員が学び、物事を洗練し、より良くすることができるということです。最初の本で紹介したイニシエーションを試みたとき、準備不足などの理由で何人かの人々に問題が生じたことから、私は聖なる栄養の領域へのアクセスを確実にするための、より簡単で楽なプログラムを探し求めました。

私たちが利用できる様々な栄養形態について見ていく前に、光で生きることと、「聖なる栄養：神々の食べ物」の現実との違いを明確にしておきたいと思います。これは以下の点に要約されます。

＊聖なる栄養に焦点を合わせるうえでもっとも重要な違いは、聖なる栄養が私たちを**すべてのレベルにおいて**満たすことができるということです。
＊もしも**食べ続けることを選んだとしても**、私たちの身体の中の聖なる栄養の流れを増やすだけで、その恩恵を受けることができます。身体の中に聖なる栄養の流れが増えるということは、私たちが感情的、精神的、霊的に満たされることを意味します。同様にこの本の中に紹介されているテクニックやガイドラインは、現在の私たちの個人的、世界的な感情体、メンタル体、スピリット体の食欲不振から私たちを解放することにつながり、すべての人に利益をもたらします。すでに述べたように、私はこれを聖なる栄養プログラムのレベル1と呼んでいます。
＊このためのツールと研究を提供することが、この世界での私の焦点であり、私のライフワークの一部です。私たちが自分自身を――より純粋で尽きることのない栄養源から――十分に満たすことを学んだとき、私たちの地球はすべてのための楽園へと発展するのです。「食べるか食べないか」という課題だけに人生を捧げるのは、神々の食べ物の聖なる栄養の経路が私たちにもたらす本当の恩恵について理解している私にとって、あまりにも限定的な計画なのです。
＊いったん私たちがこの流れを増強し、感情的、精神的、霊的な栄養として、純粋で無限の源として利用できるようになると、**次に私たちは、この流れのさらなる恩恵の一つである細胞を物理的に満たす能力を受け入れるかどうかの選択をすることができます。**これは聖なる栄養プログラムのレベル3にあたり、少数の人々だけが導かれる選択です。私にとってこの能力は、神々の食べ物の非常に小さな恩恵の一つであり、私たちの焦点はすべての恩恵の上に合わせられる必要があると思います。
このようなことは将来、私たち人類の大半に受け入れられる選択肢になるかもしれませんが、今現在の西洋社会において、私たちはまだ先駆的な段階にあり、さらに多くの研究が行われる必要があります。すべての先駆的な研究には「モルモット」あるいは「実験台」が必要であり、あなた（読者）がその一人かもしれません。それがどうしたらわかるのでしょう？　それにはこの本を読み続けてください。第11章にそれを調べるためのテクニックが紹介されています。
＊プラーナ、気、レイキの普遍的な生命力などはすべて、その基礎をなす波動、または周波数として愛と光をもっており、これらが私たちの生命組織を満たすとき、私たちの内面にある同じものを解放するよう促します。これらは肉体的、感情的、精神的、霊的に私たちを満たし、支える周波数です。

存在のすべてのレベルにおいて満たされる方法を学ぶために、私たちは誰もが利用可能な慣例的な栄養源と非慣例的な栄養源の両方について知る必要があります。これらの栄養源はこのプログラムのレベル２か３に興味をもった人なら誰にでも利用できるものですが、レベル３の成功のためには、私たちは第11章にある追加の推奨を応用する必要があります。

# 〔第6章〕栄養の源と種類とツール――慣例的、非慣例的な栄養源

肉体的、感情的、精神的、霊的な健康と幸福を作りだすために、人間の生命組織を満たすことができる栄養源は数多くあります。それらのうちのいくつかは慣例的であり、いくつかは非慣例的です。慣例的な栄養源とは、現状においてすでに理解され、私たちの教育的歴史や社会習慣によって「正常」と認められているものです。非慣例的な栄養源とは、たいてい形而上学の生徒たちや、古代のミステリー・スクールなどで知られ、活用されているものです。後者がここでの私たちの主な焦点になります。私は以下をレベル1と2の栄養源と呼びます。

■レベル1とレベル2の明らかな栄養源について

＊慣例的な**物質的な食べ物**、肉体を健康に維持するために必要なビタミンやミネラルの完璧なブレンドを供給すると研究によって証明されている食事。

＊これに相当する非慣例的な**プラーナの栄養**、聖なる愛と光の内なる源によって満たされる能力。これを成功のうちに行うには、後ほど紹介するさまざまなツールを活用する必要があります。

＊**愛の食べ物**：この食べ物は私たちの感情体を満たし、通常1対1の愛に満ちた触覚的な関係――パートナーまたは恋人との関係――によってもたらされます。食べ物を与えられてよく抱きしめられる赤ちゃんは、同じように食べ物を与えられても、あまり抱きしめられることのない赤ちゃんよりも多く体重を増やすことが、研究により証明されてい

ます。

＊愛の食べ物のより非慣例的なものは**無条件の愛**です。1対1の人間関係で無条件に愛することができるのはまれなことなので、私はこれを非慣例的と呼んでいますが、無条件の愛はすべてにとって、もっとも滋養に満ちた栄養を供給します。ほとんどの人が家族や人生のパートナーよりも、ペットや友人を無条件に愛するほうが簡単だと感じています。無条件の愛の欠乏は、私たちの満たされない期待や判断が病気をつくりだし、聖なる栄養の流れをブロックしてしまうことを意味します。

＊**家族の食べ物**：ここでの慣例的な栄養源は**血縁の家族**であり、人々の本物の家族の栄養の欠乏こそが、長年セラピストたちのビジネスを成り立たせてきた要因です。形而上学では、私たちの血縁の家族とのカルマ的なつながりから、彼らとの交流によってもたらされる栄養は通常、私たちを感情的、精神的、霊的に成長させる学びの経験を通してもたらされます。たとえば、子供の頃に無視されてきた経験はその人をエンターテインメントの世界に押しだすことがあります。彼らはステージ上で大勢の人々を満たすと同時に、大勢の観客に受け入れられ、賛美されることで、彼ら自身の「インナーチャイルド」が満たされ、子供時代の欠乏のバランスをとることができるのです。

＊非慣例的な家族の食べ物は**地球家族**の現実に働きかけるときに発生します。これは私たちが出会う人すべてに対して、血縁の家族と同じように、私たちにとって滋養となり重要となる可能性がある存在として、つながりをもつということを意味します。これはイエスの言った「隣人を愛せよ」という計画の一部であり、人類の統合のために、現在必要とされていることです。広範囲にわたる友人や家族の栄養素については誰もが知っており、すべての人々、そしてすべての動物さえも大切な愛すべき兄弟姉妹のように扱うことは、私たちに信じられないほどの栄養源を提供します。しかしこれにはマインドのマスターが必要です。これを実行するためには、「もしあなたが私と同じように考え、行動するなら、私はあなたを理解し、受け入れ、もっと愛することができるかもしれないのに」などと嘆きながら互いを判断しあうのではなく、互いの相違点を尊重しあう必要があるからです。

＊**成功の食べ物**は、成功を通してもたらされる慣例的な栄養源です。それは私たちの生命組織の感情的側面と精神的側面を満たす富と地位を意味し、特に西洋社会のビジネス界の成功において、これらは非常に重要とされています。過去数十年の企業方針の中で、「すべては自分自身のため」という態度、「獲得しても還元しない」という方針、「行為

が全体に及ぼす影響について気にしすぎるな」などの方針が、多くの人々の間で一般的でした。このために、私たちは世界的な慈悲エネルギーの窮乏や、「裕福な人々による成功のゲーム」が機能していることが原因で、テロリズムの激しい反動を経験しています。

**＊**非慣例的な成功の食べ物は、より**バランスのとれた**方法で機能します。本当の成功とは健康、幸福、平和、豊かさを共同創造し、これをすべてにとって滋養に満ちた方法で行うことであると知ることによってもたらされます。

**＊セックスの食べ物**は、従来の慣例的な方法で行われる場合は性的快感と新たな命を作りだします。これに非慣例的な方法を適用したときに私たちの生命組織にもたらされる栄養は、非常に大きく比べ物になりません。

**＊聖なるセックスの食べ物**は、性的なエネルギーに愛とスピリットのエネルギーを加えることによってもたらされる栄養です。後ほど紹介します。これをうまく行うための瞑想ツールも紹介します。

私はよく、西洋四大神とはお金の神、名声の神、権力の神、セックスの神であると言ってきました。これらの四大神は安全、平和、愛、幸福でお腹を満たしたいと願う多くの人々によって日常的に、そして宗教的に崇められています。問題なのは、これらの神々が私たちに必要な栄養を与えることができないということです。ですから私たちは、個人的にも世界的にも、感情的、精神的、霊的食欲不振の状態を作りだしてしまったのです。

## 非慣例的なレベル2と3の栄養源

私たちの肉体の意識は、体調が良く健康で丈夫であることを求めます。私たちの生命組織は実際に、自己再生、健康、長寿のために造られ、プログラムされているからです。下垂体と松果体は、私たちの身体の脳下垂体としてこれを支えるため、生命維持のためのホルモンだけを生産するという、もともとのプログラムで機能しています。しかし肉体のすべての細胞と同様に、下垂体や松果体も私たちの思考に常に耳を傾け、生命組織のマスターである私たちに従います。その結果、下垂体や松果体は、現在の私たちの死ななければならないという信念を反映して、死のホルモンを生産し始めたのです。肉体の不死――滋養に満ちた人生の副産物――はここでの私たちの焦点ではありません。この本の中で私が提供したいのは、個人的にも世界的にも私たちすべてに恩恵をもたらす栄養の摂取方法のみだからです。

肉体的、感情的、精神的、霊的栄養のもっとも偉大なる源は、私たちの日々のライフスタイルを通して現れます。肉体的な健康、適正、強さを作るためには多くの要素があり、この分野におけるたくさんの研究がすでに行われています。たとえば私たちはきれいな水を飲み、新鮮な食べ物を食べ（できれば菜食）、日常的にエクササイズをし、精神的、感情的ストレスに対処するために瞑想をすることが、私たちにとって非常に良いことを知っています。

また形而上学者として私たちは、自然の中で静かに過ごす時間や私たちの生命組織をプログラムしなおすことを通して、自己のマスターやマインド・コントロールの訓練をすることが、祈りの音楽やチャントやマントラを利用することと同様に、精神的、感情的健康を作りだすのに有効であることを知っています。これに日々の奉仕と祈りを加えれば、健康的で幸福なライフスタイルの基本的な秘訣がそろいます。これらのことすべてについて『*Four Body Fitness:Biofield & Bliss*（四つの体のフィットネス：バイオフィールドと至福）』という著書の中で、８ポイントのライフスタイル計画として詳しく紹介しています。私たちはこれを快適なライフスタイルのためのプログラム（ＬＬＰ）と読んでいます。

肉体を健康的で幸福に保つための食事とエクササイズとリラックスの習慣を取り入れることで、肉体の飢えが満たされる段階に達したとしても、私たちはこのようなライフスタイルに伴う感情的、精神的、霊的な飢えにも対処する必要があります。

では、このほかの非慣例的な栄養源について簡単に紹介し、私たちがシータ-デルタ場に意識的に同調するための方法を紹介します。そこには数多くの栄養源と、この領域からの栄養摂取によってもたらされる恩恵を受けるために利用できる、簡単なツールが数多くあるからです。

これからいくつかの例を詳しく述べていきましょう。

***呼吸**――愛の呼吸の瞑想と、古代のヴェーダの神聖な呼吸法を使用します。これらの二つのテクニックは、体の中の気とプラーナの量を増やし、シータ-デルタ場から気を引きつけ、放射する私たちの細胞の能力を拡大します。

*道教のマスターが実践する**内なる微笑**――このテクニックは私たちの臓器と生命組織を、無条件の愛の周波数に同調させることで、シータ-デルタ場に接続するために整えます。

***肉体を愛するツール**――これは私たちの原子と細胞を、より多くの聖なる栄養を受け入れるために拡大する方法です。

***ライフスタイルを愛するツール**――肉体的、感情的、精神的、霊的栄養のための完璧な食事のプログラムです。これにはは生命組織の電気回路を消耗させることなく、シータ-デルタ場のエネルギーに同調し、受け入れ、コピーすることができる生命組織を作るための水、食事、エクササイズの利用が含まれます。このライフスタイルは、私たちが「3回から2回、2回から1回」そして「肉食から菜食、菜食から完全菜食、完全菜食から果物、果物から聖なる栄養のプラーナの力」という食事の準備手順を利用することで、浄化と解毒のプログラムとしても応用することができます。

***太陽エネルギー**と風、大地、植物のプラーナへのアクセスによってもたらされる栄養。

*癒しの音、マントラ、**プログラミング・コード**のツール――シータ-デルタ場への感情的、精神的同調と、私たち自身のこれらの側面に適切な栄養にアクセスするためのツール。これには道教の六つの癒しの音に加え、特別なマントラの使用と、「完璧な健康、バランス、体重、イメージ」のプログラミング・コードが含まれます。

***小周天**の栄養のツール。

＊**紫の光、聖なるアムリタ、下垂体と松果体の活性化**のＤＯＷの力のツール。
＊私たちの**ハートの純粋さ**と栄養。
＊**エクスタシー**の栄養のツールと元素の均衡。
＊女神たちの食べ物からの栄養。

以上は、私たちのすべての飢えを満たすことができるツールとして、私たちがこれから焦点を合わせていく、非慣例的な栄養源の例です。これら一つひとつについて、これからより詳しく見つめ、皆さんがそれぞれの栄養源に接続し、満たされるために必要なことを紹介していきます。より完璧な実践のために明確化と詳しい概要が必要な箇所では、より詳細な説明データとテクニックにアクセスするために、それらのもともとの源に照会するようにしました。

私たちは第11章の中で、食べ物から栄養を摂る必要性から自由になりたい人々のための特別なライフスタイルについても見つめます。しかしながら以下の非慣例的な栄養源は、健康、幸福、平和、豊かさを求めるすべての人に利用可能であり、私たちが人生で本当に満たされているとき、それらは自動的に現れます。

## 非慣例的な栄養源とそのツール——レベル2とレベル3のために使用する

### 呼　吸

1　**呼吸…**愛の呼吸の瞑想と、古代のヴェーダの神聖な呼吸法を使用します。これらの二つのテクニックは、体の中の気とプラーナの量を増やし、シータ-デルタ場から気を引きつけ、放射する私たちの細胞の能力を拡大します。

呼吸は、私たちが自分の生命組織を調整し、栄養を与えるための、もっとも力強いツールです。絶えずコントロールすることで、私たちは様々な呼吸のテクニックを自由に利用できます。身体を落ち着かせてストレスを解消することから、肉体を離れるバイロケーション、「アストラル・トラベル」を通して内なる領域を旅することや、エネルギー場を十分に調整して神聖なものの存在する所に同調することなど、多くのことが達成できます。呼吸の作用には様々なテクニックがありますが、聖なる栄養プログラムのために、私は以下の二つをお勧めします。

**聖なる栄養プログラム——テクニック1　愛の呼吸瞑想**

このテクニックは、私たち自身を神々の食べ物が流れ出る源である聖なる愛の経路に同調させるために作られたものです。私はこのテクニックを**愛の呼吸の瞑想**と呼びます。図4（79ページ）を見て、以下のステップを応用してください。毎日朝晩、少なくとも5分から10分、またはあなたが愛そのものであり、あなたが行うことすべてがこの愛から生じていると感じるまで、これを行ってください。以下の瞑想を毎朝、そしてできる限り何度も行い、1ヵ月後にどのように感じるか試してみてください。

＊ステップ1：聖なる母のハートから流れだす純粋な愛の光線が、あなたのハート・チャクラに注ぎこまれ、内面でつながるのを想像してください。
＊ステップ2：この愛を深く吸いこみ、「私は愛です」というマントラを、心をこめて何度も繰り返し唱えます。
＊ステップ3：この愛をあなたの身体へとゆっくりと吐きだし、この愛がすべての細胞を満たし、あなたのオーラから

外の世界へと流れだすのを想像しながら、「私は愛します」と心をこめて何度も繰り返し唱えます。
＊そしてテクニック3にもあるように、あなたの身体に「愛している、愛している、愛している、愛している」と、身体がぞくぞくしてくるまで何度も伝えてください。

これらのステップを合わせて行うことで、あなたの聖なるハートが強化され、この世界で愛を引きつけ、保持し、放射するあなたの能力が増し、あなたの細胞や原子が、聖なる母の純粋な愛を受け入れやすくなります。また、このエクササイズは、あなたの脳波パターンをベータ-アルファ波の領域から、シータ-デルタ波の領域へと変化させます。

このテクニックは、あなたが誰かと一緒にいて落ち着かないと感じるときや、誰かに対して批判的になってしまうとき、そしてより慈悲を感じたいと思うときなどにも非常に効果的です。また、私たちの仮面やイメージがはがれたときに、私たちが本当は誰で、何者であるかを思いださせてくれるのに良いテクニックでもあります。

これは確実に「試して違いを知る」というタイプのツールであり、それには集中と訓練が必要です。別のマニュアルでも紹介している通り、「私は愛です、私は愛します」というマントラを使用するような基本的呼吸法は、インドのヨギたちが「猿」のマインドと呼ぶ部分を静め、集中させる訓練を行うためにも素晴らしい方法です。たいていの人はマインドを呼吸だけに集中させることができず、1、2分のうちに仕事のこと、ショッピングのこと、そのほか色々なことを考えてしまいます。しかし神々の食べ物の経路にアクセスするためには、マインドをマスターすることが絶対に必要です。静けさの技に慣れ親しんでいない西洋的なマインドには特に、内面の平和と外面の平和に達するための必須として、この種の訓練が必要です。

## 聖なる栄養プログラム――テクニック2　神聖なヴェーダの呼吸

古代ヴェーダの神聖な呼吸。５千年以上も使われているこの古いテクニックは数々のことを成し遂げます。まず、実際に私たちに呼吸をさせているのは、私たちのＤＯＷ――私たちの肉体、感情体、メンタル体を利用して、ここで人間としての経験をしている私たちの内なる神――です。ＤＯＷのエネルギーがなければ私たちは存在することができず、その呼吸のリズムに適合したとき、私たちはＤＯＷの力を垣間見るのです。このツールを使うことは、まるであなた自身のＤＯＷに「そこにいるの？　私はあなたを感じたいのだけど」と言っているようなものです。

① 少しの間静かに座ります。
② 鼻から深く、快く、連続した呼吸をします。
吐くときも吸うときも息を止めずに、循環呼吸をします。
③ 規則正しいリズムで呼吸ができるようになったら、あなたの意識を呼吸の背後にあるエネルギーに向けてください。ただあなたの呼吸のリズムを見つめ、感じてください。
④ あなたは今、あなたに呼吸をさせている内なる力に集中していることを忘れないでください。ＤＯＷのリズムをつかんだとき、あなたはその愛の波があなたを通して脈動するのを感じるでしょう。
⑤ しばらくすると、あなたは深く、快く、連続した呼吸に集中するのではなく、まるで呼吸をさせられているかのように感じるようになるでしょう。

訓練すれば、あなたのＤＯＷの愛の鼓動による至福を、４、５回の呼吸のうちに感じられるようになります。このようにすばやく至福の領域へとあなた自身を切り替えられることを想像してみてください。

すでに瞑想の訓練を行っている人々には、ここにあげた二つのテクニックを交通渋滞の真っ只中のような混沌とした状況の中で行ってみることをお勧めします。これは集中のための訓練であり、ヨギとして自然の静けさの中で瞑想することは簡単ですが、多くの人々は内なる平和の状態を維持することが難しい都市の喧騒の中で生活しています。人生のあらゆる状況においてマインドをマスターし続けることも、現代のヨギに必要な基礎的訓練です。

## 2　微笑

**道教のマスターたちが訓練する内なる微笑…**このテクニックは、各器官を無条件の愛の周波数で満たすことによって、私たちの臓器と生命組織がシータ-デルタ場につながり続けるための準備をするためのものです。またこれは、より意識的でポジティブなマインドと肉体とのコミュニケーションを経験するための、内なる扉を開きます。

**聖なる栄養プログラム──テクニック3　内なる微笑**

＊静かに座り、あなたがあなたの身体の中にいることを想像してください。マインドがあなたを身体の中に連れてゆき、

私たちのハート・チャクラは、神々の食べ物の聖なる栄養の経路への内なる次元の入り口。

**図4**

目の前にあなたの肺があることを想像します。

*あなたの肺に思いっきり微笑みかけるのを想像してください。

*そして同時に、あなたの人生を通して、肺があなたのためにどれだけの仕事をしてくれているかを考え、感謝してください。あなたが吸いこむ空気をろ過し、あなたを取り巻く大気から気またはプラーナを抽出しています。

*あなたの肺に微笑みかけながら「愛している」や「ありがとう」などの言葉を繰り返し言ってください。

*これと同じことをあなたの脳、心臓、腎臓、肝臓、生殖器、そしてあなたの身体のすべての器官に、彼らが微笑みかけるままで行ってください。

*これを毎日行うと、やがてあなたの各器官は愛され、感謝されていることを感じ始め、あなたの新しいプログラミング・コードに、よりすばやく協力してくれるようになります。

## 肉体への愛

**3　肉体を愛するツール…これは私たちの原子と細胞の能力を拡大し、聖なる栄養のもっとも純粋な形態である愛をより多く受け入れ、受け取るための方法です。**

**聖なる栄養プログラム――テクニック4　肉体愛**

毎日朝晩5分間、あなたの肉体にむけて「愛している、愛している、愛している」と繰り返し心をこめて唱えてください。心をこめて伝えると、頭からつま先まですべてに感謝した時点から、あなたの肉体はまるで「本当に？　本当に愛しているの？」とでも言っているかのようにぞくぞくして応えるようになります。これに対するあなたの答えは「もちろん愛しています！」になります。

これはシンプルなツールですが、健康と幸福の共同創造のために肉体の協力を得る、もっとも効果的な方法の一つです。形而上学において、愛はすべての変化と拡大の基礎です。

## ライフスタイル

4　**ライフスタイルを愛するツール…**肉体的、感情的、精神的、霊的な栄養のための完璧な食事プログラム。

**これにはシータ‐デルタ場のエネルギーと同調し、受け入れ、コピーすることができる生命組織を作るための水、食事、エクササイズの利用法が含まれます。このエネルギーは、生命組織の電気回路を焼損することなく、安全にダウンロードされる必要があります。3回から2回、2回から1回、肉食から菜食、菜食から完全菜食、果物、そして聖なる栄養のプラーナの力へと移行する食事のシステムと、プログラミング・コードのシステムを利用しながら、浄化と解毒のプログラムとして食事の改善を適用することも必要です。**

### 聖なる栄養プログラム——テクニック5　快適なライフスタイル・レシピ

ライフスタイルを愛するツール：肉体的、感情的、精神的、霊的栄養のための完璧な食事プログラム

シータ‐デルタ場からうまく栄養を摂取し、神々の純粋な食べ物にアクセスするための最初のステップは、レシピ2000*にある快適なライフスタイルのためのプログラム（LLP）を採用することです。簡単に言うと、LLPには以下のような日々のライフスタイルのポイントが含まれます。

*レシピ2000とは、聖なる栄養の流れを活性化するための8ポイント（下記）の快適なライフスタイルのためのプログラム。このプログラムは肉体的、感情的、精神的、霊的栄養のために私たちを「マドンナの周波数」の聖なる愛の経路に同調させます。またこのライフスタイルの詳細については「www. jasmuheen. com/how. asp#dowrecipe」をご覧ください。

① 瞑想
② 祈り
③ マインドのマスター
④ 菜食
⑤ エクササイズ
⑥ 奉仕
⑦ 自然の中で過ごす時間
⑧ 祈りの歌やマントラの使用

以上の点については『*Four Body Fitness:Biofield and Bliss*（四つの体のフィットネス：バイオフィールドと至福）』で詳しく紹介しましたが、以下の点だけ加えておきたいと思います。

この本の中で紹介している**瞑想**は、すべて実際に私たちの感情的、精神的、霊的領域をシータ-デルタ場の栄養摂取のために効果的に調整し、正しい経路を開くのに十分なものばかりです。瞑想は、私たちがＤＯＷの力を経験するための静けさをもたらします。

**祈り**は、癒しをもたらすだけでなく、神と呼ばれる宇宙のコンピューターとの日常的なコミュニケーションにアクセスし、私たちの内面のプラーナの流れを強化します。これは似た者同士が引きつけあうという、宇宙の共鳴の法則だからです。神性に焦点を合わせることで、私たちの注目がすべての聖なる存在に栄養を与えます。

**マインドのマスター**とプログラミングは、このライフスタイルの中でもっとも複雑な部分です。次元バイオフィールド科学において光はコンピューターのハードウェアとして作用し、さらに思考、意志、目的から構成される特定のソフトウェア・プログラムによって導かれ機能します。次元バイオフィールド科学では、すべての思考、言葉、行為はそれがすべてにとって有益な場合、もっとも純粋で力強い領域によって支えられるというのが基礎的な事実です。聖なる栄養の摂取に成功するために必要な完璧な健康、バランス、体重、イメージのプログラムについてはこれから述べることを参照してください。私たちの思考をコントロールすることと、世界の認識の仕方を方向づけることは、成功のためにきわめて重要です。

**菜食**は、シータ－デルタ場の本来の質である慈悲と優しさの領域に私たちを同調させます。菜食は健康にも良く、私たちの地球の資源を枯渇させることも防ぎます。野菜や穀類に比べて、動物性の食品を私たちのテーブルに並べるためには、20倍の資源を消費するからです。自らの生命組織を制御できるようになるまでは、菜食は私たちの健康のために非常に適しており、このことはすでに証明されています。必要のない畜殺を支持し続けることは、神々の食べ物のもっとも純粋な周波数へのアクセスを妨げてしまいます。この経路からのエネルギーの流れを弱めてしまうからです。

**エクササイズ**は私たちの肉体を強化し、私たちがシータ－デルタ場の周波数をより多く引きつけ、保ち、放射することを可能にします。ゆえに私たちは、これらの周波数のよりクリアで力強い伝達者となり、世界により効果的に影響を及ぼすことができるようになります。

**奉仕**もまた、私たちを慈悲と優しさの経路に同調させ、私たちの個人的領域により多くの愛とサポートを引きつけます。

**自然の中で静かな時間を過ごす**ことは、魂にとってもっとも素晴らしい栄養です。それは私たちに、平和、静けさ、孤独を与え、自然や木々、日光や地球から発生するプラーナの分子の栄養を摂ることを可能にします。これはスーリヤ・ヨガの一部です。

**神聖な音楽の詠唱や祈りの歌**の使用もまた、私たちをシータ−デルタ場に同調させます。それは私たちの肉体、感情体、メンタル体のストレスを解消し、私たちが神聖さをそのもっとも純粋な形態で感じ、認識することを可能にします。後ほど癒しの音の影響について、より詳しく紹介します。

この8ポイントのライフスタイル計画——快適なライフスタイルのためのプログラム（またはＬＬＰ）——は、すべてのレベルにおける健康状態を促進し、私たちの個人的領域を聖なる愛、聖なる知恵の経路に同調させ、やがて私たちの脳波パターンをシータ−デルタ場にしっかりと定着させます。これは私たちの個人的基調と周波数に影響を及ぼし、より多くの恩寵《グレース》を私たちの人生に引きつけ、個人的、世界的楽園への喜びに満ちた、楽な移行を可能にします。このことが神々の食べ物による栄養摂取の本当の恩恵です。このライフスタイル計画は、レベル2とレベル3の両方の栄養の鍵となる必要条件です。

健康的な生命組織を作ることは、聖なる栄養の経路にアクセスするために必要なステップです。私たちの誰もが身体に良いことを知っている食事、エクササイズ、水を飲むことを通して、適した健康状態を作り上げることから始めることができます。肉体の浄化や解毒については多くが書かれており、プラーナの流れを受け取る身体の準備をするためにはこれら両方が必要です。このことについては第11章でより詳しく書きます。

## 健康と長寿のための追加のツール

これからこの準備を始めるにあたって、すぐに取り入れることのできる以下の点についても、私は個人的にお勧めします。

## 聖なる栄養プログラム――テクニック6　最小化、3から2、2から1のシステム

これは、もし現在あなたが1日に3回食事をとっているならば2回に減らし、2回ならば1回に減らすという意味です。これを行う理由は、私たちがカロリー摂取量を半減させた場合、私たちの寿命が30％延びることが研究によって証明されているからです。

また、このことは私たちが1日3回の食事を2回に減らすだけで、直ちに地球資源の消費を30％削減できることを意味します。消化に費やす時間が短くなりますので、私たちの身体の調子が良くなります。そしてもし私たちが健康的な食事を選択するならば、ゆっくりと解毒が始まり、もしこの章の「言葉の力」にある完璧な体重のためのプログラミングをしなければ、必要ならば体重が減少します。

同時に私は次のこともお勧めします。

## 聖なる栄養プログラム――(転換)テクニック7　肉食から菜食、菜食から完全菜食、完全菜食から果物、果物から聖なる栄養のプラーナの力へと移行するシステム

これは、今すぐに赤肉の消費をやめ(この理由については聖なる栄養シリーズの『*Ambassadors of Light*(光の大使)』の中で詳しく紹介しています)、これに違和感がなくなったら――通常3ヵ月から6ヵ月かかります――そのほかすべての動物の肉と魚介類の消費をやめることを指定します。

「あらゆる肉と魚介類なし」の食事に慣れたら(すなわち顔のあるものは食べないということです)、次にチーズ、卵、バター、ハチミツなどのような動物由来のすべての食品の摂取をやめ、完全菜食になります。レベル2の栄

養のためにはここまでで十分ですが、レベル3の栄養を受け取りたいという人々はまだ先があります。

完全菜食に慣れたら次に生の食べ物だけを摂り、次に果物だけにし、最終的には水やハーブティーなどのような軽い液体とプラーナだけを摂取します。この転換プロセスには、あなたの現在の食事習慣にもよりますが、最長で5年間かかります。

ゆっくりとこのプロセスを進めるほうが、感情の調整や身体全体の解毒がより楽にできます。しかしながら食事の調整だけでは、聖なる栄養の経路に接続するために十分ではありません。この本の中でお勧めしていることすべてを応用することが必要です。特に第11章で紹介する瞑想、エネルギー・グリッドのワーク、プログラミング・コードとともに段階的な接続プログラムを取り入れることが重要です。

菜食は、慈悲と優しさの周波数に同調している人にとっては自然な選択です。代替の選択肢について十分な教育を受け、動物を殺すことを支持しないという選択を意識的に行う場合は特にそうです。

健康、幸福、平和、豊かさの計画を経験するために、レベル2の栄養だけに関心をもっている皆さんにとっても、生の食事や果物だけの食事を試してみることは、生命組織にとってすばらしく有益であるということを覚えておいてください。肉体がよりきれいで、軽ければ軽いほど、あなたはすべてのレベルにおいて心地良く感じることができます。しかしもしあなたが一定期間、果物だけで生きる場合には、必要な栄養のすべてを受け取るために、紫の光のスペクトルに接続する必要があります（テクニック12、13、14参照）。また、自分自身の基本的な衝動を制御する方法を学んだ人々には、数多くの錬金術的な報酬があります。

## 太陽の食べ物

### 5　太陽エネルギーと風、大地、植物のプラーナへのアクセスによってもたらされる栄養

これはおそらく私たちが紹介する情報の中で、もっともよく研究されている分野だと思います。スディール博士と彼のインドの研究チームは長年にわたり、太陽エネルギーの栄養と、その体内での機能について研究してきました。そしてチョー・コク・スイ大師は、癒しのためのプラーナのエネルギーに関する研究の中で、地球と植物のプラーナについて調査をしてきました。最近私は、スディール・シャー博士に何がきっかけで太陽の栄養の研究をするようになったのかとたずねました。彼は次のように答えました。

「自然です。私はＨＲＭ（ヒラ・ラタン・マネック）さんのジャイナ教の方法による長期間の断食を411日間にわたり、科学的な基準でモニターする機会に恵まれました。その経験によって私は、人間が日常的な食べ物のカロリーを摂取しないときに肉体を維持する、代替の方法があることを仮定するようになりました。唯一説明がつくのは、宇宙エネルギーの活用ということです」

彼がこのテーマで書いた最初の仮説には、次のようにあります。

「すべての宇宙資源の中で、太陽はもっとも力強く、すぐに利用可能な資源であり、マハヴィーラ（ジャイナ教の教祖）やチベットのラマ僧らを含む賢人たちや仙人たちによって、古代からエネルギーとして使われてき

ました。

太陽エネルギーを受け取る方法、それは脳とマインドは人間の身体の中でもっとも受け取りやすい部分であり、網膜と松果体（第3の眼、またはデカルトによると、魂の所在地）には光受容体が備えつけられており、おそらく感光性の器官だろうと考えられています。植物界が完全に太陽に頼って葉緑素と光合成で生育するように、私たちが太陽のエネルギーの仮説を立てるときにも、何らかの光合成が行われているはずです。

複雑な方法と独特な道を経て、このエネルギーは肉体に入ります。網膜視床下部線維と呼ばれる、網膜と視床下部をつなぐ経路があります。この線維は、光の明暗の情報を視床下部の視交叉上核（SCN）にもたらします。神経衝撃はSCNから、松果腺の神経（交感神経系）を通って松果体に伝わります。これらの衝撃はメラトニンの生成を抑制します。このような衝撃が止まったとき（視床下部を刺激する光のない夜または暗闇の中）松果体の抑制が中断され、メラトニンが放出されます。ですから松果体（または第3の眼）は感光性の器官であり、人体にとって重要な時計の役割をもっています。まだ探求されていない太陽のエネルギーの合成や変換のプロセスは、おそらくある程度ここで起きているのでしょう。

私たちは、この大いに議論の余地のある側面を、注意深く調査しなければなりません。すべての人が太陽エネルギーを利用できるのかどうか？　もしできるならばそれを効率よく利用する方法があるのか？　その答えは時間だけが知っています。しかし一人ひとりの人間が異なる遺伝子コードをもち、それぞれの肉体は異なる身体能力をもっています。なので、ある人は太陽エネルギーを受け入れやすく、より良い方法で変換し、蓄え、効率的に活用し、リサイクルすることさえできるかもしれません。またある人は同じようにできないかもしれません。それゆえに可能であれば、照合するグループのボランティアに対する無作為化した実験を行わなければなりません。しかしながら、このような要素は別にして、たいていの人がこの実験を管理下でうまく行うことができます。この実験の前にボランティアは健康診断と、特に網膜の眼科検診を受けることが必須であり、厳しい医療指導のもと、段階的で時間を制限した実験を行うことが可能です」

そして、シャー博士は彼の太陽の栄養の研究を次のようにまとめています。

「もしこの理論が一般化されるなら、そのとき人類の運命は変わるでしょう。まず、食糧危機が解決します。身体の中でこの至高のエネルギーを活性化し、電気的、磁気的、化学的形態に変換することで、その人は病気にならないだけでなく、力強いオーラと完全な健康をも得ることができます。そのような人の輝きは、敵対者すら感心させるほどであり、彼らの敵対心を消してしまうかもしれません。精神的、知的能力を向上させることで、通常私たちが3~10%しか使っていない脳の力を、90~100%使用することが可能になります。そこは平和と豊かさの世界になることでしょう。そこには食べ物も、悪い思考もなく、不快な感覚も消えるので、永遠の平和が約束されます。

そしてこのことは、一般的な日常のカロリー計算にも疑問を投げかけます。これによって日常的なカロリーを基準とした科学にも異議を唱えることになります。その限界が強調されると同時に、肥満や栄養失調などの複雑な問題が太陽エネルギーの概念によって容易に説明できるようになります。食べ過ぎていないのに太っている人々の肥満の原因として、彼らが宇宙の源からエネルギーを受け取っているということも考えられます。宇宙エネルギーの概念は、人類の肉体的、精神的、知的、超精神的、霊的レベルの総体的な向上のために利用できます。ですから広範囲にわたる科学的研究が、このような問題を解決することができる生物科学者や医学研究者を含めた適切な権威によって、直ちに行われるべきです」

シャー博士の研究報告は www.jasmuheen.com/who.asp#lol から無料でダウンロードできます。この本の研究項目の中でも、シャー博士の研究を紹介しています。

**聖なる栄養プログラム——テクニック8　太陽エネルギーへのアクセスと自然のプラーナの栄養摂取**

実用的なレベルで、太陽、または植物や地球の栄養にアクセスするために、次のことを行うことをお勧めします。

＊毎日夜明けと夕暮れ時に、数分間直接太陽を見つめます。あなたの身体は、毛穴や目を通して太陽の栄養を吸収します。そしてこの滋養に満ちた光が直接脳に届き、松果体と下垂体、そして視床下部を経由して循環します。

＊次にこれを海に横たわって行います。これはインドのヨギたちによって大いに推奨されています。太陽の栄養を摂取しながら、海のイオンの分子に身体を浸すことは、非常に滋養のある行為です。浜辺でスーリヤ・ヨガ（スーリヤ・ヨガの詳細については第9章参照）を行うことも、大変滋養に満ちた行為です。

＊風のプラーナを吸収するために、海辺を定期的に散歩するか、または山で新鮮な空気を深く吸いこんでください。

＊木々、特に大きくて強く、健康的な木を抱きしめてください。ハート・チャクラを通して木とつながり、木に愛と光を送り、相互のエネルギーの流れの結びつきとサポートをお願いし、木がこの世界であなたが経験していることを経験し、あなたが木から強さとプラーナの力の領域の栄養を摂取できるようにします。木々やすべての植物は、知性をもつ生命体です。ただ人類の生命組織とは異なる分子構造の範囲内に存在しているだけです。彼らはグループ意識を通して機能し、私たちのように個別化されておらず、彼らが作りだす酸素を呼吸することによって、私たちが恩恵を

受けるのと同じように、彼らもまた二酸化炭素を受け取ることを好みます。

＊地球のプラーナにアクセスするためには、毎日地面を裸足で歩き、足の裏から意識的にプラーナのエネルギーを吸収してください。そして地面を一歩ずつ踏みしめるごとに、純粋な聖なる母の愛が彼女のハートからあなたのハート、そしてあなたの身体、両脚へと流れだし、あなたの足の裏から地球へと戻り、その愛を母なる地球が必要とし、望む通りに活用することを想像しながら、いくらかエネルギーを返してください。これは公平なやりとりの最適な生体自己制御の循環システムを作ります。プラーナを吸収し、愛と感謝を返してください。あなたの肉体のもともとの創造と継続的な維持のために、あなたに分子や原子を貸してくれた地球の元素に対して、感謝をしてもいいかもしれません。

# 音

6 (A)感情の調整と内臓の浄化のための道教の癒しの音
(B)「完璧な健康、バランス、体重、イメージ・コード」を含めたプログラミング・コード――なぜ、どのようにして応用するのか

## 聖なる栄養プログラム――テクニック9 (A)道教の癒しの音

道教は、儒教とともに2千年以上もの間、中国人の人生を形作ってきた伝統的な宗教です。大まかに言うと道家の人生に対する態度は、中国人の性格の中で素直で従順で喜びに満ち屈託がないという面に見られます。このような態度が、儒教に属すると考えられる道徳的で義務感があり意志の堅い性格を補い、相殺します。道教はオカルトや形而上学に対して肯定的であるとされている一方、実用的な儒教の伝統において、これらは彼らの現実を否定していないにもかかわらず、大して重要ではないことと考えられています。

道教の創始者である老子は、歴史的にあいまいな存在です。彼の人生に関する主な情報源は、紀元前１００年頃に書かれた伝記です。彼は宮廷の役人で、占星術や占いなどによるアドバイスや、神聖な書物の管理をしていたと言われています。老子という名前は個人名というよりも、ある種の賢者を表す名前のように思われ、その教えに関連する書物は複数の著者によって書かれているようです。

道教の六つの癒しの音は、私たちがしばしば内臓に溜めこんでしまう、より高密度の周波数の感情を解放するために開発されました。神々の食べ物の滋養に満ちた周波数はすべての細胞と原子の中に保持されます。ところがもしも、私たちの細胞が未解決の感情の「飲みこみと蓄積」による毒性、または劣悪な食事の選択による化学的な毒性や否定的で批判的すぎる考えによる毒性などで満たされている場合、聖なる栄養の経路の繊細な周波数は、より高密度で粗悪なこれらの周波数によって圧倒され、打ちのめされてしまいます。栄養摂取の成功は、細胞と内臓の清潔さにかかっています。普遍的な共鳴の法則によって、似た者同士が引きつけあうように、一つひとつの細胞の周波数が純粋であればあるほど、それぞれの細胞が引きつけあい、保持し、放射できるエネルギー場がより純粋になります。

道教のマスターたちは、健康的な臓器が、それぞれある特定の色、音、周波数と関係し、肉体的、感情的、精神的毒性によって弱められることを発見しました。また彼らは生命維持に不可欠な器官の回復、バランス、浄化を助け、各器官を取り巻く冷却嚢《のう》（筋膜）に蓄積したすべての熱を再分配することで体内の気を循環させる、六つの宇宙の癒しの音があることを発見しました。

道教のマスターたちは特定の音、視覚化、光と意図を使うことによって、私たちが各器官の振動の混合比を変えることができると言っています。たとえば歯の裏側に舌をあてて言う「スー」という音は、肺に作用します。肺は多くの人々が知っているように、私たちの悲しみや嘆きが蓄積される場所です。「チュー」という音は、腎臓とその関連器官である膀胱から恐れの感情を解放します。「シー」という音は、肝臓とその関連器官である胆嚢から怒りを解放します。

ここで詳しく述べるよりも、マンタク・チアによる小冊子『*Cosmic Sounds–Sounds that Heal*（宇宙の音――癒しをもたらす音）』などのような道教の六つの癒しの音に関する正確な教えを読み、応用することを読者にはお勧めします。この項目は、単に私たちの臓器を浄化し、再調整し、癒す音の力についての簡単な紹介をするためのものです。

## 言葉の力

### 聖なる栄養プログラム――テクニック9　(B)プログラミング・コード

自著などで説明してきましたが、特定の音、神聖な歌、マントラなどは、特定の周波数で生命組織を癒すために長い間用いられてきました。私たちは「オーム」という音が、聖なる知恵の経路に同調させることで私たちのクラウン・チャクラに栄養を与えることを知っています。また、「アー」という音が、愛の呼吸瞑想とその「私は愛します、私は愛です」というマントラとともに断続的に用いられるときは特に、聖なる愛の経路に同調させることで私たちのハート・チャクラに栄養を与えます。プログラミング・コードとは本質的に、肉体意識が自らを理解する方法と、その機能方法をプログラムしなおすために用いられる特別なマントラです。

次元バイオフィールド科学の原動力の一つは、言葉の力――シャブダ・ヨガ――であり、神々の食べ物へのアクセスに成功するために、私たちは様々なエネルギー場を特定のテレパシー的プログラムで印象づけることの重要性を理解する必要があります。形而上学の世界では、DOWが至高の知性、愛、知恵、大いなる誠実さ、慈悲、そのほか神の中の神のイメージとして作られたものに、私たちが割り当てるすべての美徳からなる存在であると想定され、私たちのDOWは私たちが絶対的に信頼できる存在です。

私たちがこの本の中で紹介するコードは、相当な時間をかけて生みだされたものであり、過去、現在、さらには未来の細胞の記憶の理解が関係する、非常に特別なプログラムです。私たちの遺伝的影響や隠された、そして明白な社会的影響に加え、マスコミ、教育、あるいは、私たちの一般的な条件づけなどの影響が関係しています。家族や文化の影響、そして私たちの日々の人生経験しだいでは、非常に限られた選択肢、観念、現実の範囲の中で機能している生命組織もあります。それは現状において、もっとも優勢な、最低の一般水準によって常に強化されている循環です。すなわち量子の領域で、細胞が神の身体と呼ばれるように、私たちは皆互いに影響し合っているため、私たちの中で最悪と思われるような人たちと私たちとでは、大して変わらないということです。

ゆえに人生を正直に見つめ、限定的な信念をプログラムしなおし、新たな信念を支持するための心の構えの変化を受け入れる必要性は、私たちの生命組織の精神的な側面を再プログラミングするために非常に重要です。聖なる栄養の経路にアクセスするために、私たちは、この種の栄養摂取をサポートする内面の扉を開き、この経路に十分につながる必要があります。そうなると、すべてのレベルにおいて完璧な健康と幸福をもたらす栄養を補給する、十分な創造力を届けることも確実になります。神々の食べ物の聖なる栄養の経路は、永遠に尽きることのない無限の力の供給源であり、それはまさに純粋な「宇宙コンピューターのような神」のようです。

多くの西洋人は、マインドと身体のつながりの意識の欠如、限定的な繰り返しの独り言、自己判断、他人への判断、否定的な思考、そのほか様々なものによって、本来のプログラミング・コードなら無限に機能するように印象づけられていた身体の細胞を混乱させてしまっています。私たちはあまりにも長い間疑うこともなく、あまりにも多くの限定的な信念をもって機能してきましたので、肉体的、感情的、精神的生命組織は萎縮と衰弱の計画へと自らをプログラムしなおしてしまいました。ですから現在与えられている感情的、精神的栄養のもっとも力強い源の一つは、私たちが選択する思考のパターンです。

しかしながら、生命組織の再プログラミングの本当の力と、すべてのコードの成功のためには、私たちが形をもった神であるという信念をもつことから始めなければなりません。そのときにだけ、私たちの生命組織は私たちが指示を与えることに耳を傾け、そして従います。以下は私たちの体重、健康、聖なる栄養の流れを安定させるための主要な必須コードです。日々の世界の環境や影響は毎日変化する傾向にありますので、このテクニックを毎日使用することをお勧めします。

## 聖なる栄養プログラム——テクニック10　完璧な「健康、バランス、体重、イメージ」のためのプログラム

この点についてもほかの自著で触れていますが、これは聖なる栄養の流れを維持するために必要不可欠なプログラムなのでここで繰り返し紹介します。このプログラミング・コードは、私たちが物質的な食べ物を摂取しなくなってから、体重を安定させるために使用されます。また、私たちが食べても食べなくても、すべてのレベルにおいて私たちの肉体の調和を維持するために用いられます。過去生の細胞の記憶からの混乱を排除するためにも使用します。さらにこのプログラムは変化や表面的なファッションのイメージに関して、私たちが社会から吸収する制限された認識から、私たちを解放するためにも役立ちます。

この指令そのものは、「完璧な健康、完璧なバランス、完璧な体重、完璧なイメージを今こそ——」と心をこ

めて唱えながら毎日行います。これを親指とほかの1本1本の指をつなげるムドラーを繰り返しながら唱えます。

このコードが作用するために、二つの注意点があります。

・まずもう一度強調しておきますが、このプログラムは、あなたが形をもった神であり、あなたの生命組織を従わせるマスターである、というように言わなければなりません。

・次に言葉の奥にある意図を受け入れ、理解していなければなりません。これは次のようなことです。

**完璧な健康**：この言葉の背後にある意図は、あなたのＤＯＷに完璧な肉体的健康、完璧な感情的健康、完璧な精神的健康、完璧な霊的健康の状態をもたらす許可を与えたということを、あなたの生命組織とＤＯＷに伝えるということです。またこれは、生命組織の所有者としてのあなたが、完璧な健康を支持するために必要とされるライフスタイル（この章の「４　ライフスタイルを愛するツール」のような）を送るという意図もこめて唱えます。誠実さと謙虚さのレベルが頂点に達したとき、人々が瞬時のうちに自発的な癒しに達するというのは真実です。ですからここでは両方が重要となります。

**完璧なバランス**：これは人生を通してあなたという存在のすべてのレベルに完璧なバランスをもたらす許可を、あなたのＤＯＷに与え、喜び、安らぎ、そして恩寵《グレース》とともに私たちの領域内であなたの調和を保つということです。私たちのＤＯＷは、私たちが認めさえすれば、全知全能のマスターコンピューターの制御者となることを忘れないでください。これは、ＤＯＷの力を信頼している人、多次元の現実を理解している人、限定的または否定的な細胞の記憶を処理してきた人にとって非常に効果的なプログラムです。

**完璧な体重**：これは自分の体重を聖なる自己にゆだね、身体にとって必要な完璧な体重にしてくれるよう頼むということです。奇妙なことですが心をこめて、確信をもってこれを唱えるとき、人々は食べ物を食べなくても実際に体重を増やすことができました。

**完璧なイメージ**：これは自分のイメージを聖なる自己にゆだね、現状において美しいとされる考えに影響を受けるのではなく、「自分の完璧なイメージを世界へ向けて放射する」許可をＤＯＷに与えるということです。ここにこのコードを加えたのは、私たちは真の美しさが、ＤＯＷの輝きから生じるものだということを知っているからです。

完璧な健康、完璧なバランス、完璧な体重、完璧なイメージのプログラミング・コードは毎日使用し、親指とそのほかのそれぞれの指をつなげながら言うことで、プログラムが手のムドラーとともに作用し、身体のエネルギー場に直接吸収されるようにします。気の仕組みに詳しい人々は、このプログラムを振動のサイクルの最後に気が急増したときに行うと、もっとも効果的です。このことについては後述の、生命保護装置の部分でより詳しく説明します。

シータ－デルタ波の栄養摂取に成功するために不可欠なプログラミング・コードはこのほかにもありますが、それらは私たちの健康を向上させるためだけでなく、特に物質的な食べ物を摂取する必要性から人々を解放するためのプラーナの栄養の分野に関するものです。これは第11章で紹介したいと思います。

## 神聖なセックス

### 7　小周天の栄養

食事による栄養の摂取は長い間受け入れられてきた選択肢であり、すでに述べたようによく研究されている分野です。人類の食べ物に対する愛情については、特定の食べ物を摂取したときの肉体的な結果と同様に、十分に報告されています。劣悪な食事の選択によって生じる病気の治療のために毎年莫大なお金が費やされており、これがエクササイズ不足や現代社会のストレスと組み合わさったときには致命的です。

現在では、同様に人間の健康と長寿にかかわる感情的、精神的ストレスの要因の研究も進められており、私は個人的に過去30年間にわたり、人の健康と幸福に貢献する要因について見つめ続けてきました。33年間に及ぶレベル２の経験的研究を経て、私が提供できる最高の秘訣は、快適なライフスタイルのためのプログラムです。これが私たちの肉体的、感情的、精神的、霊的健康と幸福のための要求を満たす唯一の方法だからです。

食べ物とセックスは、長い間多くの人々にとって必要であり、楽しみの素とされてきました。人類が子供を産む能力、そして子供は作らずに喜びのためだけにセックスを楽しむ能力の両方に関しても、よく研究がなされています。

このような人間の欲求を満たすためにも、莫大なお金が費やされています。最高級レストランからファーストフード・レストラン、比較的新しい神聖なセックスの部類からソフトやハードなど様々なポルノグラフィーまで。これらの分野での人類の欲求は限りないように思われ、正しい栄養の欠如により、その必要性は創造性豊かにどんどん増える一方のようです。

西洋社会では私たちの性的、感情的、霊的エネルギーの流れの活用と方向づけによってもたらされる栄養についてまだ深く見つめられていません。そうです、いくつかの研究と古代の教えによると、性的な行為はある特定の方法で活用されるとき、聖なる栄養になりうるのです。

聖なる栄養にアクセスすることは、内なる錬金術の流れの一つのプロセスであり、その力は私たちのライフスタイル――その一部に瞑想やプログラミング・コードの使用があります――を通して引き起こされ、そして解放されるということを私たちは発見しました。聖なる栄養を内なる領域から私たちの原子や細胞へと引きだす能力とは、単に私たちが西洋社会で学んできたのとは異なる、エネルギーの活用方法のプロセスです。身体に栄養を与えて強化するためのエネルギーの活用方法の別の例は、今から挙げるマンタク・チアの教える道教の癒しの愛の実践です。

私は2002年11月、マンタクとともに過ごす時間に恵まれました。それは私たちのグループが、マドンナの周波数惑星平和プログラムについて話し合い、着手するために集まったときのことでした。ともに過ごした時間の中で、私は道教の実践と、聖なる栄養の流れについて、広範囲にわたり彼と話をすることができました。

私は物質的な食べ物による栄養を摂取しない人々をライトイーター（光を食べる者）と呼んでいます。過去数年間に彼らの多くが経験した問題の一つに、グラウンディングができないということがありました。肉体の栄養のために彼らがアクセスしているエネルギーが精妙すぎて、二つの世界に存在しているように感じるばかりでなく、物質界で過ごすことがあまりにも異質に感じられることが多かったのです。ゆえにレベル3のライトイーターの多くは孤独と静寂のライフスタイルを好みます。しかしながら人々はこの世界にかかわらなければならない特定の役割をもっていますので、よりグラウンディングできる方法に取り組む必要がありました。

そこで私は気功や道教の実践をお勧めします。これらを取り入れることで、私たちの焦点をこの世界に合わせることができ、あまり疎外感を感じなくなります。「鉄の上着」のようなエクササイズや、私たちに活力を与えながらグラウンディングさせる方法が数多くあります。

もう一つ共通する問題は、私たちの感受性のレベルが高くなりすぎたときに、私たちが好まないエネルギーを吸収してしまうことです。このことについては4章の「吸収VS放射」の項で詳しく説明しました。また私たちは第11章で紹介する様々な生命保護装置を活用することで、この問題に立ち向かうことができます。

しかしながら現代社会において、ライトイーターの数は、性的に活発な人の数に比べるとはるかに少ないので、私はこの章に以下の情報を加えることにしました。小周天の実践は、私たちが物質的な食べ物を食べるか食べないかにかかわらず、すべての人にとって非常に強力な栄養源の一つです。また、私たちがプラーナの栄養だけを摂取するようになると――聖なる栄養プログラムのレベル3のように――私たちの性的エネルギーが変化します。

多くの道教のマスターたちと同様、マンタクの研究のほとんどは内面と外面のエネルギー源の両方から、肉体に栄養を与えるための気、またはプラーナを利用することに焦点を合わせたものです。特別な方法で体中の気を増やし、循環させることによって、私たちは現代社会の中で活動し、グラウンディングしながら、聖なる栄養の経路にアクセスすることができるようになります。

道教の訓練方法では気、またはエネルギーを保存して変換し、身体の中に聖なる神殿を造るために使用します。そしてその神殿は気を引きだすための貯蔵庫として機能し、その結果として、常に最高の健康状態を維持することができるようになるのです。特別な回路、またはエネルギーの流れを通して、脳、生殖器官、そのほかすべての器官のエネルギーの流れを統合することにより、すべての器官が育まれ、最高の長寿と能力を維持することが可能になります。

彼の著書『*Healing Love - Cultivating Sexual Energy*（癒しの愛――性的エネルギーの洗練）』の中で、マンタクは次のように書いています。

「オルガズムのエネルギーは、覚醒過程の驚くべき電気化学によってすべての器官、腺、細胞から引きだされた、肉体の本質の精髄であると道家たちは述べています。肉体は新しい命、子供を作ると考えるため、新たな命をスタートさせるために上質なエネルギーを放出します」

マンタクによると、すべての器官に微笑みかけるというような簡単な実践――そして私が毎日行っている、肉体に心をこめて「愛している」と何度も唱えるテクニック――でさえも、健康と活力と栄養の流れを向上させます（この章のテクニック2と3を参照）。これを、あなたが肉体を愛し、名誉と尊敬をもって扱う準備ができていることを証明するライフスタイルを送りながら実践する必要があることは言うまでもありません。

またマンタクは、性的エネルギーには特に私たちの基本的感情を構成または増進する傾向があるため、私たちが愛を感じ、肯定的に考えることを選択すればするほど、私たちのエネルギーが拡大し高められると言っています。この理由から、道教の教えではマインドと感情をマスターすることも奨励しており、六つの癒しの音で内臓を浄化し、蓄えた気を身体のためにより有効に使えるようにすることを勧めています。

生殖中枢、霊的中枢、そしてハートの中枢のエネルギーを活用することで生命組織に栄養を満たすことは、私たちのすべてのレベルにおいて完璧な健康を促進し、届け、維持できるということ、あるいは年齢にかかわらず若々しい外見を入手できるということを意味しています。

多くの形而上学者たちが知っているように、私たちの身体から生じる三つのもっとも強力なエネルギーがあります。

・新たな生命を作りだすための生殖エネルギー、私たちの性的興奮と性交によって生じ、増大するエネルギー
・私たちの第6感と第7感、それらに対応する松果体と下垂体が活性化され、頭頂と眉間のチャクラが開かれ、調整され、強化されたときに発生する霊的エネルギー
・私たちのハート・チャクラを通して生じる愛のエネルギー（この章の、「9　ハートの純粋さ」を参照）

マンタクが教えている道教のエネルギー・ツールを含めた形而上学のテクニックによって、これらのエネルギーが結合し体中を循環するとき、私たちの肉体の細胞、臓器、さらには骨髄さえも栄養で満たすことができます。基本的な呼吸のツールに加えて、マンタクの著書『*Sexual Reflexology–the Tao of Love and Sex*（性のリフレクソロジー——愛とセックスのタオ）』の中で紹介されている小周天は、これらの有効なエネルギーを従来の西洋的な性行為で無駄にしてしまうのではなく、より滋養に満ちた物質へと調合し、変換するためのすばらしい方法です。この実践に興味のある方は、ぜひこの本を読んでみてください。小周天はこれらのエネルギーを循環させ、脳、神経、ホルモン系や臓器を回復させ、癒し、活性化するための簡単な方法です。これは私たちが疲れているときに特に有効です。マンタクが言うように、「性的エネルギーは、脳にとっての即時のエネルギー（食べ物）」なのです。

彼はまた、次のように書いています。

「もしパートナー同士が二人とも小周天を開いた場合、男性と女性との間の本質的な極性が大いに拡大し、エネルギーの流れが非常に力強くなります。なぜならこれらの主要な経路が、すべての生命器官とそれらに関係する経絡に栄養を与えるからです。このバランスと栄養の交換こそが、癒しの愛の実践の核心となる部分であり、ひたむきな生徒をやがて性的快感を越えて、長寿、そして不死へ導くものです」

この内容について、私はマンタクの著書をお勧めします。以下に私たちがこれらのエネルギーを循環させ、その力で私たち自身を育むことを可能にする非常に簡単な瞑想を紹介しておきます。私たちはまずこれを一人で行い、次に希望する場合にはパートナーと一緒に行います。

**聖なる栄養プログラム——テクニック11　小周天瞑想**

＊背筋を伸ばして楽に座り、静かな瞑想状態に入ります。
＊息を吸いながら「私は愛です」と唱え、息を吐きながら「私は愛します」と唱える愛の呼吸法を行いながら、無限の愛の源からあなたのハートへと愛を引きだし、その愛をあなたの生殖器官へと送ってください。
＊内なる微笑のテクニックを実践してください。あなたのハート、胸、生殖器官、眉間のチャクラ、頭頂のチャクラへと微笑みかけてください。
＊舌を上あごにつけ、聖なるアムリタを味わおうとするときと同じように、舌を後方へゆっくりとスライドさせてください（テクニック13にある瞑想を参照）。
＊排尿を始めたり止めたりするときに使うのと同じ筋肉を、引き締めたり緩めたりしてください。
＊この筋肉を引き締めるときに、あなたの卵巣または精巣から会陰へとエネルギーが引きだされるのをイメージしてください。
＊あなたが引きだしているこのエネルギーの色を視覚化してください。

＊これらの筋肉を引き締めたり緩めたりし続け、生殖エネルギーが増強するのを感じてください。
＊次に会陰を引き締めながら、このエネルギーを背骨の基底部へと送ることをイメージしてください。
＊引き締めと緩めを繰り返してエネルギーをさらに増強させ、背骨の基底部へと送り、このエネルギーがそこにとどまってクンダリーニ・エネルギーと混ざり合うのをイメージしてください。
＊次に引き締めると同時に、このエネルギーが会陰から背骨の基底部、そして背骨をまっすぐに上昇して後頭部のポニーテールの高さにあるアセンション・チャクラへと上昇するのをイメージしてください。
＊再び同じことをしますが、今度はエネルギーがあなたの背中を通って、アセンション・チャクラからクラウン・チャクラへと上昇するのをイメージしてください。
＊このエネルギーの新しい色をイメージし、引き締めたり緩めたりする行為を繰り返しながら、舌を上あごにつけます。より多くのエネルギーを送りこんで背骨からクラウン・チャクラへと上昇させ、眉間のチャクラへと流れこむのをイメージしてください。
＊次にこのエネルギーが眉間のチャクラからハート・チャクラへと流れだし、性的エネルギーと霊的エネルギー、そして愛のエネルギーが一つに混ざり合うのをイメージしてください。あなたはマインドを使ってこのエネルギーの流れを追い、「セックス、スピリット、愛、……」と唱えながらこの流れを導くことができます。これは私たちの性的エネルギーを、霊的エネルギーと愛のエネルギーに加えることによって、私たちの内なるエネルギーのレベルに完璧なバランスがもたらされるという考え方です。
＊最後にこれらの筋肉を引き締めたり緩めたりして、より多くのエネルギーを背骨から上昇させ、霊的中枢、そしてハートへと送りこみながら、このエネルギーが完璧な軌道を描いて会陰へと戻り、再び背骨を上昇していくのをイメージしてください。
＊エネルギーの流れが循環する軌道――これを小周天と呼びます――を自然に感じられるようになるまでこれを繰り返してください。流れが加速するにつれて、このエネルギーの色をイメージし、その思い浮かんだ色があなたにとって完璧な色であることを信じてください。
＊やがてあなたは筋肉を引き締めたり緩めたりしなくても、エネルギーの流れが自然に生じるように感じるでしょう。

＊これが自分でできるようになったら、性交時にこの実践を加えることができます。これはパートナーの膝の上に座るかパートナーを膝に乗せる、あるいは一緒に横になっているときに行います。パートナーとともに実践するときの唯一の違いは、いったんエネルギーの流れが生じたら、このエネルギーを私たちのハート・チャクラからパートナーのハート・チャクラへと送り、相手の身体を通って背骨を上昇してさらに流れていくのをイメージしてください。または私たちの眉間のチャクラからパートナーの眉間のチャクラへとエネルギーを送ることもできます。エネルギーが交差するとき、常に数字の8のような無限大記号の形を維持してください。

＊「内なる朝食」の日課として、この小周天の単独の実習を毎朝5分間行うことをお勧めします。

このような無限大記号のパターンを伴うエネルギーの混合は、私たちに調和のとれた分かち合いの状態をもたらし、特に私たちが眉間のチャクラを通してエネルギーを送りあうときには、テレパシーによる結びつきまでも開きます。またこのような実践は、私たちを互いのパートナーに、より敏感で調和のとれた状態に導き、ハートと脳、両方のオルガズムのための扉を開きます（これを正確に実習するためには、小周天と性の癒しについて書かれたマンタク・チアの著書を読んでください）。

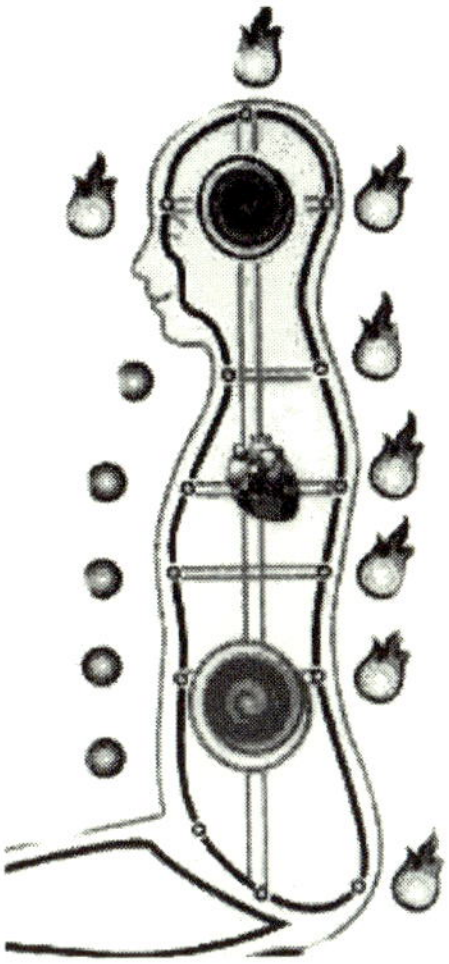

図５

チベットのラマ僧たちは長きにわたり小周天を活用してきました。それは禁欲中に使用しない性的エネルギーを切り換えるためだけでなく、性的エネルギーを使って骨髄を含めた骨格、臓器、経絡、血流、そして肉体的な生命組織全体に栄養を与えるためです。身体中でこれら三つの強力なエネルギーを混合させることは、私たちの内面に本質的に備わっているエネルギーの貯蔵庫から非常に有効なエネルギー源を放出させるからです。

興味深いことに、人間の生命組織が慈悲と無条件の愛の振動に入り、これが性的覚醒のエネルギーと結合したとき、8ヘルツの共鳴をもつ新たな化学作用が身体の中で起こります。これは4ヘルツから7ヘルツで共鳴するアルファーシータ波の状態の境をなす周波数です。この新たな化学作用の状態では、体中のすべての細胞が聖なる愛に満たされ、シータ場に同調したときに起こるのと同じように、完全に満ち足りた感覚になります。

形而上学者たちの間で、神聖なセックスの実習は自分自身を育むための、より一般的な方法となりつつありますが、聖なる栄養の旅において、紫の光と下垂体と松果体がつとめる役割に関してはあまり理解されていません。

## DOWの力

### 8　紫の光、聖なるアムリタ、私たちの下垂体と松果体の活性化のためのDOWの力のツール

DOWの力は、テクニック5で紹介した8ポイントのライフスタイルと、テクニック10にある私たちの生命組織を聖なる栄養の経路へと開き、同調させるプログラミング・コードを通して自然に活性化されます。私たちのDOWはもともと私たちの生命組織の「ボス」ですので、その存在を認め、その周波数域に同調し、意識的に働きかけ、DOWを愛し、愛され、溶けこみ、ゆだねることは、永続する健康と幸福を経験し、内なる平和と豊かさを発見することに興味がある人にできるもっとも賢明な行為です。

DOWの力はレベル2と3の栄養の主要な源であり、私たち一人ひとりがつながり、肉体的、感情的、精神的、霊的に支えてもらうことができます。なぜなら繰り返し言っているように、私たちのDOWとは文字通り神だからです。もし私たちを機能させているDOWの力がなかったら、私たちは生きていません。そして、DOWには

私たちに生命を与えるだけでなく、より多くの能力があるのです。ＤＯＷの力とその常に開かれた聖なる栄養の経路へアクセスすることで栄養を摂取することに成功するために、私たちは確実な心の構えを身につけ、特別な瞑想（本書にあるような瞑想）を行い、また日常的な祈りの実習を活用して、聖なる栄養の経路と交流する道を開き続ける必要があります。祈りは心をこめたハートからの祈りでなければなりません。

私たちが必要な栄養を手に入れるために考慮すべきもっとも重要な問題は、私たちの心の構えです。ポジティブな思考と、食べる量が少ない人はより長生きすることが、研究で証明されています。

私の無料オンライン・マガジン、『*ELRAANIS Voice*（エルラーニス・ヴォイス）』のために最近行ったシャー博士とのインタビューからの引用です。

心の構えは個人、宗教団体、組織、家庭または家族の進歩を決定します。この重要性は強調しすぎるということがありません。チャールズ・スウィンドルがこう言っています。

「長生きすればするほど、人生における心の構えの重要性に気づかされる。私にとって心の構えは事実よりも重要である。それは過去よりも、教育や成功よりも、他人が考えること、言うこと、することよりも重要である。外見、才能、熟練よりも重要である。心の構えは会社、教会、家庭を作りもすれば壊しもする。注目すべきは、その日の心の構えに関する選択権を、私たちが毎日もっているということだ。私たちは過去を変えることはできない。人々がある一定の方法でふるまうという事実を変えることもできない。私たちは必然の運命を変えることはできない。唯一、私たちにできることは、与えられた手段を利用することだけであり、その手段とは、私たちの心の構えである。私は人生の意味において、実際に出来事が占める割合は10％で、残りの90％

は私のその出来事に対する反応であると確信している。それはあなたにとっても同じことである。私たちの心の構えを決めるのは私たち自身である」

シャー博士の話は後ほど詳しく紹介し、神々の食べ物、聖なる栄養の経路へアクセスすることの恩恵についても述べます。全人類が健康、幸福、平和、豊かさを創造するための完璧な栄養を提供することは、結果として地上に楽園をもたらします。以下に自著である「バイオフィールドと至福」シリーズの第2作『*Co-creating Paradise*（楽園の共同創造）』からの抜粋を紹介します。

「形而上学的な視点で、地球上に楽園を創造することができる力は、たった一つしかありません。それは私たちの高次の本質と共通の結びつきを明らかにし、私たちを一つにする唯一の力で、唯一腐敗することのない力です。

私たちの原子を満たすために私たちに呼吸をさせ、形をもっていることの素晴らしさを体験するために、私たちに7感を授ける唯一の力があります。この唯一の力は、全人類一人ひとりの、63兆個の細胞すべてのマスターコンピューターの制御者です。この唯一の力は全知全能で、すべてを愛し、あらゆる存在の内にも外にも遍在しています。私はこの力をＤＯＷと呼びます。それは私たちのＤＯＥ（Divine One Everywhere　遍在する神）でもあります。

私たちのＤＯＷが望んでいることは、その存在を私たちに知ってもらうことだけです。ＤＯＷを知り、挑戦し、その輝きを認めて行動し、静粛にしてＤＯＷが私たちに語りかける神秘的な恩寵《グレース》に耳を傾けること。これは60億の人々が調和のうちに共存し、すべての人の内に存在し、すべての人に共通する唯一の力によって導かれることを意味します。ＤＯＷはマインド、エゴ、文化や遺伝的な影響を超越するからです」

## ＤＯＷと紫の光

私たちのＤＯＷは愛と光の波を通して、肉体的、感情的、精神的に自らを表現します。愛とは私たちが静かに座って瞑想し、ＤＯＷと一つになる体験を求め、肉体と感情体を栄養で満たしたときに生じる感覚です。光とは私たちが第3の眼に集中し、松果体と下垂体と視床下部を活性化したときに見えるものです。視床下部は内なるテレビ画面として機能し、代わりに私たちのＤＯＷの紫の光を見られるようにする部分です。そしてこの光が、私たちの精神体を育みます。この光は、多くの人々が神と呼ぶ至高の知性の源から、光のコードと光の情報の束を運んでくるからです。

### 道《タオ》、紫の光、北極星

古代道教の教えでは、紫の光のスペクトルは、北極星のある一定のポイントを通過して地球に届くとされています。そして私たちがこの星につながることができれば、地球上での生と死の自然のサイクルの影響から解放されると言われています。道家は至高の栄養を五気と呼び、天と地の両方が誕生した宇宙のエネルギーの中心であるとしています。

道教のマスターたちは、身体には五気を受け取るための三つの入り口があると言います。それらは私たちの眉間のチャクラである上丹田、ハート・チャクラである中丹田、仙骨のチャクラである下丹田です。これら三つのエネルギー・センターが調和したとき、私たちの内面で天と地がつながります。道教のハートには七つの層、七つの電磁場、七つの慈悲の状態があります。

無料小冊子の『*Darkness Technology*（暗闇のテクノロジー）』に、マンタク・チアは次のように書いています。

「北斗七星の赤外線の放射が、北極星の紫の光線と一つになると、アクセス方法を知っている人の肉体とマインドに、滋養に満ちた明白な効果をもたらします。道教では北極星や北斗七星、そのほかの星座が『天国の門』を形作ると信じられています。あらゆる生命体はこのような門をくぐり、もともとの起源である五気、道《タオ》と一つとなる状態へと戻らなければなりません」

次元バイオフィールド科学によると、道《タオ》、あるいは統一性は人間の生命組織内で、私がＤＯＷと呼んでいる意識的な力として表現されています。

マンタクは、またこのように書いています。

「松果体は陽であり、陰である視床下部とバランスをとっています。道教ではこれを普遍的な力のための主要なスイッチとしてとらえています。スピリット（ＤＯＷ）が目覚めるとき、それは視床下部に存在します。松果体と視床下部がつながったとき、非常に強力でバランスのとれた力を放出します」

また道教では霊的な大釜、または内なるエネルギー源について、そこに接続するとき、私たちは肉体に栄養を与え、癒し、長生きをし、もし望むなら不死に達することさえできると言われています。

「松果体は抑制反応を次々と引き起こし、目覚めた意識状態に夢のような状態やビジョンを生じさせます。やがて脳は『スピリット分子』である５メオディプト（5-MeO-DMT）やジメチルトリプタミン（DMT）を合成し、普遍的な愛と慈悲の超越的な体験を促進します」ともマンタクは言っています。

興味深いことにマンタクの研究では、視床下部が活性化するとき、血圧、体温、体液と電解質のバランスなどが調整されるだけでなく、動的平衡のプロセスを通して体重も調整されると言っています。それゆえに、松果体が紫の光で満たされ、活性化され、光の流れとプログラミング・コードを通して視床下部とつながるならば、私たちが肉体に意識的に「完璧な体重」をプログラムすることができるというのは非常に自然なことのように思われます。

道教の中で、もう一つの興味深いことは、北極星が地球を含めた約5千億もの星々を支配しており、宇宙には60兆以上の星が存在していて、それは私たちの肉体の60兆個の細胞の数と等しく反映していると指摘している点です。道教の教えの中で、私がもっとも興味深く感じたことの一つは、紫の光だけがうまくプログラミングすることができると言われていることです。この紫の光については第11章でセント・ジャーメインの紫の光の三つの炎とマルタ十字架の重要性も含めて見ていきます。

古代の知恵である紫の光の三つの炎は私たちのハート・チャクラに存在すると言われています。左図は伝統的な図です。

**図６**

## 紫の光

### 生命組織を紫の光で満たし、栄養を与える

シータ－デルタ場の紫の光で私たちの細胞を満たすことは、いくつかの驚くべき結果をもたらしうる、もう一つの栄養ツールです。すでに述べたように、透視能力、霊聴力、超感覚力、肉体の不死、脳を１００％使う能力、ストレスのない健康的な肉体の享受、加齢、飲食、睡眠の必要性から自由になる能力、非物質化、バイロケーション、あるいはホログラフィックな投影を送る能力など、これらす

べての状態を得られるかどうかは私たちがシータ–デルタ場との深いつながりを獲得し、維持し、特定の内なる扉を開き続けられるかどうかにかかっています。

すでにほとんどの形而上学者たちが知っている通り、すべての細胞を構成する原子の99・9％は空間です。この空間は純粋な知性のポケットであり、私たちのDOWの意識で満たされた生きた有機体です。ここで紹介しているようなプログラムを利用したり、エネルギーを変換するためのツールを使ったりすることで、私たちは内なる扉を開くこと、またはすでに開かれた扉を通してダウンロードされる情報を向上させること、あるいはより総括的な展望が常に開き続ける非常に特別な周波数域へと開くことができるようになります。言い換えると、これらの形而上学的なツールを使用することによって、人々は健康的な方法で、より肯定的な現実へと移行することができるということです。

私たちの身体を紫の光で満たすとき、DOWはまるでコンピューター・ウイルスの除去プログラムのように働き、私たちを自動的に癒し、栄養で満たします。特に完璧な健康、完璧なバランスなどのプログラミング・コードを合わせて使用すると効果的です。これらの内なる扉がいったん開かれると、私たちは体中の細胞を、内なるエネルギー・センターまたはチャクラから絶えず流れだす純粋な紫の光で満たすことができるようになります。これは統合したチャクラ支柱を作りだすことで、より簡単に起こります（115ページ図7、8参照）。私はこのシステムを「氾濫」と呼びます。この氾濫は、いったん最初のエネルギー力学が定着すれば、バイオフィードバック循環システムを通して機能することもできます。

## 聖なる栄養プログラム――テクニック12
## 私たちの生命組織を紫の光とそのシータ－デルタ場の周波数で満たす

### 方法

私は次のツールが聖なる栄養プログラムの中でもっとも効果的で重要なものの一つであると考えています。この聖なる愛、聖なる知恵、そして聖なる力の源から、人類の生命組織は完璧な栄養を得ることができるからです。

最初に以下のチャクラを拡大するエクササイズを行い、内面でつながった支柱、または回転する光のトンネルを作ってください。これは、私たちの紫の光とＤＯＷの力の源との接続であり、テクニック１、２、第7章にあるテクニック16を使って自分自身を集中させた後で行うのがもっともよいでしょう。

① 紫の光があなたのクラウン・チャクラを通して流れこみ、その力でそれぞれのチャクラを満たし、拡大していくのをイメージしてください。

② この滋養に満ちた光によってそれぞれのチャクラが成長、拡大し、チャクラ同士がつながり、回転する1本の光の支柱を形作ることをイメージしてください。

③ この回転する支柱があなたの細胞、そしてあなたの原子へと無数の紫の光の光線を放射していることをイメージしてください。

④ これらの紫の光のエネルギー光線があなたの原子を通して輝きだし、内なる扉を開くことをイメージしてください。これらの光線が最大限に拡大し、内面から紫の光を引きよせ、次に収縮するのをイメージしてください。このとき、最大限の拡大は伝達される光線の速さ、力、潜在力によって決まります。

⑤ これらの紫の光で満たされた光線がさらに原子を満たし、細胞、臓器、血流、経絡、そしてあなたの生命組織全体を紫の光で満たすのをイメージしてください。

⑥　この「拡大、引きつけ、収縮」のプロセスが呼吸のように自然に、自動的に発生し、あなたの細胞を常に内面の紫の光の領域に同調させることをイメージしてください。

この瞑想はレベル2と3の両方の栄養のために必要です。

この回転するチャクラ支柱に、日常的に焦点を合わせることでそれは現実のものとなり強化されます。これを私たちの呼吸と組み合わせることによって、独自のバイオフィードバック循環システムが作りだされ、私たちの身体を自動的に内なるシータ-デルタ経路に同調させます。これは内なる領域の紫の光を引きつける、これらの周波数（紫の光が変質したものも含む）の性質によって起こります。このような周波数は、すべてのものが大いなる全体の一部であるという、深い知識に導かれているからです。

この瞑想とチャクラ支柱の有効性もまた、私たちのライフスタイルと、この本で紹介しているステップの取り入れ方しだいで決まります。本物の栄養を受け取ることができるDOWのシータ-デルタ場に肉体を同調させる方法は数多くあり、もたらされる恩恵は言葉では説明できるものではありません。シータ-デルタ波のエネルギーにより多くアクセスすればするほど、私たちは人類の生命組織についてほとんど何も知らないことに気づかされます。すでに知られている法則のすべては、大いなる全体の内の一つの層にすぎないからです。それぞれのレベル、それぞれの領域には独自の法則と力学があり、それらはすべてを生みだす一つなるものの領域――ある人はこれを宇宙コンピューターまたは神、あるいは創造の原点と呼ぶ――の数学的部分集合です。ディーパック・チョプラ氏は彼の著書『*How to Know God*（神を知る方法）』の中で、物質的領域は量子領域の部分集合であり、量子領域は仮想領域の部分集合だと言っています。

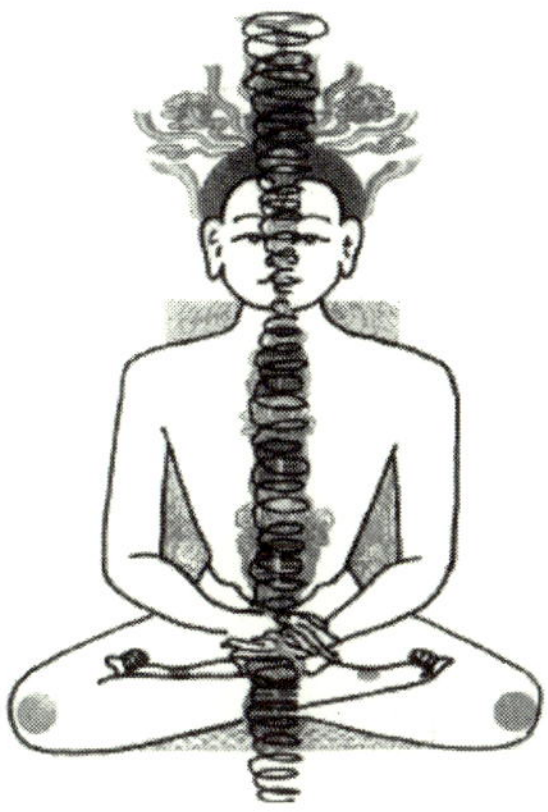

紫の光が放射する、回転する1本のチャクラ支柱の創造
（絵：ファン・リー）

**図7**

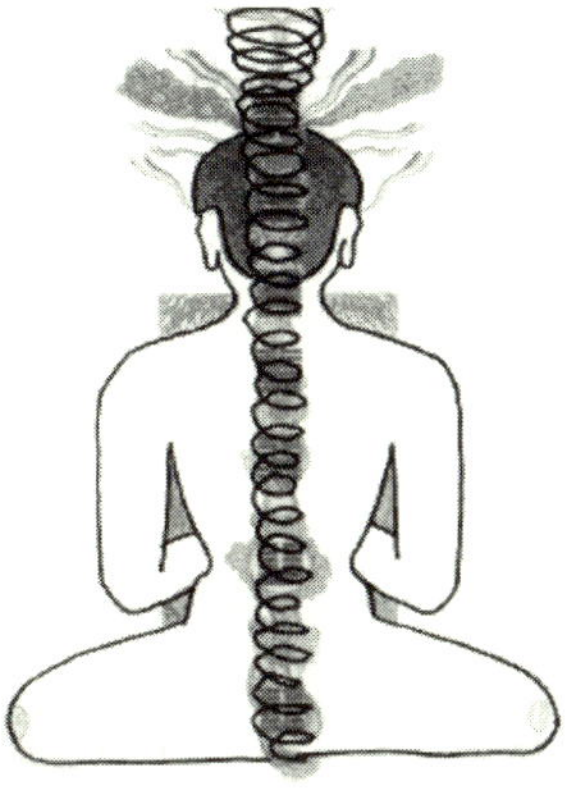

**図8**

次元バイオフィールド科学では、無数の光線が私たちのすべての細胞と原子を通して内なる宇宙へと絶えず放射されており、もしもエネルギーが拡大と収縮をし、似た者同士を引きつけあうならば、私たちは内なる領域からより多くの紫の光のスペクトルを引き寄せるために、これらの紫の光のエネルギー・ラインを利用することができます。

シータ-デルタ場の力学や、そのほかすべての場の力学は宇宙の法則に支配されていますが、すべての場はシータ-デルタ場につながるため、あるいは離れるための再調整が可能です。この領域ではすべての扉が常に開いたり閉じたりしているからです。その方法については再び、私たちのライフスタイルと、肉体というハードウェアを有効に機能させるためのソフトウェアとして作用する特定のプログラミング・コードによります。

バイオフィードバック循環は、場の共鳴を変化させる相互作用を引き起こします。共鳴と付随する言葉は振動数で、物理学で単位時間に定点を通過する振動の数を表します。またそれは、身体の周期的な動きによって一定時間内に起きた振動のサイクルの数でもあります。周期的な動きをしている身体は、様々な出来事、または位置を通過して最初の状態に戻ることで、一つのサイクルあるいは振動を経験したことになると言われています。

私たちの個人的振動数が、聖なる栄養にどれだけアクセスし、シータ-デルタ場にどれだけ長くとどまっていられるかを決めます。周波数を調整することによって、生命組織の感情的、精神的側面が事実上別の領域、たいていの人が存在しているベータ-アルファ場より深いレベルの満足感をもたらす、より洗練された精妙な領域に存在していることに気づきます。

シータ、デルタ領域の光のスペクトルの中で、私たちがアクセスし、より良いことのために活用できるもっとも純粋なスペクトルは、霊的自由の7番目の光線である紫の光です。これは特別なエネルギー帯、または光子エネルギーであり、内面のネットワークを通してもたらされる特別な周波数をもっています。特別な周波数、または光のスペクトルである紫の光はダウンロードされて、私たちの肉体、感情体、メンタル体、スピリット体へと向けなおされたとき、強力な変質と変化を引き起こします。しかしながら、この光のスペクトルは、特定の音とコードを使ってプログラミングされたときにだけ、その最大の機能を発揮します。

この章の、8ポイントの快適なライフスタイルのためのプログラムの⑧で、神聖な音の重要性に焦点を合わせているのはこのためです。神聖な音は、何千万年も前の世界の始めから、土着の部族や伝統的な宗教によって利用されてきました。それは音の力が生命組織を、最初はベータ場からアルファ場へと移行させ、次にシータ場とデルタ場に同調させるという、彼らの知識にもとづいて使用されていました。

私たちの生命組織に作用する神聖な音の驚くべき例があります。それは私と夫がパリにいったときのことでした。私たちは旅の途中、教会や礼拝堂、大聖堂やモスクなど、どこでも引きつけられた場所で瞑想することを習慣としていました。そのようなときに私は、たいてい異なる領域の精妙なチューニングを含めた、ある種の次元バイオフィールド操作を行うように導かれます。だから、旅行に出かけることは、リラックスするためでもあり、意味のあることでもあります。

私のお気に入りの時間の過ごし方は、森や公園や祈りの場所など、聖なるものの力を感じ、見いだし、聞き、知覚できるような場所に座っていることです。このとき、私たちはクラブや風俗店で賑わう観光スポットであるモンマルトルの中心に、ある教会を見つけました。その礼拝堂は明らかに使用されており、非常に暖かく歓迎してくれるように感じました。私たちが座ると、礼拝堂の中の空気が完全に変わったからです。そこで祈り、求め、招かれてきた聖なるスピリットとの深いつながりは、その小さな聖リタ教会の壁の中にはっきりと感じられました。この教会は、聖ミカエルやノートルダムの大聖堂と比べると大変質素でしたが、この地味な教会には、大勢の観光客が訪れるような大きな教会にはない魔法がありました。

その礼拝堂での時間を楽しみ、シータ-デルタ波で満たされるのを感じた後、私たちは地下鉄に乗って聖ミカエル大聖堂へ向かいました。ここは何百年も前に王室の礼拝のために建てられたすばらしい大聖堂です。ステンドグラスの荘厳さを見るために観光客が群がるこの教会には、非常に強力なベータ場があり、それは洗練されたものすべてをかき消すほどでした。私たちがその様子を眺めていると、突然聖職者たちがグレゴリオ聖歌を歌い始めました。誇り高く、力強く、心をこめて、大きな声で、修道士たちが声を一つにし、コントラルトやビブラートを駆使して歌い始めると、突然その場のエネルギーが輝きだし、人々が座り始めるとその場がより軽やかに、生き生きとしてきました。その場にいた全員が話すのをやめ、神聖な沈黙が部屋中を満たしました。それは本当に奇跡的な出来事であり、私たちは突然、神聖な音が騒がしいベータ場をより穏やかなアルファ場にこれほど効果的にすばやく調整することができるという事実を目の当たりにしたのです。

私はこの本の全体を通して異なる周波数についてと、私たちがアルファ、シータ、デルタ場にどれだけ定着するかはすべて私たちの願い、心の構え、ライフスタイル、そしてこれまでに紹介してきた内容の応用の仕方次第で決まるということについて話していきます。しかしある特定の結果をもたらすためには、特定の行為とともに、応用できる特定の領域の装置があります。

ここで再び私たちは人生を正直に見つめ、どのような結果を得るためにどのようなプログラミング・コードをダウンロード、または適用する必要があるかを理解しなければなりません。そうすることによって私たちは紫の光を基礎とした、場の組み立ての科学により深く入ることができます。

紫の光は秘教の世界において、もっとも有効な変容のためのツールとして長い間知られており、三つの周波数帯からなります。一つ目はピンクの光の帯域で、聖なる愛のエネルギーをもっています。次は黄金帯で聖なる知恵の印をもち、青の帯域は聖なる力の印をもっています。聖なる愛、聖なる知恵、聖なる力が一つになるとき、私たちの誰もが自らの聖なる本質を、敬意をもって表現できる自由の状態へと到達できます。

また聖なる愛、聖なる知恵、聖なる力は原始の創造の三つの周波数でもあり、アカシャーの領域を動き回り、量子領域で起こる創造的なプロセスを支えるために、そこからすべての生命と知性が誕生したのです。このように紫の光の帯域は完璧な変容、完璧な癒し、完璧な活力、完璧なアラインメント、完璧な流れのエネルギーをもっていて、すべてのレベルを栄養で満たします。

## アムリタ（神の甘露）

## ＤＯＷとアムリタによる栄養

松果体と視床下部以外にも、ＤＯＷは古代インドのヨギたちによく知られているツールを使い、別の下垂体を活用して私たちに栄養を与えることができます。私たちの下垂体が活性化し、紫の光で満たされるとき、甘い味のする甘露が作りだされます。これは内なる若さの泉としても知られています。

古代ヴェーダの聖典の中で、この液体は「アムリタ」として知られ、マインド——視床下部に存在する霊的マインド——が眠った状態ではごく少量生産されますが、マインドが目覚めているときや、松果体や下垂体が高次の可能性まで活性化されているときには、アムリタの生産量が増え、生命組織をレベル３の栄養で満たし、物質的な食べ物の必要性から解放するのに十分なほど強力になると言われています。

下垂体を刺激し、聖なるアムリタの自然な生産を促すためのプロセスには、二つのパートがあります。そのうちの一つは武道家たちによく知られているテクニックです。

## 聖なる栄養プログラム——テクニック13　聖なるアムリタの経路

＊パート１：上あごに舌の先を軽くつけます。これは基本的に小周天のツールと同様、体内のエネルギーの電磁場の流れをつなげます。

＊パート２：舌を丸めて喉のてっぺんにある口蓋垂、口の奥で小さなＵの字の形のようにぶら下がっている部分までひっこめて、下垂体を刺激します。

これを行うためには舌の下側の筋肉を伸ばして奥まで届くようにしなければなりません。しかしながら形而上学のツールのすばらしい点は、能力がテクニックからではなく、私たちが意図することによって生まれるということです。

＊ですからこれを毎日、舌をより奥へと滑りこませる意図をもって行えば、やがてこの位置に到達して下垂体を刺激し、より多くのアムリタが生産されるようになるでしょう。

この甘露は信じられないほどに甘いので、味わったときにはすぐにそれとわかるでしょう。このテクニックを毎日練習することをお勧めします。これは下垂体を活性化し、私たちの聖なる栄養の経路へのアクセスを増やすからです。またあなたが舌をこの位置にもってこられたとき、あなたはあなた自身の身体を若返らせているばかりでなく、話すことができません。これは世界にとってすばらしい贈り物です。これは職場、車の中、お風呂の中、買い物中など、どこでも思いだしたときに使えるすばらしいツールです。

## 腺

### 聖なる栄養プログラム――テクニック14　松果体と下垂体の食べ物

下垂体と松果体を活性化するための主要なツールは、快適なライフスタイルのためのプログラムを取り入れた私たちのライフスタイルです。このプログラムの菜食と奉仕の側面は、聖なる栄養の経路に対する私たちの感受性を自動的に高め、アルファ-シータ場の８ヘルツの振動である愛、知恵、優しさ、慈悲の周波数をより多く引き寄せます。紫の光で満たされることで下垂体が活性化されると、私たちの生命組織もまたアカシャーや宇宙の炎などの高次の要素をより多く引きつけます。アカシャーと宇宙の炎は、下垂体に関連する二つの要素であり、私たちのクラウン・チャクラと眉間のチャクラに作用する要素でもあります。下垂体が聖なるアムリタを生産するとき、松果体はピノラインと呼ばれる物質を作りだします。これもまた脳をシータ-デルタ領域に合わせる物質です。

活性化され、シータ-デルタ波と同調したとき、これらの腺は宇宙伝達ステーションとして機能し、私たちが紫の光の放射でより満たされることを可能にします。紫の光は北極星からだけでなく、私たちの太陽からも流れ

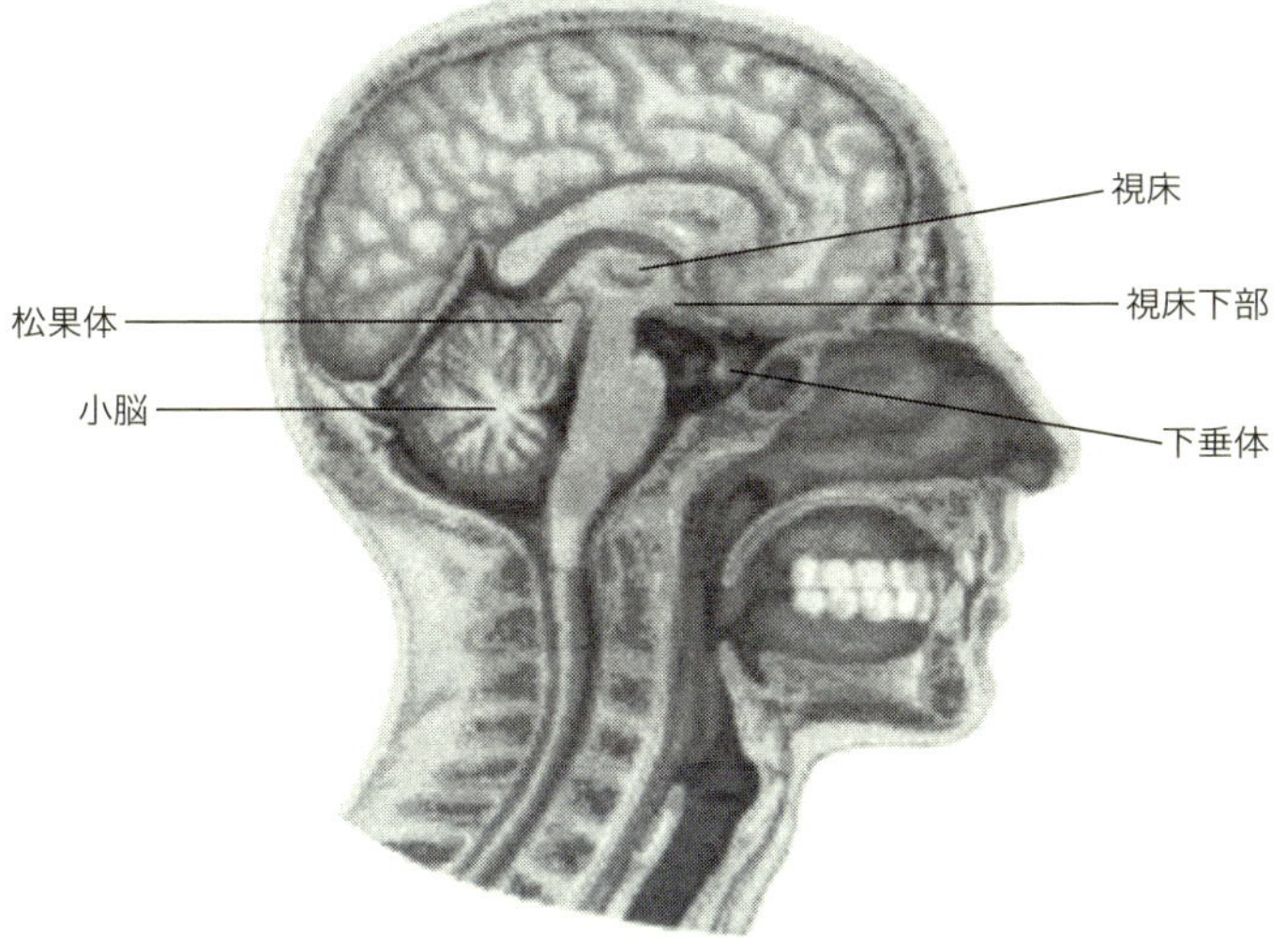


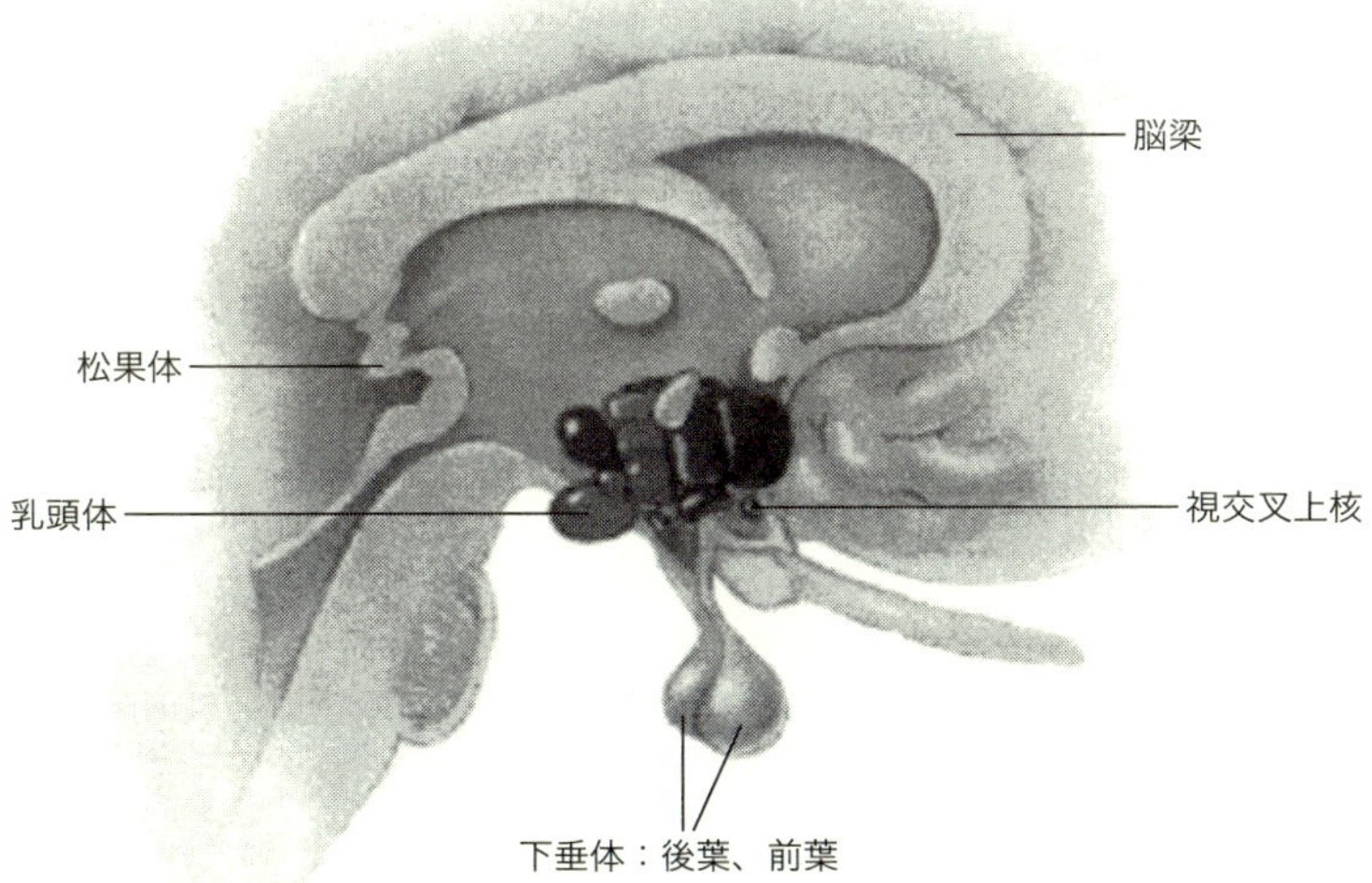


**図９、10**
**松果体と下垂体の活性化**

※上図はマンタク・チアの小冊子『Darkness Technology』（暗闇のテクノロジー）より抜粋しました。

だします。私たちの太陽は内なる領域のセントラル・サンからの伝達をダウンロードする巨大な光り輝くグリッド・ポイントとして機能しています。レベル3の栄養摂取に成功するためには、これらの腺を活性化しなければなりません。

シャー博士はこれらの腺について次のように書いています。

「最新の科学書を詳しく読み、古代インドの霊的文献や西洋のオカルトやニューエイジの書物と比較すると、次のようなことが明らかになります。

松果体の活性化は私たちのサイキックな、霊的な、そしてエネルギー的な変容のプロセスにおいて重要な鍵となるステップです。ここ松果体では、エネルギーの処理と再分配が起こります。松果体はすべての内分泌腺の司令官であり、上腕骨の組織を支配しています。また松果体は生物リズム、眠りと目覚めのサイクルを調整し、老化の進行も遅らせます。サイキックな性質もあり、魂あるいはマインドの玉座でもあります。そのため第3の眼と呼ばれています。タントラの体系ではアジナー・チャクラと呼ばれます。この部分はヨガや瞑想法を長く実践することや、太陽エネルギーのエクササイズを通して活性化することができます。太陽エネルギーのエクササイズは、古典的なヨガのステップを使用しません。また松果体は腫瘍の成長と転移をある程度抑えます。免疫系にも刺激的な効果があります。鳥やほかの動物たちの中では、松果体が磁気的性質をもち、鳥にとってこの部分がナビゲーション・センターとなります。

科学者たちは人間の松果体の磁気をおびた、方向誘導の性質に注目しています。ですから松果体の活性化と太陽エネルギーによる充電は、宇宙エネルギーの近道へと扉を開く、きわめて重要なステップです。これは言い換えればクンダリーニ・シャクティの活性化かもしれません。

人類が松果体に備わったサイキックで霊的な力を無視し始めてからというもの、それは単に肉体的、物質的なものとなり、このゆえに人類は終わりのない苦しみを味わってきました。人類は松果体やそのほかのサイコ・スピリット体を、宇宙エネルギーの力またはラジャ・ヨガやタントラ・ヨガそのほかの実践を通して活性化する方法を学びなおさなければなりません。クンダリーニ・シャクティはこれらを通して活性化され、幸福、至福、平安がこれに伴うと言われています。この光のエネルギーはおそらく、体の中で電気的、磁気的、あるいは化学的エネルギーに変換されます。いったん処理されたエネルギーはどこかに運ばれ、保存されなければなりません。実はすべてのエネルギーの究極的な形は光です。エネルギーと光は物質へと変容し、再びエネルギーに戻ることが可能です。視床下部は自律神経系の司令者であり、松果体は自律神経系のすぐ近くにあるので、新たなエネルギーの輸送が自律神経系を活性化する、あるいは新たなエネルギーが自律神経系を輸送手段として利用するというのは論理的です。

副交感神経系とそのホルモンと化学物質は、交感神経と比べてさらに有用です。交感神経系は私たちの身体の必要性（考えること、ストレスと戦うこと、興奮することなど）を増やしますが、副交感神経系はエネルギーの必要性を減らすことで知られています。それは人を落ち着かせ、精神に静けさをもたらし、新陳代謝の必要性を低い状態にして眠りにつかせます。ほかにもホルモンや化学物質の作用があるかもしれませんし、側頭葉や辺縁系の役割も重要かもしれません。受容体でなければ調節器官として働き、霊的にはエネルギーを正しい経路に導くことに関係があるかもしれません。辺縁系の奥深く、あるいは延髄の中にこのエネルギーは最終的に保存され、ときおり呼び戻され、充電され、再利用されるようです。延髄にはすべての生命中枢があるため、生命エネルギーの貯蔵庫だと言えます。

ですから聖なる栄養のエネルギー管理システムには、エネルギーの受信機、受容体、処理装置、分析装置、転換体、貯蔵庫などがあります。このようなエネルギー形態の計算方式は、私たちが慣れ親しんでいる食物やカロリーの計算方式とは異なりますので、これをマイクロ・フード（微小食物）、またはマインドを活用するための食べ物（Manobhakshi Aahar Tuûte ytnth）と呼びます。ここで私たちは太陽エネルギーについて話しましたが、空気、水、植物、大地など、宇宙のあらゆる源からのエネルギーを利用することができます。これはスーリヤ・ヴィギャンと呼ばれますが、私たちの古代のテキストにもあるように、ほかにもチャンドラ・ヴィギャンやヴァナスパティ・ヴィギャンがあります」

古代のヨギや道教のマスターの訓練の中には、暗い洞窟の中で数時間から数年間も瞑想して過ごすというものがあります。このような行為は瞑想する者を驚くべき意識レベルへと導くものとして知られていたからです。現代の研究により、長期間暗闇で過ごすことによってピノラインのような幻覚を引きおこす化学物質が脳内で合成、蓄積され、脳の神経伝達物質に影響し、私たちの目覚めている意識状態にビジョンや夢のような状態をもたらすということが明らかになりました。マンタクは『*Darkness Technology*（暗闇のテクノロジー）』の中で次のように書いています。

「暗闇の環境では神経内分泌系において、化学的変化が起こります。セロトニンがメラトニンに変わり、高次の意識体験（たとえば聖なる交流、啓示、対話など）にかかわるより洗練された、精妙なエネルギーを受け取るための生命組織の準備をするのです。

メラトニンは松果体で生産され、主要な内臓器官に影響し、交感神経系を静め、心と身体の両方の若返りを日々可能にします。暗闇や夢または眠った状態で長期間過ごしたときに生産される過剰なメラトニンは、私たちを覚醒意識へと導き、私たちのより高次の本質を目覚めさせ、すべての生命と栄養の源とのつながりを再び私たちに感じさせます」

多くの秘境文化が信じているように、魂は眠っているとき、肉体を離れ、聖なる輝きとしてより高次のより純粋な形態に溶けこみます。この聖なる輝きもまた、長期間の暗闇での瞑想によって生じます。これは魂の栄養の時間とよばれています。なぜならこの状態で私たちの魂はシータ－デルタ場の周波数を深く吸収し、魂が必要とする純粋な栄養を受け取ることができるからです。私たちの身体の脳下垂体を活性化するもう一つの利点は、目覚めている間にも、より意識的な方法で魂の栄養を受け取ることができるということです。

# ハート

## 9　ハートの純粋さと栄養

もし私たちがプラーナだけで生きること（レベル3）を望むならば、これに成功するためにはハートの純粋さがもっとも重要になります。純粋なハートとは、この世界での私たちの経験や、様々な出来事に対する私たちの認識に伴う選択肢を通して、人生が私たちに与えてくれるものです。私たちの知覚力と、人生のあらゆる場面における人々に対する反応の選択は、私たちがより多くの愛を内なる領域と外なる領域に引き寄せたいと願うときに、聖なる愛の経路にアクセスするための非常に有効なツールとなります。

形而上学の分野では、私たちのハートの純粋さがスピリット体、メンタル体、感情体、肉体に栄養を与えるために、私たちがアクセスできる栄養のレベルを決定します。純粋なハートとは何であるか、それをどのようにして獲得できるのか、なぜ重要なのか、というのは聖なる栄養の計画において非常に重要な三つの質問です。

純粋なハートを定義づけしようとすることは、私たちを判断の領域へともたらします。判断は、私たちが聖なる愛の経路へとアクセスする扉を制限するエネルギーです。聖なる愛の経路は、まさに無条件の愛の流れであり、そこには判断の入る余地などないからです。ここで識別と判断とは異なるエネルギーであるということを覚えておいてください。識別とは霊的なイニシエートたちの誰もが必要とする、自由のためのツールであり、自分自身や他人に対する判断は制限になります。ではここでハートを純粋にし、レベル2とレベル3の両方の栄養を獲得するために役立つ行動要因を紹介しましょう。

そのいくつかは次の通りです。

＊他人とかかわるときはいつも、誰もが勝利できる計画を実現し、すべての人に有益な結果をもたらすことを願い、約束すること。

＊聖なる愛を引きつけ、保持し、放射するための私たちの受容力を拡大する愛の呼吸瞑想を行うこと。

＊与えられたどのような状況でもベストを尽くし、本物のマスターであるかのようにふるまうという完全性への確約をし、行動すること。

＊自分自身と他人に対する愛に満ちた、協力的な誠実さをもつこと。

＊他人への心からの慈悲と愛に満ちた意識をもつこと。他人の幸福に対して誠実な関心をもつこと。

＊無私の奉仕と見返りを求めずに与える能力、そして他人を育む適切な方法で行い、相手に不必要な恩義を感じさせないこと。自分の権力を拡大するためではなく、私たちの時間、思いやり、愛、お金などをポジティブで相手を力づける方法で惜しげなく与えるということです。

シータ–デルタ場への扉を開き、私たちの最高次の可能性を引きだすハートの純粋さは非常に重要です。本当の知恵と聖なる力とは、その価値を理解し、その恩恵を賢明に活用できるものだけに与えられるからです。高次の神秘と高次の領域の本当の恩恵は、つねに愛に満ち、賢く、純粋なハートに与えられます。

憎しみ、疑い、懐疑心、判断に満ちたハート、あるいは傷ついて壁を作り、他人に対して閉ざされてしまったハートは、高次の領域とそのすべての栄光にアクセスする前に癒される必要があります。これは私たちの霊的なハートを意味し、このハートが壁に閉ざされてしまうと、肉体の心臓にも問題が生じます。毒性の食事、毒性の思考、毒性の感情のパターンの組み合わせは、高い確率で心臓発作を引き起こします。私たちの現代社会で心臓発作の発生率は増加しています。現代の西洋人男性と女性の死因の第1位は、心臓に関するものです。

## エクスタシー

### 10　エクスタシーのツールによる栄養と元素の均衡

下垂体と松果体が紫の光と快適なライフスタイルのためのプログラムを通して活性化されたとき、脳波のパターンがシータ–デルタ場に定着するということを私たちは理解しました。また、元素が特定の均衡状態にあるとき、私たちは肉体を老化や地球資源の必要性などの制限から解放できるということも学びました。では次に私たちがデルタ波の最高潮に達し、絶対的な至福とエクスタシーのパターンを体中に解放できる栄養についての説明に入りますが、その前に、以下の点を要約したいと思います。

## ■元素と場（フィールド）

聖なる栄養の分野での10年間の研究の後、私は自分で栄養を補給するテンプレートの現実を知りました。この手段については私の著書『*Biofield and Bliss Book 1*（バイオフィールドと至福1）』の中で触れましたが、ここからもこのことについて詳しく述べたいと思います。ところで、この次元バイオフィールド装置の機能方法について詳しく調査していくうちに、私は元素の均衡の秘密を発見しました。

元素が分子として私たちのライトボディやチャクラのまわりに集まる方法は、私たちの精神面と感情面の現実によって決まります。火、地、水、空気、アカシャー、宇宙の炎の元素が完璧な均衡状態にあるとき、生命組織は異なるエネルギー帯へと移行し、自分で栄養を補給できるようになります。エネルギーが供給されると私たちはこれをサポートするためのエネルギー・グリッドを作りだし、このような均衡に達したときのための自動活性化に必要なプログラミング・コードを加えます。

この均衡の状態は、日常的なライフスタイルと、精神的、感情的状態によって達成され、維持されます。ある存在がすべての生物界の橋渡しをするのに十分なほど敏感になると、元素の神々が呼びだされ、完璧な元素の均衡の現実を支えるために自らを配列しなおします。このことは私たちの生命組織を、別のレベルの自由へと導きます。神々の食べ物が十分に栄養と水を与えてくれるので、食べること、老化すること、眠ることの必要性から自由になれるからです。これには極度に洗練された調整状態が必要となります。現代の私たちの世界的なバイオフィールドの集団的周波数のために、このような調整状態を維持するのは困難です。しかし、より多くの人々が聖なる栄養の経路に同調すればするほど、このような周波数場の現実を維持することが簡単になります。

神々の食べ物とは実際に何であるか、それはどこからくるのかを理解するためには、私が以前に記した元素に関する詳細を紹介している、次の内容を理解する必要があります。

古代の知恵の形而上学によると、この次元に存在するすべての元素は宇宙モナドから発生します。ですから物理的な宇宙は、ほかの六つの元素すべてが合成された保有者です。物質的な惑星へと向かうプロセスが展開すればするほど、高次の元素の影響は次第に弱まります。光輝の源が影響を及ぼす場が減少するからです。

次の七つの元素は互いに浸透し合い、織り交ぜられたものとして理解します。それぞれの元素はその一つ前の元素から発生しますので、それぞれが引き続き成長する複雑さをもち、独自の特徴だけでなく、それ以前の元素の特徴も合わせもっています。

① **宇宙モナド**：最初の顕在していないロゴス。地、火、水、空気、アカシャー、宇宙の炎の七つの元素に分かれます。宇宙モナドから、神々の食べ物は、そのもっとも純粋な形態で流れだします。この周波数と純粋さのレベルは、私たちの身体が対処するにはあまりにも洗練されすぎていて、私たちの組織の電気回路が燃え尽きてしまいます。ですから人類が活用するためには、内面のグリッドを通して徐々にレベルを下げる必要があります。

② **アカシャー**：宇宙の魂の源。宇宙のすべての知的秩序と法則の源。第2のある程度顕在しているロゴス。

③ **宇宙マインド**：すべての個別化した知性の源。第3の創造的なロゴス。私たちの視床下部、松果体、下垂体の活性化に加えて、大脳と小脳皮質そして脳全体を紫の光で満たし、これらの腺とチャクラ（眉間、クラウン、そして後頭部にあるアセンション・チャクラ）の両方に特別なプログラミングをすることによって、私たちは「人間のマインド」の機能を宇宙マインドに直接つなげ、同調することができます。

④ **宇宙カルマ**：純粋に非個人的で普遍的な慈悲の源。宇宙を促進するエネルギーの源。階層的宇宙の知的に導かれた力。快適なライフスタイルのためのプログラムの「菜食」と「見返りを期待しない奉仕」のポイントが、この経路に接続するために役立ちます。

⑤ **宇宙生命力**：すべてに浸透している宇宙の生命力の源。量子領域の本質として、このエネルギー帯から神々の食べ

物がもっとも簡単に流れだします。

⑥ **アストラル・ライト**：アカシャーの機能の側面。段階的な宇宙における、人類にとってのアストラル体と同等のもの。地球のすべてのサイキック、精神的、そして物質的な放射の貯蔵所。神々の食べ物はこの波長に乗って、紫の光と私たちの目覚めたマインドのより高次の側面を通して私たちの肉体へと流れこむことができます。

⑦ **物理的宇宙**：ほかの六つのエーテル元素が先行している肉体または衣服。

これら七つの元素とその無数の補助的元素は、最初の元素である宇宙モナドの側面であり、人間の七つの感覚と結びついています。ベータ場に存在している人々はたいてい5感のみを使います。神々の食べ物の経路にアクセスするために、私たちは第6感と第7感を活性化し、それらの部分に作用する元素を活用しなければなりません。元素と私たちの肉体感覚の関係は次の通りです。

アストラル・ライト：聴覚
空気：触覚
火：視覚
水：味覚
地：嗅覚
アカシャー：直感
炎の海：知覚

形而上学の見解を理解している人々にとって、次元バイオフィールド科学での量子領域はアカシャーの側面であり、アカシャーとは宇宙構成の第2の元素となります。第1の元素は「原理」と呼ばれ、無限で想像も及ばないものであり、宇宙のそのほか六つの元素すべてが成長し、それぞれが先行する元素から進化するための根源です。アカシャーは宇宙の魂の起源としてある程度顕在し、宇宙のすべての知的秩序と法則の源です。アカシャーと宇宙の炎はシータ場とデルタ場の元素であり、すべての生命、すべての知性、すべての行為はアカシャーの側面である量子領域内に存在し、機能しています。

アカシャーは宇宙の観念作用であり、スピリット、存在のアルファです。一方アカシャーの最低次の側面はアストラル・ライト、宇宙物質、物体、存在のオメガです。アカシャーははじめに「生きた炎」、すべてのものに浸透している神として生まれました。次元においてそれは無限であり、音の実質的な原因であるために時間と空間から区別されています。これはサンスクリット語でアディティと呼ばれるアカシャーの側面であり、アストラル・ライトよりも高次の本質です。これは旋律的な音の天国であり、中国の神である観音の住処でもあります。観音とは「聖なる声」を意味します。この声とは「言葉」の類義語であり、思考の表現としての言葉です。観音は自然の音の魔法のような力であり、その声は混沌の中から宇宙のとらえにくい姿を呼びだします。観音の波動はマドンナの周波数の一部です。

### ■無条件の愛の食べ物

元素が完璧な均衡の状態にあり、事前に選択された経路の周波数に合うプログラミング・コードが用意されたとき、私たちは地球を取り囲む無条件の愛のキリスト・グリッドとつながることができます。キリスト・グリッドは、私たちの地球のハートへと編みこまれており、私たちはこのグリッドから栄養を摂取することができます。本質的に真の神々の食べ物とは無条件の愛であり、私たちが自分自身、そして他人を無条件に愛すれば愛するほど、このような栄養へのアクセスがより簡単になります。

「他人を無条件に愛するのは難しすぎる」という人々のために、私はペットを愛することをお勧めします。このことによっても、この扉を開き始めることができます。たとえば犬や猫やネズミなどの動物との親しく愛に満ちたつながりは、無条件の愛とはどのようなものであるかを、かすかに教えてくれます。特にこのような生き物たちとの近しい関係によってもたらされる恩恵に感謝するときにこそ、無条件の愛を感じられます。

アルバート・アインシュタインはかつてこのように言いました。

「人間とは全体の一部であり、私たちが宇宙と呼ぶ限られた時間と空間の一部である。彼は彼自身、彼の思考や感情を、ほかから分離したものとして体験する。これは彼の意識の視覚的妄想の一部である。この妄想は、私たちにとってある種の牢獄であり、私たちを個人的な欲求と、身近な数人の人々だけに対する愛情に制限する。私たちの役割は、慈悲のサイクルを拡大して、生きとし生けるものすべてと自然の美全体を包含し、私たち自身をこの牢獄から自由にすることである。これを完全に成し遂げられる人は誰もいないが、これを達成するために努力する行為そのものが解放の一部であり、内なる安全のための基礎である」

## エクスタシーの栄養

私たちがライフスタイル、プログラミング・コード、目的、意志、ハートの純粋さを通して、ある一定の元素の均衡に達したとき、悟りのアセンションの体験から生じる食べ物の領域に入ります。そこで私たちは完全に光で満たされます。これは事実上、神々の食べ物が私たちの生命組織中を満たし、すべてのレベルにおいて同時に栄養で満たされるという体験です。この空間には愛、光、喜び、知識がみなぎり、私たちの全細胞、存在のすべての側面を満たしていくため、私たちの疑問はすべて消え、願望も消え、完全に満ち足りた気持ちになります。ヨギはこのような経験、特に私たちがデルタ場に深く入り、マインドを離れることを「超現実」と呼びます。この状態で私たちは完璧であり、マインドも目覚めている意識もなく、大いなるすべてとの一体感だけを味わいます。ここで私たちはもっとも神聖な周波数の源に浸り、守られ、繭に包まれ、愛され、再調整され、育まれます。私たちは事実上、聖なる創造の源とともに存在しているからです。このような状態に私たちが達したことを知るための方法は、以下の通りです。

・シータ–アルファ場から戻ると私たちは非常に気分が良く、少なくとも一時的に飢えを感じなくなる。
・たとえば午前11時に瞑想を始めて午後1時に瞑想から戻ったとすると、私たちは時間の喪失感を味わい、自分がどこにいっていたかはまったく思いだせなくても、非常に気分が良い場合。

この至福の領域に浸ることは数秒から数分、数時間、数日間にもおよび、この領域に同調する一人ひとりに独自の方法で甚大な影響を与えます。30年以上も瞑想中にシータ–デルタ領域をサーフィンしてきた私は、これらの領域で光と愛と喜びとエクスタシーに満たされる経験を何度もしました。意識を完全に保ち続けられるときもあれば、精神的な意識の領域を超えてしまうこともありました。毎回異なる体験をしますが、その体験は常に滋養に満ちていて、私が感じるのはただ祝福のみです。私たちの基本的なテレパシーやエンパシー（感情移入）の性質は、このような体験をすることによって強化され、長い間瞑想を行ってきた人や瞑想の熟達者たちは、これらの領域で驚くべき範囲の体験をすることができます。ここでは偉大な光の存在たちとの出会いが、私たちが仏陀の周波数、キリストの周波数、またはマドンナの周波数と調和してその周波数場を保持する方法を学ぶに従って、当たり前のことになります。これらの領域内ではすべての扉が開かれ、すべてのことが可能です。ですから私たちが何かを考えると、それは自動的に私たちの目の前に現れます。私たちのことを、形をもった神々であると理解している宇宙によって、それらは与えられるのです。

私たちがこの体験をいつ、どのようにするかを決定づける元素がもう一つあります。それは恩寵《グレース》です。フレデリック・バックナーは恩寵《グレース》について次のように語っています。

「神の恩寵《グレース》とはこのようなものです。

さあ、ここにあなたの人生があります。あなたは経験したことがないかもしれませんが、これはあなたの人生です。なぜならば、あなたなしでそれは完璧ではないからです。ここに世界があります。恐ろしいことが起こるかもしれません。恐れないでください。

私はあなたとともにいます。何者も私たちを引き裂くことは決してできません。私はあなたのためにこの宇宙を創りました。私はあなたを愛しています。問題が一つだけあります。ほかのあらゆる贈り物と同じように、恩寵《グレース》の贈り物はあなたが手を伸ばして受け取るときにだけ、あなたのものになるのです。手を伸ばせば受け取ることができるということもまた、一つの贈り物なのかもしれません」

私は、恩寵《グレース》とは実体のない不可解なものだ、と思っていた頃もかつてありました。今は、ときおり、私の人生を吹き抜けるたびに、その力に私は畏敬の念を抱きます。恩寵《グレース》が訪れるとき、事象に魔法と喜びと共時性がもたらされ、なんらかの高次元の力が働いて、その意志によって私が動かされていることは明らかで、その愛と祝福の流れにどういうわけか偶然出くわしただけのように思えました。それ以来私は、恩寵《グレース》とは命令に従うものではなく自発的に発生するものであるとするなら、私たちが純粋なハートをもって非の打ちどころのない人生を送り、ライフスタイルを通して聖なる経路に同調し続けることによって、恩寵《グレース》の通り道に身を置くことが必ずできるということを学びました。

恩寵《グレース》とは、私たちを感情的、精神的、霊的食欲不振の状態から解放してくれる、経験に基づいた処方です。それは私たちが自らの聖なる本質と完璧に調和していることを知らせ、証明してくれる、私たちのスピリット体を満たす中毒的な滋養物です。カトリックの専門辞典には「恩寵《グレース》（グレイシア、カリス）とは一般的に、永遠の救済のために知的創造物（人、天使）に与えられる神の超自然的な贈り物です。永遠の救済は健全な行為や神聖な状態を通して進められ、達成されます」とあります。この神聖な状態は、私たちがシータ－デルタ場に定着するために必要なライフスタイルを送るときに、自然に生じます。

私にとって恩寵《グレース》とは、聖なる栄養の一形態です。恩寵《グレース》が作用しているとき、私の内なる存在が満たされるからです。私は恩寵《グレース》の波に乗って人生を乗り切ることほどすばらしいことはないと思います。いったんこれを経験してしまうと、ほかのやり方は比べ物になりません。本物の栄養は、私たちがこの聖なる流れに支えられて完璧な人生を送ることができるということを知り、理解し、感じるとき、私たちにもたらされます。

## 11　栄養のそのほかの形態

私たちが利用できる栄養はほかにも数多くあり、よく知られているものとそうでないものとがあります。たとえば笑いや歌は私たちのハートに栄養を与えます。健康的で新鮮な果物や野菜、そして木の実や穀物の食事は、食べることを選択する人々の細胞に必要な栄養をもたらします。エクササイズは肉体に強さと柔軟性をもたらし、瞑想はスピリット体や感情体に栄養を与え、メンタル体を滋養に満ちた方法で集中できるように訓練します。キスやハグなどのような人との触れあいは、私たちがもっている触れられることへの欲求を満たし、夕暮れ時に浜辺に座って夕日を眺めることは、私たちの静けさへの飢え、あるいは自然の美しさを感じることへの飢えを満たします。これらはもちろん、慣例的な栄養の形態です。

しかしながら現在人類は、非慣例的な栄養の形態に非常に飢えています。なぜなら私たちの内面でＤＯＷが目覚めることによって、そのダイナミックな存在感がすべての人の内面にあるＤＯＷの目覚めを誘発するからです。この本の中で紹介した非慣例的な栄養源のいくつかを通して栄養を摂取することで、私たちのＤＯＷの目覚めが加速し、これによって私たちの超常的な能力が開かれていくのです。

以上のポイントは、時を越えて世界中の形而上学者たちの間で使われてきたツールであり、現代社会の中でまだ理解されていない、あるいは活用されていない栄養の形態を紹介するためのものです。古代の知恵の科学や、聖なる栄養の摂取がいかにして可能になるのかをさらに詳しく知りたいという人々は、シータ-デルタ波による栄養摂取についてもう少し探求する必要があります。そして、いったん私たち自身が十分な栄養で満たされれば、個人的なエネルギーの伝達を通して、私たちは世界中の栄養に影響を及ぼすことができます。

## 女神の食べ物

### 12　女神の食べ物

神々の食べ物は純粋な愛と知恵であり、その女性的な側面が女神の食べ物になります。女神の食べ物とは、あらゆる領域内であらゆる形態で、生命が存在することを可能にする宇宙の接着剤であり、純粋な無条件の愛の領域です。現代社会において非慣例的とされるもう一つの栄養源――この本の基礎となる栄養源――は、聖なる母の愛です。

マドンナの周波数としても知られる聖なる母の愛は、世界が父権的で男性優位な社会になるずっと以前から、地球の磁場を通してそのエネルギーを放出し続けています。私はここでフェミニスト的な議論をしたくはありませんが、女神のエネルギーにつながることは私たちの人生に驚くほど深いレベルの魂の栄養をもたらすということだけは言っておきたいと思います。また現代の地球における高レベルの感情的、精神的、霊的食欲不振の主な原因の一つが、陰と陽のアンバランス、地球の男性性と女性性のエネルギーのアンバランスにあるということも付け加えたいと思います。このアンバランスが暴力、戦争、貧困、慈悲の欠如、あらゆるレベルにおける飢えと貪欲さを私たちにもたらしてしまうのです。

場のバランスを取り戻すための明白な方法の一つが、欠けている周波数をその場に満たすことであり、私たちはこれをこの本の中のツールを使って行うことができます。特に愛の呼吸瞑想（この章のテクニック1）は、バランスを取り戻すためのすばらしい助けになります。60億の人々が聖なる母の愛を生命組織に自由に取り入れ、呼吸し、息を吐くと同時にその愛を地球の磁場へと解放しているところを想像してみてください。

世界的なワークの中で、私はときどき「政治的になりすぎる」として批判されることがあります。人々は私にスピリチュアルなことだけやっているようにと言いますが、私にとってはすべてがスピリチュアルです。そこに境界線はなく、高次元の霊性の法則に従うことは私たちの世界の全システムをうまく機能させるためのツールです。

あらゆる秘教の世界の霊媒者たちや、内面でつながっている人々は皆、同じメッセージを受け取っています。それは、私たちがより多くの愛と光を世界に向けて放射すべきだというものです。そうすることによってのみ、私たちはバランスを取り戻すことができるからです。ですから父権的な体系とエネルギー場の放射によって支配されている西洋社会は、今こそ母系的なエネルギーで満たされ、男性性と女性性のバランスを取り戻す必要があります。

これを実行する一つの方法は女神の恩恵を受け入れ、共通の歴史的な関係を理解し、関連性のあるエネルギー場に働きかけて私たち自身の人生のバランスをとることです。そうすることでさらに社会や地球の領域に反映していきます。ではこれらのエネルギーの簡単な概観を紹介しながら、このことについて少し見つめていきましょう。

女神に関する物語や、時を越えて世界中を育んできた彼女の役割を見つめるとき、私たちはいくつかの共通する特徴に気づきます。彼女たちの伝説や恩恵のいくつかを紹介していくうちに、皆さんも以下の共通点に気づくことでしょう。

まずは、聖なる母の存在。

＊すべての生命の創造者であり支持者

＊聖なる栄養の源
＊純粋な無条件の愛の源
＊救いと慈悲の源
＊大いなる女神、すべての神々、女神たち、人類の母
＊創造を支える宇宙の接着剤
＊恩寵《グレース》と喜びの源

聖なる母は、高位女性聖職者を通して輝きます。

＊地球上で女神を直接的に象徴し、高位女性聖職者は豊饒と継続的な創造を確実にします。
＊高位女性聖職者は偉大なる女神そのものであり、一般に観音（アジア）、イシス（エジプト）、アテナ（ギリシャ）、リアンノン（ケルト）として知られています。
＊全知全能である彼女は生命を与えることもあれば奪うこともあり、私たちに本質的に備わった内なる知恵と聖なる輝きを思いださせ、これを世界に晴れやかに表すよう求めます。
＊高位女性聖職者は、愛、救い、慈悲を体現します。

次に、三様の女神の存在があります。

＊もともとの三位一体とは、偉大なる女神の三つの面を象徴しています。
＊第１段階：強く、自己の定義が明確な処女
＊第２段階：すべてを育む栄養源としての母
＊第３段階：死と変容を象徴する老婆
＊三様の女神の役割は、年齢にかかわらず、私たちが自らの神聖さに気づくためのものです。すべての段階が尊いものだからです。また常に存在し、常に神聖な一人の多面性をもった女神がいることを、私たちに思いださせるためでも

あります。

次に、ヒンズー教の女神たちを紹介します。ヒンズー教徒たちは彼女たちを、一人の聖なる母のあらゆる側面であると信じています。

＊ドゥルガー──インドではデーヴィとも呼ばれています。インドでは女神たちは聖なる女性性の異なる側面であり、すべての女神たちは一つであるとされています。デーヴィはトラに乗って邪悪な神ドゥルガを殺した後、敵だったドゥルガの名前を名乗りました。
＊ラクシュミ──豊かさの女神、ヴィシュヌのシャクティの力です。
＊カーリー──創造の3女神であり、破壊神シヴァの活力。カーリーの役割は私たちの恐れに向き合うことです。
＊シャクティ──宇宙の生命力であるシャクティは、私たちを神聖で、宇宙的で、オルガズム的な生命エネルギーに結びつけます。

次に紹介するのはケルトの女神たちです。

＊湖の女神──意識、啓示、感情、再生、創造の女神。私たちに自分の人生を支配するエネルギーを与えます。
＊モルガン・ル・フェ──私たちの内面の深い癒しの魔法の場所を象徴し、アヴァロンの支配者であり、そのヒーリング能力と予言的ビジョンが注目される運命の管理者です。
＊エーティン──ケルトの月の女神、地下世界の王ミディールの妻、豊饒の象徴。どこにいても輝くことを私たちに教えてくれます。
＊アリアンロッド──ウェールズの月の3女神、天国と循環と時間の変化の番人。魂の変化の暗闇にあるときに、私たちを育みます。

エジプトの女神たち。

*バスト――豊かさとくつろいだ遊びの母なる地球の女神。出産時の女性の守護者、光と独立の母です。

*ハトホル――すべての神々、女神たちの母。愛、歓喜、美、官能の女神。維持者、破壊者、創造者です。

*イシス――月の女神、すべてに生命を与える母。農業、医学、知恵の女神であるイシスは完全な女性性を象徴しています。

*イシュタール――バビロニアの創造の女神、すべての生命の源。天の女王、光を授ける者、活発さと強さの象徴です。

ローマの女神たち。

*フォルトゥーナ――豊饒と運命の女神です。

*フローラ――自然と喜びの女神、私たちに内面と外面の成長を受け入れることと、春の花々の美しさを楽しむことを教えます。

*ヴィーナス――恩寵《グレース》と肉体的、霊的愛の女神。ヴィーナスは私たちの穏やかな感情と激しい感情の両方を通して、私たちを導きます。

*ミネルヴァ――知識、夜明け、争い、知恵の女神。芸術、工芸、ギルド、医学の守護者。自然の知恵の象徴であるフクロウと蛇とともに働きます。

北米インディアンの女神たち。

*チェンジング・ウーマン――豊かさをもたらし、私たちに調和のとれた生活、愛、親切、寛大さを教えます。また彼女は自然の知恵をもたらし、私たちのサイクルを尊重することを教えます（シェイプ・シフター＝形を変えるものです）。

*イーグル・ウーマン――私たちが固定観念を飛び越えて、限定的なつながりを壊すことを可能にしながらも、賢く成長することを可能にします。スピリット、勇気、霊的な視野を象徴します。

*スパイダー・ウーマン――考え、夢を見て、名づけることによって創造します。すばらしきものはどこからでも現れるということを私たちに思いださせます。チェロキーの太陽と炎をもたらした女神です。

＊ホワイト・シェル・ウーマン（ターコイズ・ウーマン）――私たちを敵から守る。ナバホを創造し、すべての中に人生の喜びと美を見いだすことを私たちに教えます。

ギリシャの女神たち。
＊アフロディーテ――新鮮さ、再生、希望、そして栄光に満ちたすべての女性性の存在を象徴。彼女の領域は人間関係、感情、成熟した愛です。スピリチュアルで情熱的な愛の女神です。
＊アテナ――戦い、知恵、無限を象徴する処女神で、彼女は戦士に穏やかさをもたらし、有用で優雅な芸術の守護神です。
＊アルテミス――動物たちと野生の存在すべての支配者で、女性の独立を象徴し、癒しの女神で、孤独を大切にします。
＊デメテル――古代ギリシャのペルセポネの母なる女神で、実りと豊かさを授けます。喜び、豊かな人生と希望で私たちを祝福します。

そのほかに印象的な女神たち。
＊観音――無限の慈悲と救いを象徴するアジアの女神。世界の苦しみのために仏陀が流した涙から生まれたと言われています。女性と子供たちを守り、世界中のヒーラーたちに働きかけます。
＊聖母マリア――「ステラ・マリス」として知られる創造の女神であり、天国と海に関連づけられます。マリアは自分自身と他人に対して優しく慈悲深くあることを、私たちに教えてくれます。
＊パチャママ――ペルーの大地の女神。私たちが母なる地球に心を開き、彼女と親しく交わるとき、癒しと完全性と神聖さを与えてくれることで知られています。
＊ヌート――エジプトの夜空の女神。人生の神秘と未知に心を開くことを私たちに気づかせ、必要なものがすべて高次の流れによってもたらされることを信じさせます。
＊女渦――中国河北省、山西省の人々の龍神であり、宇宙の秩序の再興者。彼女は私たちが混沌から秩序を生みだすことを助けます。

*ヴァルキリー――古代の鳥の女神。生と死、再生をもたらします。私たちの恐れのない自己を象徴し、成長のための暗闇を通り抜ける私たちを導きます。

*ヘル――北欧神話に登場する地下世界の女神。再生の場所、聖なる神秘の体現。私たちに外見だけでなく人生の仮面の奥を見つめることを教えます。

*イヴ――すべての生命を育む母、世界とすべての生命の創造者。復活と再生を象徴し、原始の女性性の創造的エネルギーを体現します。

*ガイア――有史以前から永遠の魂の母なる地球の女神。彼女の本質である原子を私たちにまとわせます。私たちに自然の現実にグラウンディングすることを思いださせ、天と地と私たちのあらゆる側面のバランスをとり、包みこみます。

*セドナ――地下世界を支配するエスキモーの女神。私たちがもっとも恐れる暗闇の中で、私たちが見いだすことのできる滋養に満ちた恩恵に気づかせます。

*ペレ――ハワイの火山の創造的な炎の女神。火山の噴火の最中でさえも、創造と新たな生命が生まれることを私たちに気づかせます。炎とともに再生します。

*イシュチエル――太陽と結婚したマヤの月の女神。創造的なアイデアの助産師。豊饒と自由の女神、出産と医学の守護神です。

*ヒナ――世界、神々、女神たち、人間のもともとの創造者だと言われているポリネシアの女神で、あらゆる状況下で育まれる能力を象徴します。

*ブリジット――ケルトの炎、直感、癒し、予言の3女神。

*オヤ――アフリカのヨルバンの天気の女神であり、ブラジルのマクンバでは変化の女神とされる。解決が困難な状況下で女性たちは彼女の助けを求めます。

*バーバ・ヤーガ――スラブ民族の誕生と死の女神。私たちの野生的な女性の側面に触れさせ、自己破壊的な行為を統合することによって私たちの生命力、本能、原始のエネルギーを解放するよう導きます。

*マーヤー――ヒンズー教の創造の母、人生と幻想の織物を織る者。カーリーの処女、母、老婆の三つの側面の内の処女。マーヤーは私たちに物質界の幻覚的な本質を見せるために現れ、魔法と創造性をもたらします。

＊メーヴ——魅力的なアイルランドの魔法の地、タラの女神。メーヴは私たちに責任をもって行動し、自分自身の王国の女王になるよう促します。

＊マート——古代エジプトの法、秩序、真実、正義の女神。マートは私たちの人生に正義をもたらし、間違いを正し、私たちに必要なレッスンを与えるために現れます。

＊フレイヤ——偉大なる女神の二つの側面としての、処女と母の性的資質を象徴する北欧の女神。フレイヤは私たちが性的資質を尊重し、生命力と原始のエネルギーとつながって肉体の中に完全に存在することを助けます。

＊リリス——中東の豊饒と豊かさの女神。平等をもたらし、従属を拒否します。またリリスは蓮と暗闇の中で成長する能力を象徴します。ハートの知恵が開いたり閉じたりする私たちの霊的本質を象徴しています。

最近の私のお気に入りの女神は、エウリュノメ——エクスタシーの女神です。

＊すべてのものの偉大なる女神であり、空と海を分け、波に乗って踊って北風を生みだし、創造を生みだしました。

＊このギリシャのヘレニズム時代以前のエクスタシーの女神に呼びかけることは、私たちを豊かさとあふれるばかりの歓喜へと開きます。人生により多くの喜びを求めている人は、エクスタシーを誘い、導きだす意識的な決断をすることで、喜びが確実にもたらされるようになります。

＊自分を育み傷ついた感情を癒すことによって、より多くエクスタシーを感じるための場所を作ります。

＊次のコード化をします：「私は今、人生の喜びとエクスタシーに私の領域を開きます。これらを私のもとにもたらすために、今こそ私は女神エウリュノメのエネルギーを呼びこみます」

## 聖なる栄養プログラム——テクニック15　女神エネルギーのダウンロード

私たちは次の通りに女神のエネルギーをダウンロードできます。

① いまあなた自身（もしくは地球）が再調整を必要としていると感じる部分を意識します。
② 完璧な女神（女神たち）に、あなたにとって完璧な方法であなた（もしくは地球）の領域に働きかけ、あなたとともにワークをしてくれるよう求めます。
③ その女神について、彼女の伝説、あらゆる側面や恩恵を理解するために可能な限り調べます。
④ 喜び、安心、恩寵《グレース》とともにあなた（もしくは地球）が完璧なバランスをとれるように、毎日女神に歌いかけ、祈り、助けを求めます。
⑤ 瞑想の空間に女神の像を飾り、次元の扉として機能するように活性化します。

以上にあげた女神たちのほかにも、もちろん数多くの女神たちに呼びかけることができますが、この女神たちのリストによって聖なる母のエネルギーの広大さと、彼女の表現の多様性がおわかりいただけると思います。

**エクスタシーのエクササイズの補足**：あなたにエクスタシーをもたらすもの（薬物以外で）を見つけてください。あなたがエクスタシーを感じることを1週間ほど集中して行い、それからあなたの人生により多くのエクスタシーをもたらす何かを毎日行ってください。

# 〔第7章〕シータ-デルタ波の栄養――無限の源へのエネルギー接続

シータ-デルタ波の流れを十分に取りこんで私たちに必要なビタミン、ミネラル、栄養素のすべてを補給し、食事を摂る必要から解放されるだけでなく、肉体的、感情的、精神的、霊的レベルで栄養に満たされるということは、私たちの内なるエネルギー場を、特定の周波数に洗練することを意味しています。これは私たち自身をシータ-デルタ場の脳波パターンを維持できる状態へと意識的にもっていくことを意味しており、これを行うためには三つのエネルギーの扉が開かれ、プログラムされなければなりません。

最初に私たちは**ハートのエネルギー・センターを開く**必要があります。私たちが栄養の無限の源にアクセスするためには、ハート・チャクラあるいは生命組織の霊的なハートを愛の無限の源に接続する必要があります。これは、純粋な聖なる母の愛の経路への接続として知られています。またこれは、私たちがベータ-アルファ場内で機能しているときでも、私たちに栄養を与え、さらに高次元の領域を顕現するのに十分な栄養を地球に与える、特定の周波数の無限の流れを伝えることができるということを意味します。私たちが紫の光の領域から栄養を摂取すればするほど、私たちはより早くすべてのレベルで満たされるようになります。しかしこれは、私たちの受容力次第でもあります。すべての人がこの本の中で紹介しているツールを応用することにより、自らの受容力に働きかけることができます。特に愛の呼吸瞑想は、ハートの経路を開き、拡大するのに役立ちます。

次に開く必要があるのは、**下丹田あるいは仙骨のチャクラとしても知られているハラです。**このエネルギー経路を開くには、セントラル・サンと呼ばれる内面の力の源とつながる必要があります。そこは私たちの本当の力の中枢です。この経路に通じる扉を開くためには、深く規則的な呼吸や片鼻呼吸が有効です。呼吸は常に経路を変えるためのもっとも自由で、迅速で、有効な手段です。

第3に**私たちのクラウン・チャクラを宇宙コンピューターに接続しなければなりません。**そのためには以下のステップにある三つのケーブル、「聖なる愛、聖なる知恵、聖なる力のシステム」を使います。これによって私たちの体は、私たちの飢えをすべて満たすことができる唯一の源から、絶えず栄養を摂取できるようになります。なぜならこの源こそが、もともと私たちの飢えを生みだしたものだからです。

いったん紫の光を絶えずダウンロードできるようになり、ハートが常に愛で満たされ、仙骨のチャクラがセントラル・サンからエネルギーを引きだし、原子や細胞が紫の光で照らされるようになると、私たちは体の中の「生き残り」というソフトウェアの意識的な削除と再プログラミングを開始する、あるいは継続することができるようになります。そうすることにより、このグリッドを活性化し、エネルギーの内なる流れと外なる流れを導くことができます。

覚えておくべきこと……

① 私たちの体の70％が水です。江本勝博士は彼の著書『水からの伝言』（波動教育社刊）の中で、水が言葉や音に反応することを証明しています。

② 私たちの体液は再プログラミングすることが可能であり、私たちが日常的に飲む水もまた、私たちに栄養を与えサポートするようにプログラミングできます。

③　私たちの体内の腺、特に松果体と下垂体、内分泌系の分泌液と頭蓋と仙骨の分泌液のすべてを、再プログラミングする必要があります。自己再生と不死のためにこれらの腺をプログラミングすることもまた、生命組織に適応し、影響を与えます。これらはシータ－デルタ場の基本的な特性です。

私たちにできる方法で内なる領域にシータ－デルタ波をダウンロードすると、私たちの外なる領域の放射も同時に変化します。外なる領域もまた、すべてを包みこみ、すべてに浸透している外面のシータ－デルタ場のプラーナにアクセスできるように、リセットすることができるのです。これは後ほど詳しく紹介する特別な生命保護装置を利用することで可能になります。

私たちはシータ－デルタ波を引きつけ、保持し、放射するため自らの肉体の能力を拡大しながら、常識的な態度をもち、ライフスタイルを通してすべての実地研究を支持していくこともまた、非常に重要です。私たちが今日までに行ってきたことが、私たちの個人的な領域をうまく調整するために必要なプログラムの種類を決定づけます。このために必要なステップの概要を後ほど紹介します。

シータ－デルタ波にアクセスする能力もまた、マトリックス力学の次元バイオフィールド科学の一部です。それには私たちの個人的バイオフィールドを特別な方法で調整する必要があります。マトリックス力学とは栄養摂取のためにＤＯＷを利用し、視覚化、意志、目的によって内面に作りだしたエネルギー・ラインを維持するという、非常に複雑で深遠な科学です。それは光の光線と音波を使って特定の分子構造を導く科学であり、そこでは思考のプロセスが、特定の結果を導きだすために作られたバイオフィールド装置のグリッド構造を通して増幅されます。次に紹介する瞑想で、私たちは生命組織を意識的に、三つの主要なグリッドの栄養ポイントである聖なる母のハート、セントラル・サン、そして至高の知性のマインドに接続します。

自著の『*Biofield and Bliss series Book 2*（バイオフィールドと至福2）』で、私は次のように述べました。

「主要なグリッドの基点である私たちの太陽は、生命の維持者であり、栄養の供給者です。そこはDOWの力が、私たちの肉体とライトボディをつなげるための入り口です。

銀河の中の小さな1点にすぎない私たちの太陽は、栄養を摂取するために太陽系の外部からエネルギーを集めます。そして太陽は吸収した栄養を精製したのち、私たち太陽系の惑星に栄養を与えるために放射するプラーナのスープのようなものを作りだします。これにはもちろん地球も含まれ、エーテルの吸収によって直接的に、あるいは地球の食物連鎖に参加することによって栄養を与えられます。多くの人々がどの程度エーテルの吸収をしているかについて、アルメニア人の予言者であり教師でもあるG・I・グルジェフ氏は、私たちはエネルギーの70％を呼吸から得ていると言っています。彼は呼吸を私たちの『第1の食べ物』と呼んでいます。

太陽は宇宙の屑から栄養を摂り、その偉大なる力で外的宇宙から光線を引きつけることによって、自らの活力を得ています。消費される光線は生命（原子）であり、宇宙に存在するほかの太陽から流れだした、物質よりはるかに速い速度で振動しているものです。ですから太陽は、太陽系宇宙空間を通して流れる宇宙の光線によって獲得される新たなエネルギーの構成要素によって、互いに栄養を与え合います。それらの光線は主に、ほかの太陽の腹部から生じます。光線は太陽の北極点から吸収され、太陽のハートを通り、浄化、洗浄され、南極点から放出されます。すべての惑星が同じように栄養を摂取します。私たちの太陽は、私たちの太陽系のハートであり、脳です。

このような生命の原子交換の手順は人間も同じです。人々が集まる所はどこでも、生命原子が交換されます。一緒に暮らしている人々が、互いに似てくるのはこの理由からです。オカルト的な言い方で『仲間を見ればあなたという人がわかる』というのがあります。これは私たちの個人的バイオフィールドと社会的バイオフィールドの融合を反映しています。同様に、私たちの魂と、細胞を満たす本物の栄養源も、内なる扉が開かれたときに私たちのチャクラ・システムを通して流れこみます。

次元バイオフィールド科学において、物質的な太陽は秘教の中でロード・ヘリオスとして知られる知性の、物質的な衣服であるとされています。ロード・ヘリオスはセントラル・サンからの意識の光線です。セントラル・サンは、宇宙の生命（電気）の銀河の中心です。すべての創造の始まりに聖なる輝きを集中させた内なる貯蔵所です。私たちの太陽は、人間の自己（DOW、アートマン、モナド、アイ・アム・プレゼンスとも呼ばれる）の象徴であり、すべての存在のもっとも高次で、もっとも純粋な本質です。悟りを経験している人はときおり、体が光で包まれるということを体験します。それは何日も続くことがあり、太陽の輝きの衣をまとうような体験と呼ばれます」

## 聖なる栄養プログラム――テクニック16　宇宙ケーブルの接続

### シータ-デルタ波による栄養摂取のための三つの経路を開くための瞑想

① 静かに座り、愛の呼吸瞑想を行い、あなたのハート・チャクラが聖なる母の愛の無限の流れに接続していることを視覚化してください。たくさんの聖なる母の愛があなたのハート・チャクラを通して流れこみ、上下のチャクラへと流れだし、すべての内なるチャクラが聖なる愛の経路に同調するのをイメージしてください。

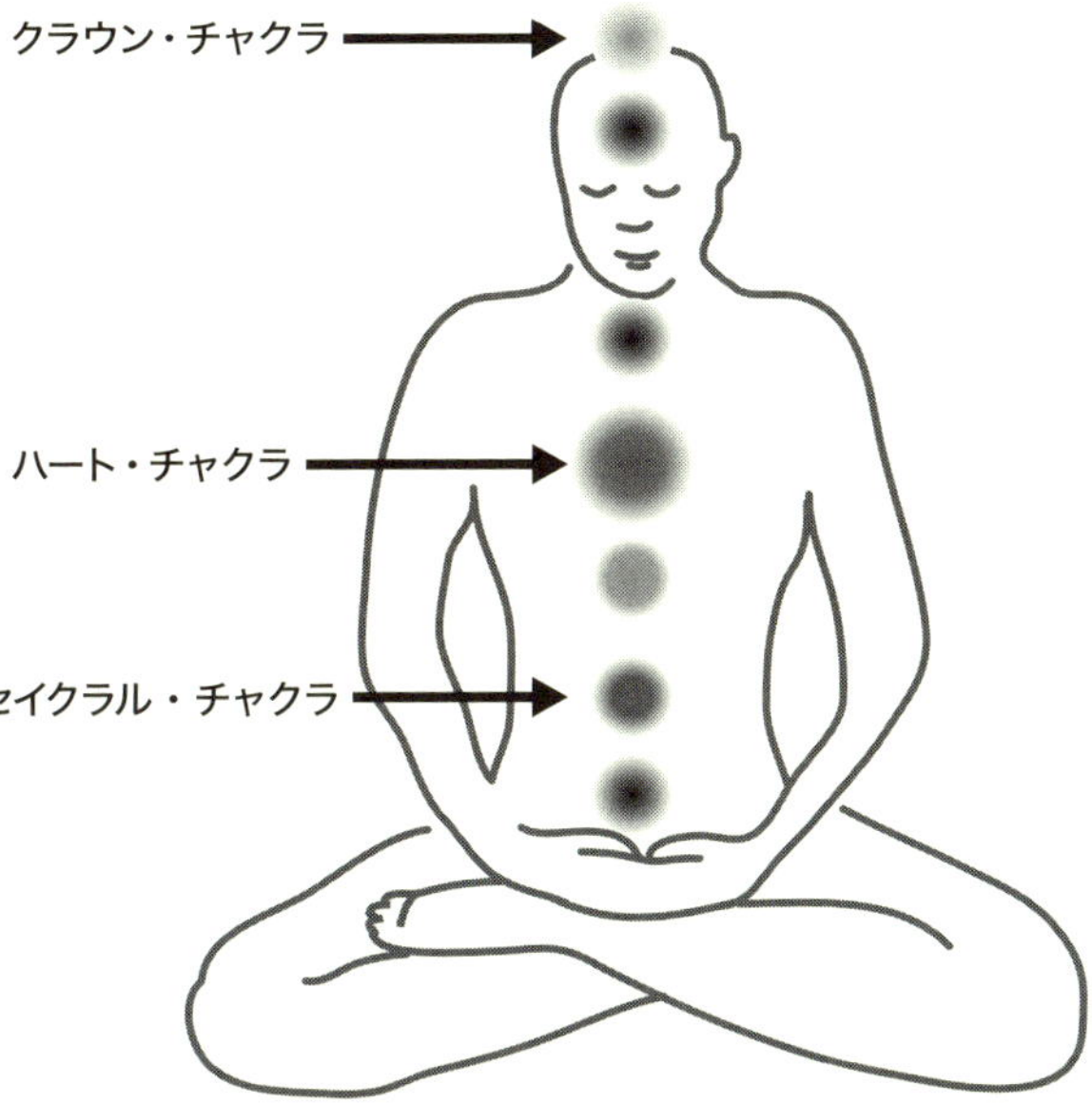


図 11

これによってハートの経路が開かれます。毎日行うことでハート・チャクラが常にシータ-デルタ波の経路に同調するようになります。この経路は、快適なライフスタイルのためのプログラムの八つのポイントのうちのポイント⑥である「見返りを期待しない日々の奉仕」に集中することで、他人に優しさと慈悲をもって接することです。

② 下丹田またはハラ（仙骨のチャクラ）を開き、私たち地球の太陽にも栄養を与える内面のセントラル・サンに同調します。

静かに座り、ヘソのすぐ下の部分に集中してください。紫の光があなたの開かれたハートに満ちあふれ、あなたの身体の前を通ってこのエネルギー・センターへと流れこむのをイメージしてください。

仙骨のチャクラが紫の光によって栄養を与えられ、成長、拡大し、紫の光の発生源である聖なる愛、聖なる知恵、聖なる力に同調するのをイメージしてください。

これらの同様の三つの光線が時空を通して源から流れだし、私たちが本能的にセントラル・サンであると認識できる驚くべき中枢あるいは輝く白い光の玉へと引きつけられ、流れだすのをイメージしてください。セントラル・サンは内面のグリッドの強力な接続ポイントです。

これらの光線がセントラル・サンを通過し、仙骨のチャクラへと入り、3本の宇宙ケーブルのようにそこに永遠につながるのをイメージしてください。

このチャクラに栄養を与えるために完璧な量の聖なる電気が、永久的にダウンロードされるのをイメージしてください。

またセントラル・サンからの純粋な光が十分にこのチャクラを通して輝き、下にあるベース・チャクラへと流れだして栄養を与え、上にある太陽神経叢のチャクラにも栄養を与え、これら三つのチャクラが拡大した状態で、第6章の紫の光の1本のチャクラ支柱瞑想のように、一つの回転する光のトンネルとして機能することをイメージしてください。

③ クラウン・チャクラを、聖なる愛、聖なる知恵、聖なる力の三つのケーブルを使って、宇宙コンピューター(神、あるいは源)に接続します。
②にあるように、静かに座り、紫の光が時空を超えて輝き、あなたのクラウン・チャクラに永久的につながるのを想像してください。おそらくあなたはこれを最初のうちは、愛の呼吸瞑想で行うように、聖なる母のハートから聖なる愛を直接運んでくるピンク色の光線として理解するかもしれません。
次に白金の光線があなたのクラウン・チャクラに接続し、至高の知性からあなたに必要な知恵のすべてをダウンロードしているところをイメージしてください。

その次に青の光線が、やるべきことすべてを実行するために必要な力をあなたのもとへと運びこみ、あなたはそれを愛と知恵をもって実行できることを想像してください。ここでも再び3本のケーブルがいったん接続されたら、純粋な栄養源がシータ-デルタ場からあなたのシステムへと無限にダウンロードされることをイメージしてください。
②と同じように、源からの純粋な光が十分にこのチャクラを通して輝き、眉間のチャクラと喉のチャクラへと広がり、これら三つのチャクラが拡大した状態で、第6章の紫の光の1本のチャクラ支柱瞑想のように、一つの回転する光のトンネルとして機能しているのをイメージしてください。

以上の瞑想は、すべてのエネルギー・グリッド・ワークと同様、一度だけ行えばいいものです。いったんつながってしまえば、十分だからです。

しかしながらこのつながりを強化し、これらのエネルギーが私たちの生命組織を満たし、私たちが飢えを感じない栄養を与えられるようにするための扉を開き続けるには、ライフスタイル次第で決まる私たちの周波数が非常に重要となります。

これまでも強調し続けてきたように、快適なライフスタイルのためのプログラムが、私たちと聖なる愛の経路とのつながり方を決定します。また私たちが焦点を合わせるものがより強く成長していきますので、意図した通りに以上の瞑想を行うことを私たちが仮定し、信頼し、期待すればするほど、より早く、より長くそれは可能になるでしょう。

もしもあなたが物質的な食べ物を食べることを愛し、聖なる栄養の経路から流れ出る光で純粋に生きることにまったく興味がないとしても、ここまで私たちが紹介してきたことはすべて応用できます。

瞑想やプログラミング・コードやお勧めのライフスタイルは、あなたを肉体的、感情的、精神的、霊的レベルで育んでくれるからです。あなたがどれだけの栄養を受け取るかはあなたの欲求と献身しだいで決まります。なぜならあなただけが、あなた自身の個人的バイオフィールドをこの経路に同調させ、必要な健康と幸福を引きつけることができるからです。

図 12

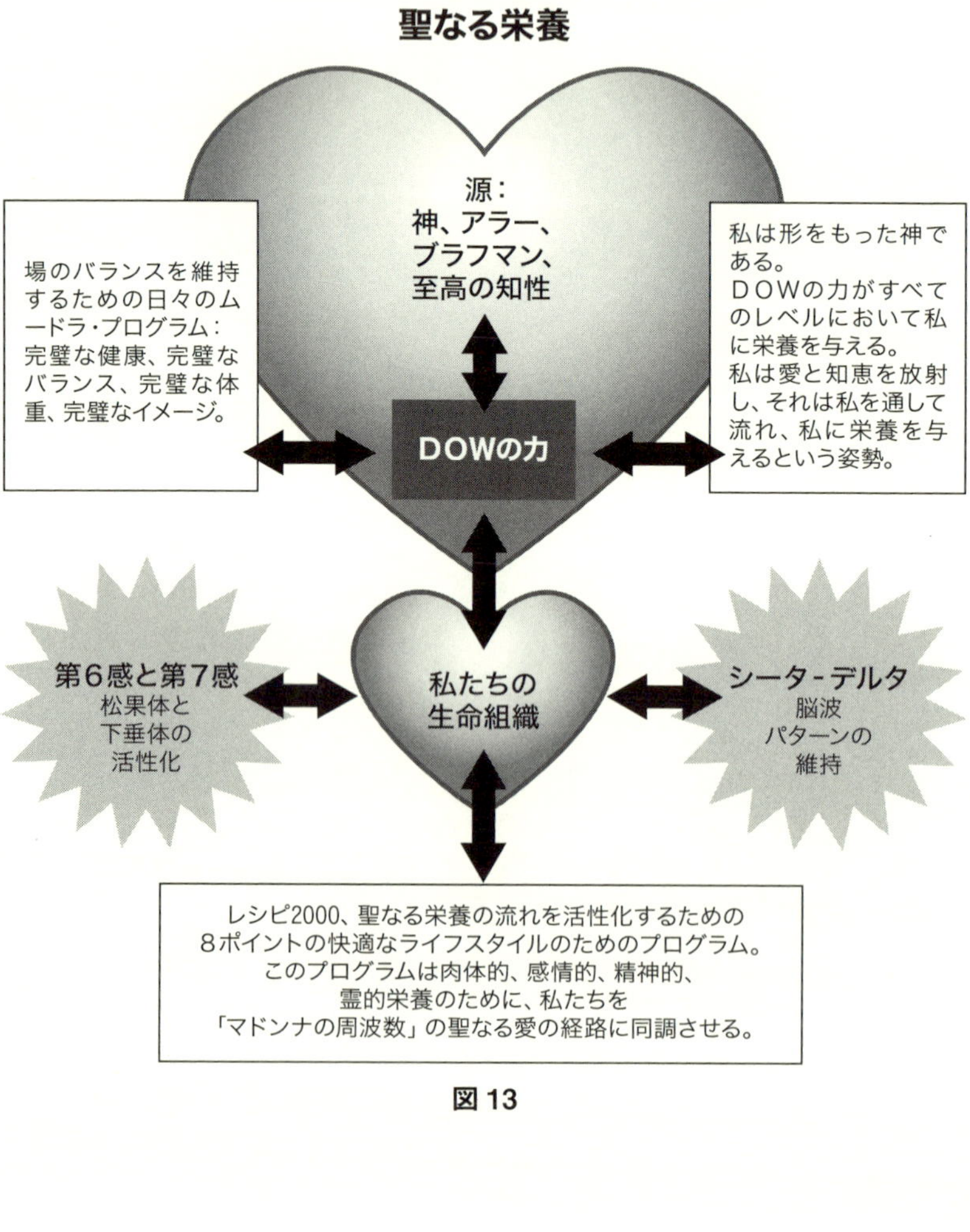
聖なる栄養
源：
神、アラー、
ブラフマン、
至高の知性
場のバランスを維持するための日々のムードラ・プログラム：完璧な健康、完璧なバランス、完璧な体重、完璧なイメージ。
DOWの力
私は形をもった神である。
DOWの力がすべてのレベルにおいて私に栄養を与える。
私は愛と知恵を放射し、それは私を通して流れ、私に栄養を与えるという姿勢。
第6感と第7感
松果体と
下垂体の
活性化
私たちの
生命組織
シータ-デルタ
脳波
パターンの
維持
レシピ2000、聖なる栄養の流れを活性化するための
8ポイントの快適なライフスタイルのためのプログラム。
このプログラムは肉体的、感情的、精神的、
霊的栄養のために、私たちを
「マドンナの周波数」の聖なる愛の経路に同調させる。

図 13

# 〔第８章〕環境の栄養

私たちを肉体的、感情的、精神的、霊的に育む慣例的、非慣例的な栄養源は数多くありますが、私たちはもう一つ非常に重要な栄養の領域をもっています。それは私たちの個人的な住まいです。どのように生活しているかだけでなく、どこに住んでいるかで、私たちは飢えることも満たされることもあります。テレビ、あるいはうるさい音楽が絶えず鳴り響き、会話が絶えることなく静寂がほとんどないような環境は、私たちの魂を飢えさせます。常に争い、怒り、不和、恐れなどがある環境は、私たちの感情体が発達するために必要な愛と安全を否定してしまいます。同じように、退屈さと目的や方向性の欠如に満たされた環境は、私たちの感情体、メンタル体、スピリット体を飢えさせます。

すべてのレベルで私たちを育む環境を作りだす決意をすることは、私たちの内なる環境を見つめて形而上学的なことに取り組み、また外的環境を見つめて私たちを取り囲む物質的な空間に取り組むことを意味します。結局のところ、形而上学とは人生の科学の勉強を意味し、すべてのレベルにおける栄養摂取に成功するということは私たちの個人的責任であり、日々の挑戦でもあります。

私は次の記事を２００３年の初めに自身の運営する無料オンライン・マガジンのために書きました。それは私が７年間、空気の汚染された都市で主にホテル暮らしを続けたのち、よりよい栄養摂取方法を探し求めていたときのことでした。私の内なる存在が、私に必要な特殊な栄養の欠乏によって苦しみ始めていたのです。私がスピリットとともに行う仕事は非常にやりがいがあり、滋養になるものですが、それまで取り組んできたプログラムの一つの局面が完結し、私はシータ－デルタ波をより深く吸収することのできる環境で、しばらく休むように導かれました。

＊＊＊

## 形而上学的な仮定と適切なアシュラム（僧院）の創造

もしあなたが何かを変えたいとき、あなた自身も変わるとしたらどうしますか？　世界が私たちにとってすばらしいものになるために、変わる必要があるのが私たち自身だとしたら？　小さな心の構えの変化だけで、まったく新しい計画が始まるのです。これは本当に奇跡的なことだと私は思います。しかしその変化だけでは十分でない場合はどうでしょうか？

最近私は都市での生活を離れ、海辺に私自身のためのアシュラムを造るように導かれました。そこはテレビや食べ物などのような外的刺激のない独りきりの修道院で、祈りの音楽を毎日聴き、静寂と海風に満たされ、エクササイズ、瞑想、ヨガをし、新鮮で純粋な水をたっぷり飲み、少しのお茶を楽しむための神聖な場所です。このような暮らしはある人にとっては喜びに満ちあふれ、エネルギーが湧くものですが、またある人にとってこのような現実の領域はあまりにも極端すぎるかもしれません。

しかし、もしも私たちが一つの実例――世界の健康と幸福、平和と豊かさの指針――となることを望むならば、それは私たちにとって本物であり、実際に生きた事柄、人生のすべての要素と自分自身との調和のとれたダンスでなければなりません。これを自分自身が達成できずに、あるいは人生の中でこれを維持できずに、世界中の人々にこのような現実をどうして勧めることができるでしょうか？　これに気づくことは（そして達成するために私たちにできることをしないことは）私たちから喜びを奪い去ります。私たちが教えていることを自ら実践しないことは偽善であり、内なるガイダンスを無視することは私たちに苦しみだけをもたらすからです。

引っ越しをして、新しく滋養に満ちたエネルギー場を創りだすという作業は価値のあることですが、非常に時間のかかる問題でもあります。ですから私は住宅の天使に、いつものように一番下に、「あるいは何かもっと良いものをお願いします」と書いて、テレパシーのリストを送りました。そして私は都市生活からの滋養に満ちた長期休暇を始めるのにぴったりの、完璧な場所へと導かれました。私は家の中を見回し、新しい住まいに何をもっていこうかと考えたとき、人生の今の時点で私に必要なものが非常に少ないことに気づきました。数枚の絵、秘教の彫像、マウンテン・バイク、絵の具と画架、瞑想用のクッション、たくさんのすばらしい音楽と数枚の洋服をもって、私の滋養に満ちた休暇のための新しい1年をスタートさせる準備は整いました！

30年近く前、私はシドニーのアシュラムに入る申しこみをしましたが、そこで私はまだ若すぎるので世の中に出て、もう少し人生経験を積むようにと言われ、実際その通りにしました。家族や子供たち、後に仕事によって脇道に導かれたり、みんなのための養育者、提供者の役割を果たしてきた私は、ついにそれらのほとんどから解放され、再びアシュラム生活にひかれるようになったのです。それは老いが忍び寄ってきているせいかもしれませんし、これまでずっと歩き続けてきたので少し休止時間が必要なだけかもしれません。いずれにせよ、私はすでに存在しているアシュラムに入るよりも、自分自身のためのアシュラムを造ることができるということに気づいたのです！　なんという喜びでしょう！

アシュラムとは、最高の定義で神聖な空間、意志と目的と周波数のツールを使用して聖なる経路に同調したエネルギー場です。アシュラムは理想的には神聖な場所であり、そこに住む人を健康的に育み——肉体的、感情的、精神的、霊的健康——成長させる、規則正しい環境を提供する場所です。伝統的な東洋のアシュラムでは、質素な暮らしを通して規律と奉仕と静寂の中で霊的成長に焦点を合わせます。現代的なアシュラム（私たちが家の中に創ることのできる僧院）は、すべてのレベルでの健康を促進しながら、そこに暮らす人が人生の中で完璧な行動をとれるように、完璧な調整を提供しなければなりません。完璧な結果とは（もし望むならば）もちろん、私たちを深い魂のレベルで満たす健康と幸福、平和と豊かさの体験です。理想的なアシュラムは、私たちをまるで「故郷」にいるかのように感じさせるものです。私たちの真の性質と同調し、まるで私たちが存在のもっとも深いレベルで育まれる空間にいるようでなければなりません。

完全に満たされているとき、私たちは次の二つのことを言うことができます。

・私は今、人生で私が創りだしたものすべてに満足している。
・今日は死ぬのにいい日だ。

一つ目は説明の必要がありませんが、二つ目は古代ネイティブ・アメリカンの戦士の叫びで、私の人生のすべてが平穏で、すべてが備わっており、私の最高の能力に達しているという意味に解釈することができます。

これは、私が知っているすべての人が、私が彼らを愛し、感謝しているということを知っており、後悔も、言い残した謝罪も、完結していない章も何もないということを意味します。人生の何もかもがすべてのレベルにおいて完全であり、リラックスしていて、「今ここ」に存在していられるという意味です。やるべきことをやるという意味でもあります。

また、「やるべきことをやり終えて」すべての瞬間を貴重なものとして扱い、私たちの選択の結果を楽しみ、起こることをあるがままに受け入れる――私たち自身の意識の反映であり、成長と学びのチャンス――ということも意味しています。他人に対して適切な態度で接し、特に私たちの聖なる自己の声を無視することで、不快感を与えないということでもあります。もちろん聖なる自己が傷つけられることなど決してないことを、私は知っています。聖なる自己は、ただ愛情深く私たちを見つめ、私たちがこの計画に取り組んでいることに喜んで微笑んで、招かれればともに取り組みたいと思っています。あるいはもうずっと以前に招かれて、一緒に取り組んでいます。

人々が自分自身にとって適切なアシュラムを造らなければならないことは明白です。私たちが望んでいる「健康と幸福、平和と豊かさ」の計画を与えてくれる何かを。次元バイオフィールド科学において、これは周波数を正しく合わせ、量子領域がこの種の利益を提供できるようにすることを意味します。喜びへの道は一つではなく、独自性がもっとも重要ではありますが、私たちを健康と幸福の経路につなぐことができる標準的なツールと仮定があります。一つ目のツールは私たちのライフスタイルと思考パターンで、健康と幸福の方向へと私たちのエネルギーを導くことが可能です。次のツールは私たちの環境です。内面と外面の神の家と呼ぶ人もいます。アシュラムとは外面の神の家であり、それは内面の家を明らかにするために作られたものです。

古代の知恵は、私たちが肉体、感情体、メンタル体をもっている唯一の理由が、私たちの聖なる要素が形をもつという体験をできるようにするためであると言っており、多くの人々にとって、これが形而上学の基礎の第1の仮定となっています。

第2の仮定は、私たちが神のクローンであり、イエス・キリストが「私と父とは一つである」と宣言したのと同じソフトウェアが、事前にプログラムされているということです。

第3の仮定は、私たちがこのソフトウェアを受け入れると、生命組織を無理なく機能させ、毒性に満ちたやり方を手放せるようになるということです。毒性の思考、毒性の感情、毒性の食べ物もまた、私たちの生命組織を破壊し、病気や衰退を作りだすことを私たちは知っています。

第4の仮定は私たちの肉体的生命組織が聖なるハードウェアであり、聖なるコンピューターあるいは「有機的宇宙のスーパー・チップ」の一部であり、私たち一人ひとりがその原子または細胞であるということです。

現在科学的な証明が待たれている形而上学的な仮定はほかにもたくさんあり、これらの多くについて私の本の中で紹介していきますが、ここで私たちのツールの話に戻りましょう。経験的な研究により、私たちの周囲の環境が私たちのエネルギー場に重大な影響を与えるということがわかりました。それは私たちの信念とともに、私たちが人生で引きつけるものを決定します。私たちに「完璧な行動と、完璧な結果のための完璧な調整」の計画をもたらし、維持する環境を生みだすことは、それ自体が芸術です。

言い換えると、健康、幸福、平和、豊かさを経験したいと願う人々にとって理想的な環境とは、ストレスがなく、すべてにとっての勝利のために機能する、愛に満ちた協力的な環境です。それは楽園の共同創造のために現在もっとも必要とされている、私の勝利、他人の勝利、惑星の勝利のための計画です。ですからぜひ「私はすべてに満足している」、「今日は死ぬのにいい日だ」というアイデアを見つめ、あなた自身に正直な答えをだしてみてください。これらの両方に「イエス」と答えられたら、リラックスしてすべてを楽しんでください。もし「ノー」なら、両方に「イエス」と答えられるまであなたの人生を精錬し続けてください。

あなたがどこへ行こうとも、あなたはあなた自身とともにあり、変化は人生に対する心の構えの単純な転換から始まることを覚えておいてください。7年以上世界中を旅して、私は西洋の標準からすると非常に恵まれていながら苦しんでいる多くの人々や、物質的には非常に貧しいながらもとても幸せに生きている人々に出会いました。私たちは自分自身と世界のために健康と幸福、平和と豊かさのゴールを設定し、達成することを最低基準として受け入れる必要があります。なぜならそれはすぐに私たちの手に入るものであり、肉体的、感情的、精神的、霊的健康状態をもたらすために自由に利用できるツールを、私たちは十分過ぎるほどもっているからです。私たちに必要なくなった古い習慣を手放す勇気をもつこと、あるいは前進し、謝罪し、さよならを言い、新たな可能性に「こんにちは」と言える勇気をもつことは、すべて人生のサイクルの自然な一部にすぎず、家の中を整えたいと願うならば必要なことです。本当のアシュラムは私たちの聖なる自己を明らかにします。それを体験できるかどうかは私たちのハートの純粋さによって決まります。

個人的に、私は親しみの場に浸ることのできる家庭の環境が大好きです。そしてそれは今でも私の一部です。私は今、海風の吹く丘の上の聖なる母の修道院でもあるアシュラムのアパートを含めるまでに、私の領域を拡大し、その招きに適合しようとしています。私は自らの健康状態を極限まで追いこみ、休息しては再び追いこむ実験を繰り返してきたこれまでの10年間を振り返り、これまでに達成してきたことを見つめます。私たちが議論に対する扉を開き続け、その不快な灰色の光の中に浸り、再び静かに扉を閉めたことを思いだします。今、最終的にすべてのワークを世界的平和プログラムと聖なる栄養の計画にまとめることができ、私は完了した感覚と平和を感じ、私の世界のすべてが順調であると感じています。

＊＊＊

私たちを深く育むことのできる完璧な外的環境をもたらすためには、古代の風水の伝統や、生命保護装置と場の編みなおしのテクニックの活用が役立ちます。私たちの外的な生活環境は私たちの内なる環境の反映であり、存在のすべてのレベルで十分な栄養に満たされている人は自動的に、この栄養の流れをサポートして他人にも栄養を与える外的環境を生みだしているようです。現時点の私たちの世界で求められていることは、地球資源の消費を最小限にとどめて効果的に栄養を摂取するということだけでなく、必要なときに私たちのエネルギー場を拡大して他人にも栄養を与えることができるようになるということです。「私が、私が、私が」というような範例は、聖なる栄養の流れを妨げ、「私たち」という考えはその流れを解放するからです。

**聖なる栄養プログラム——テクニック17　滋養に満ちた家**

あなたの家に滋養に満ちた環境を作ります。

＊使わないもの、または感傷的、霊的重要性がないものを処分してください。
＊風水を使ってあなたの家の内なるエネルギー場を拡大し、肯定的に導きます。
＊静寂の中でアルファ-シータ場を創りだし、エネルギーを蓄えることができる瞑想用、ヨガ用の部屋を造ってください。
＊壁をスピリチュアルな像などで飾り、神聖な存在のエネルギーが輝きだして、あなたを魂レベルで満たすための入り口として機能するように活性化してください。

# 〔第9章〕よくある質問――聖なる栄養とシータ-デルタ場の栄養摂取

この章を始める前に、私たち人類に利用可能な食べ物が2種類あるということを強調しておきたいと思います。それは私たちが自然の資源を利用して栽培する食べ物と、形をもつ神として私たちがアクセスできる「非慣例的な」食べ物です。これは私たちが個人的な周波数を調整することによって得られます。

人から、よく次のような質問を受けます。

問A　食べ物に依存することから解放されることが、本当に可能なのですか？　――はい。

問B　でも私たちの体にはビタミンやミネラルが必要でしょう？　――はい。

問C　食べずにどうやって生き続けられるのですか？　――私たちの細胞の中に、絶えず流れ続けている代替の栄養源にアクセスし、栄養を摂取する方法を学ぶことによって可能になります。第11章でこの方法を詳しく紹介します。

質問1　もし、私たちが食べ物を食べなくていいとしたら、胃や歯はなんのためにあるのでしょうか？

答え1　現在の私たちの消化器官は私たちの信念を反映し、時間をかけて進化してきました。ですから私たちの信念が変われば、消化器官も変化します。DOWの力と一つになるとき、私たちは自ら選択することはなんでもできるようになります。私たちは自分自身の肉体のマスターですので、私たちの体の中のすべての細胞は私たちの思考、言葉、行為に常に注目しており、それに応じて分子や原子が調整されるからです。西洋のライトイーターの最初の世代である私たちもまた、内なる組織が変化するための進化のプロセスに頼っています。しかしながら、未来の世代のライトイーターたちの内なる回路は現在の私たちの回路とは非常に異なるものとなるでしょう。ですからこの質問に対する短い答えは、単に進化、時間、そして私たちの信念を反映する肉体の能力の問題ということになります。食事を摂り続ける人たちは現在の消化器官をもち続け、聖なる栄養を選ぶ人たちはやがてこの新しい栄養摂取方法を反映した消化器官をもつようになるでしょう。最初にこの地球に形をもって生まれたとき、私たちは異なる生命組織をもっており、食べ物も飲み物も必要とせずに生命を維持することができたといいます。私たちは時間をかけて現在の消化器官を発達させてきましたので、将来の生命組織の進化も、私たちのライフスタイルと選択次第で決まります。

質問2　聖書にあるすべての王国の真の平和の預言のように、ライオンと子羊がともに横たわることが本当に可能なのでしょうか?

答え2　これもまた形態形成の分野に関係があります。もし私たちが人類の侵略的な本質を排除して、人間や動物の命を奪うことをやめるならば、このことが社会的、惑星的バイオフィールドの共鳴に強力に作用し、動植物界などすべての領域に影響を及ぼします。そしてもし、私たち一人ひとりが完全な栄養を提供してくれるエネルギー経路に接続し、満ち足りて利他的になり、目覚めて愛と尊敬に満ちたマスターらしくふるまうようになれば、これもまたすべての領域に影響を与えます。私はよく、動物界に見られる攻撃性のレベルは人間界に見られる攻撃性のレベルを反映したものだと言ってきました。人類の攻撃性を排除し、聖なる愛の輝きを増大させれば、私たちは「ライオンと子羊がともに横たわっている」様子を現実に見るかもしれません。

質問3　プラーナだけで生きている人々は、どのようにして体重を維持するのですか?

答え3　これは単純に心の構えとプログラミングと信念の問題です。また私たちのマインドと肉体との関係の科学の問題でもあり、体の細胞一つひとつが私たちの思考と指令に忠実に従うということ、そして私たちがマスターらしくふるまうときに体は私たちの指示に必ず従わなければならないということを、私たちがどれだけ確信しているかにも関係します。このようなプログラミングは私たちの内面で妨害プログラムが機能していると効果がありませんので、そのようなプログラミングを特定して、除去する必要があります。都合の良いことに、すべてのプログラミング・コードは、物質的な食べ物を摂ることを完全にやめてしまう前に、テストすることが可能です。ですから食事の回数を3回から2回に減らし、量や種類を少なくするなど、だんだんと試していくことをお勧めします。聖なる光で生きることに成功するためには、ある程度の肉体的、感情的、精神的、霊的準備、浄化、そして健康が必要となります。DOWの力を信頼することも必要です。私たちはすでに快適なライフスタイルのためのプログラムについてと、体重を維持するために適用することが必要な健康、バランス、体重、イメージの指令について紹介しました。後ほどこれを気の体を使って利用する方法を説明します。興味深いことにプログラミングなしでも体重はやがて安定します。しかしそれはたいてい、体重の激減が起こった後のことです。

質問4　ホリスティックな生き方をし、ライフスタイルを通してアルファ-シータ-デルタ帯にアクセスしている人々の多くは、非常に敏感になりつつあるといいます。この感受性が彼らを社会生活のベータ-アルファ場に参加することを嫌がらせ、より孤独を愛するようにさせているようです。アルファ-シータ場の住人が家族や友人との「正常な」関係の範囲を離れることで、仲違いもしばしば起きるようです。これについて何かコメントしていただけますか？　研究では何がわかっていますか？

答え4　次元バイオフィールドの専門家や霊的イニシエートとは、あらゆる場に働きかけることを学んだ人であり、そして理想的には、自分自身の領域に影響を受けることなく、すべての領域内で調和して存在できる人のことです。すでに述べたように、自分自身に必要な周波数を選択して、周囲から吸収するために有効なツールがあります。

＊私たちの目的と意志と心の構え、すなわち吸収ｖｓ放射の計画
＊第11章で紹介する生命保護装置の利用
＊すでに存在している場に影響し、私たちにより多くの栄養をもたらす新たな場を作る方法を学ぶことも役に立つと思いますので、このことについて後ほど詳しく説明します。

聖なる栄養の経路へのアクセスは幸運な人、祝福された人、あるいは神聖な存在だけに起こることではない、と理解することも大切です。マドンナの周波数域とその聖なる愛、聖なる知恵の経路には誰もがアクセス可能であり、誰でもがプラーナの栄養を摂取することができます。

しかしながらベータ‐アルファ場が優勢な状況のなかで、健康維持に十分な栄養をシータ場から獲得することは、日々の挑戦でもあります。プラーナの流れをコントロールできるようにするエネルギー接続や生命保護装置が有効なのはこのためです。日常的なクリヤ・ヨガやスーリヤ・ヨガの実践、愛の呼吸瞑想のようなテクニックもまた非常に有効です。クリヤ・ヨガとスーリヤ・ヨガは聖なる栄養の流れを助ける特別なヨガで、後ほど詳しく紹介します。

もう一つの問題は、私たちが意識的に自分自身の周波数を変化させてより滋養に満ちた領域に定着するとき、周波数が合わない人々との関係から離れるという事実です。これは、私たちのより洗練された食事と繊細なライフスタイルの選択を理解できない家族や友人たちとの関係で特によく見られます。この質問の答えとして、私たちには血族の家族とさらに地球の家族がおり、皆で無条件の愛を分かち合うことが理想的だということを私は言っておきたいと思います。ですからこのような愛をあなたが与え、獲得するためには、互いにとって有益で協力的な関係を築ける人々をあなたのもとに連れてきてくれるよう、あなたのDOWに頼んでください。次にあなたが家族と一緒にいるときは、お互いの違いに焦点を合わせるのではなく、喜びをもたらすことに集中し、分かち合ってください。

質問5　AとBではどちらのほうがいいですか?

(A)聖なる愛と聖なる知恵の栄養が流れる経路となり、私たちを通して世界へと放射することによって、自身の生命組織と世界を同時に変容させる。

(B)このような栄養に満ちた力を蓄えて、その源泉から作用する。

答え5　理想的には両方できるといいでしょう。私たちが同調プログラムとして最初にこのライフスタイルを適用するときに蓄えが生まれ、次にこの蓄えを毎日のメンテナンスプログラムとして活用します。私は両方試しましたが、どちらか一方を行うよりも両方の組み合わせのほうがより効果的であることがわかりました。遅かれ早かれ、私たちは源泉が枯れてしまうほどに与えなければならない状況に出会います。それゆえに私たちは無限の源（第7章にあるような）に接続する必要があるのです。そしてライフスタイルを通して私たちの放射を純粋に保つことも必要です。瞑想を通して提供される種類の食べ物のために、私たちは自然と静寂に飢えるようになります。特に密度の濃い混沌とした都市生活におぼれているように感じるときには、静かで愛に満ちた空間に飢えるようになります。純粋にベータ場内だけに存在するということは、感情的、精神的、霊的食欲不振を引き起こし、人類を不調和、争い、そして混沌へと導きます。

質問6　瞬時の肉体的な変容についてはどうですか？　人々が指令やチャントを使うとき、瞬間的には何も変わらないように思えるのはどうしてでしょうか？

答え6　瞬時の変容を妨げる内的、外的要因が数多くあります。まず形態形成の領域の強さがあり、そして優勢な波動が何であるかということがあります。これはまるで100人の男性バリトン歌手が合唱する中、一人の少年がソプラノの声で歌っているようなものです。この少年の声がよく通り、きわめて力強くない限り、彼の音域はかき消されてしまいます。同じようにライトイーターたちは栄養を摂取するためにシータ場に同調し、健康を維持するのに十分なほどにこの経路につながり続けるライフスタイルを送る必要がありますが、これを行っているのが地球上のわずか0・1％の人々のうちのさらに0・01％しかいないとしたら、この周波数を維持するのは非常に難しくなります。しかしながら、ありがたいことにシータ場の放射は、ベータ場のロウソクの炎のような放射に比べるとまるで原子の爆発のような力をもっていますので、ここでは数はそれほど重要な要因ではありません。

次の要因はその人が内なる神をどれだけ信頼しているかということと、私たちが必要なすべての創造力、癒しの力、変容の力をもつ、形をもった神であるという考えをどれだけ現実のものとしてとらえているかということに関係します。たいていの人がこのことを知的には理解していますが、細胞レベルでは信じていません。ＤＯＷの力につながり、その流れがもたらす恩恵を体験することはすべて、このような信頼を築くために役立ちます。この領域では経験がすべてです。聖なる愛の流れは知的問題ではありませんので、私たちがこの流れを内面に感じることができたときにだけ、私たちは十分に信頼してこの流れにゆだね、そのほかの特性を探求することができるのです。

３番目の要因は、カルマ的な学びに関係し、４番目の要因は私たちの聖なる青写真と、私たちがつとめることに同意した役割に関係します。それでもすべては完璧に展開していきますので、私たちに求められているのは、ただ私たちが形をもった神であるというビジョンをもつことと、非の打ち所のない本物のマスターらしくふるまうことだけです。そうすることで、宇宙は私たちがワンネス（調和）の領域に戻る手助けをしてくれます。そこではすべての可能性が現実となり、すべてに恩恵をもたらす最高次の現実が生まれます。これを行えば行うほど、私たちの瞬時の顕現の能力が、個人的にも集合的にもよりはっきりと見られるようになります。

この10年間で、プラーナの栄養摂取者たちは非常に興味深い社会現象に気づきました。それは私たちのまわりでともに時間をすごす多くの人々が、自動的に食べる量を減らし、そのためにより健康になっていることです。私たちを通して放射されるエネルギーは、愛（レベル３のシータ-デルタ場の栄養を提供する聖なる愛のマドンナの周波数）であり、私たちの個人的バイオフィールドには物質的な食べ物から栄養を摂る必要がないという、経験に基づいた知識が刻印されています。そのためこのことが私たちの周囲の人々に影響し、細胞内でのシータ-デルタ場へのよりすばやいアクセスを可能にし、特別な恩恵――直感的な知識、超感覚力のような感受性の向上、食欲減退など――をもたらしたのです。私たちが達成できる最高の錬金術的行為は、私たちの生命組織をＤＯＷの力の放射基点へと変容させることです。この行為は、私たちにレベル２とレベル３の栄養という副産物を自然に提供してくれます。

質問７　聖なるライトイーターになるために、ヨガの実習はどれくらい効果的ですか？　あなたはクリヤ・ヨガとスーリヤ・ヨガの二つを挙げましたが、それぞれ違いと効果について説明していただけますか？

答え７　ヨガは西洋社会でも非常に一般的になりましたので、ヨガの異なる種類についてと、プラーナの栄養摂取との関係性について理解するのは大切なことです。まず聖なる栄養にアクセスするための、ある特定の手順を提供するのは事実上不可能です。なぜなら私たちが強調し続けているように、それはすべて私たちの個人的な周波数に関係しているからです。個人的な周波数はその人の過去と現在の経験や心の構えによって決まり、二人として同じ周波数をもつ人はいないからです。しかしながら私たちは、一人ひとりが試すことのできる聖なる栄養の経路に同調するためのツールのいくつかを提供することができます。そしてヨガの実習も、それらのツールのうちの一つです。またこれまでの経験から私はすべてのヨガの実習が、聖なる栄養の経路からの栄養摂取に成功するためには必要であると信じるようになりました。それぞれの実習が特別な同調のためのツールを提供してくれるからです。

多くのレベルで私が共感する秘儀の教師の一人にオムラーム・ミカエル・アイバンホフがいますが、ちょうど私がこの本の最終章を書き始めようとしたとき、彼の教えに関する本が贈り物として郵便で届けられました。私はこのような「偶然」に常に注意を払いますので、本と一緒に送られてきたハガキはフランス語で書かれていましたが、これは私にとって読む必要のある本だとわかりました。それは『*The Splendour of Tiphareth : The Yoga of the Sun*（ティファレトの輝き：太陽のヨガ）』という本でした。この本を受け取る1日前、私は太陽の栄養摂取を奨励するためのヒラ・ラタン・マネックのアメリカツアーへの招待を受けていました。これら両方の出来事が、私に太陽の栄養摂取の価値についてより深く評価することを促しました。そしてミカエルの本を読み始めると、私はこの本の中に特にスーリヤ・ヨガとの関係についてここに加える必要のある重要な情報が含まれていることに気づいたのです。スーリヤ・ヨガは、私が名前も知らずにもう何年も直感的に取り入れてきた実習だったのです。

**スーリヤ・ヨガ**は太陽のヨガです。第6章の太陽の栄養摂取の中でも述べたように、現代のもっとも実りのあるプラーナの栄養に関する研究は、20世紀末のインドでシャー博士と彼の研究チーム、そして実験台のヒラ・ラタン・マネック（HRMとしても知られるヨギ）によって行われました。とはいえスーリヤ・ヨガは単に太陽をじっと見つめて自然からプラーナの流れを吸収するというだけのものではありません。スーリヤ・ヨガは、ほかのすべてのヨガの実習を含んでいて、私たちの物質的な太陽に栄養を与え、太陽を通して流れだす至高の知性とつながることに集中します。私たちの太陽を維持し、そのエネルギーを3次元や4次元などの低次元へともたらす聖なる力を認識することでバクティ・ヨガが生まれます。これは私たちの太陽なしにはどのような生命も存在できないということに対する畏敬と忠誠の感覚です。人間を含めた一般に認められているすべての有機体は、私たちの物質的な太陽を通したエネルギーの放射によって生かされています。暖かい早朝や夕暮れ時の太陽の下でハタ・ヨガの様々なアーサナを実習することで、私たちの経絡とチャクラが、別のレベルの食べ物と力へと開かれ、栄養を与えられます。マントラ・ヨガでポジティブな精神の投射や思考形態を適用したり、クリヤ・ヨガを利用して外の光の流れを私たちの内なる組織に取り入れたりすることで、スーリヤ・ヨガの太陽の時間がより効果的になります。

また、スーリヤ・ヨガでは、私たちが静寂の中での瞑想と創造的な視覚化を通して、マインドを5次元とそれ以上の周波数帯に投影することが必要とされます。そこで私たちは、太陽の領域内に存在する知的生命レベルを認めることができます。しかしこれは5、6、7次元（さらにそれ以上の次元）の多次元的生命形態に出会うことに開かれた人々のための、高度な実習です。オムラーム・ミカエル・アイバンホフが、彼のスーリヤ・ヨガの本の中で紹介しているように、私たちの物質的な太陽のより高いエネルギー場に知的生命体が存在しているという考えは、私たちの肉体が、自らの原子構造の中から栄養の源にアクセスすることができるという考えや、原子の一つひとつが内なる宇宙への入り口であるという考え、あるいは私たちが紫の光を導いて内なる聖地からより滋養に満ちた紫の光を引きつけて、細胞に栄養を与えるためにシャバ・ヨガを通して生命フィードバック循環のシステムをつくりだすことができるという考えと同じように、多くの人々にとってバカげたことのように思えます。

オムラーム・ミカエル・アイバンホフは、脳が集中したものに合わせて共鳴パターンを反映し、変化させることを好むという脳の自然な特性に関する最近の研究に同意しています。彼は次のように述べています。「太陽に全意識を集中することによって、彼（秘儀の生徒）は彼の健康と平衡を確実なものにするために必要な元素すべてを、もともとの純粋さのままにとらえ、引きつけることができます」

彼はまた、太陽がすべての生命に必要なすべての元素を提供してくれるので、私たちはその純粋な本質によって生きることもできると言っています。

「私たちが太陽を見つめるとき、私たちが気づかなくても私たちの魂は太陽と同じ形をとり、光り輝く白熱の球体になります。これは私たちが太陽を見つめるときに、存在全体が太陽に似てくるという、模倣の魔法が効果を表すときの法則です。ただ何かを見つめるというだけで、私たちは見つめている物体や存在との間に類似した関係を作りだし、私たちの波動が振動する速度を調整し、無意識にその物体や存在を模倣します」
彼はスーリヤ・ヨガについて続けてこのように言っています。
「もしあなたが太陽のようになりたいのなら、大いなる愛と信頼をもって太陽を見つめなければなりません。こうすることであなたはより暖かく、より光り輝く存在になり、ほかに生命を注ぎこむことができるようになります。他人にとってあなたの存在が光と暖かさと命を放射する太陽のようになるのです」
マントラ・ヨガを使って太陽がすべての生命の栄養源であることを思いだし、植物界や動物界の食物連鎖に加わることなく太陽が私たちに直接栄養を与える力をもっているということを認めることで、私たちは考え方を変えることができます。

質問8　ほかの種類のヨガについてはどうですか？　聖なる栄養の経路にアクセスするための準備段階にどのように役立ちますか？

答え8　この質問に適切に答えるためには、もう少し伝統的なヨガの種類について、違いを明確にする必要があります。聖なる栄養の経路にアクセスするための肉体的、感情的、精神的、霊的準備段階において、それぞれが役割をもっているからです。

ヨガとはインド、チベット、中国、日本、エジプト、ペルシャなどで生まれた形而上学的な技術であり、すべての宗教には独自のヨガの技法があります。たとえばキリスト教の神への崇拝、祈り、瞑想、献身などは、インドではバクティ・ヨガとして知られています。**バクティ・ヨガ**は霊的な愛と献身のヨガです。ＤＯＷへの献身と、その愛を感じたいと求めることなしには、私たちが聖なる栄養の経路につながることはできません。なぜなら聖なる愛の体験に対する献身が、神々の食べ物を引きつけるからです。献身と瞑想と祈りの経験が、私たちが聖なる栄養の経路により深くつながるための訓練の原動力となります。

次に知識のヨガがあります。これは**ジュニャーニャ・ヨガ**とも呼ばれています。これは知性を通した神への道であり、このヨガの実習は、人々を学びと哲学的内省へと開くと言われています。私たちがプラーナの栄養の可能性を受け入れるためには、私たち自身の知性を尊重し、原始の創造力である至高の知性を反映する光り輝く知性が、私たちの内面にも存在することを理解することが必要です。私たちが十分な栄養を摂るためには、この力を信頼し、ゆだねなければなりません。それは私たちがリラックスして手放し、内なる神が栄養を与えてくれるのに任せるために十分な知的、経験的調査を行った後にのみ起こります。私たちの内面に聖なる知性を発見し、そしてそれを尊敬することこそが、真のジュニャーニャ・ヨガの実習です。

　**カルマ・ヨガ**は無私の奉仕、見返りを期待せずに行う奉仕について学んでいる人のためのヨガです。カルマ・ヨガは、他人に恩恵をもたらす善行を通した利他主義を私たちに教えます。これは快適なライフスタイルのためのプログラムの非常に重要な側面の一つです。慈悲をこめた親切な行為は、私たちが純粋な愛のマドンナの周波数に同調するためのもっとも効果的なツールの一つだからです。

　聖なる栄養の経路からの栄養摂取に成功して健康を維持するために、私たちは低次の本質の限定的な影響をマスターすることを学び、自分自身の内なる領域の女王、王になる必要があります。私たちはこれを、集中力と自己制御力を養う**ラジャ・ヨガ**を通して行います。

　プラーナの栄養摂取とともに生じる聖なる電流のダウンロードに対処するための強い肉体を作るためには、**ハタ・ヨガ**の実習が有効です。このヨガには様々なアーサナやポーズを通して、私たちの生命組織の霊的中枢を開発する力があります。ハタ・ヨガは私たちに規律と意志の力と忍耐力を与えてくれます。これらすべては、聖なる栄養の旅の先駆者にとって大いに役立ちます。しかしながらアイバンホフが言うには、ハタ・ヨガは無規律な西洋の資質にはあまり勧められないそうです。

　**クリヤ・ヨガ**の実習は、プラーナで生きる人々のほとんどが取り入れてきました。クリヤ・ヨガとは、光と光の色の範囲のヨガだからです。これには光を考え、視覚化し、眉間のチャクラまたは上丹田を通した内なる光の流れを経験すること、私たちのオーラを通して光のエネルギーに働きかけること、道教の小周天のような実習により、この光の流れを滋養に満ちた方法で利用することを学ぶことなどが含まれます。

　食べ物や飲み物を摂らずに60年以上もギリ・バラを生かし続けたのは、クリヤ・ヨガの特別な実習であり、ヒマラヤのババジに不死を与えたのもクリヤ・ヨガでした。クリヤ・ヨガは、ジオマンサー（土占い師）や次元バイオフィールド科学の専門家の仕事と同様に、グリッドを通して光を導くために利用できます。そして生命保護装置を維持するのもクリヤ・ヨガです。またクリヤ・ヨガは、私たちのチャクラとチャクラに関連する経絡に栄養を与えます。

**アグニ・ヨガ**は再生者や、元素の力を活用する人々によって実習されます。アグニ・ヨガは火の元素に作用し、宇宙創造の起源としての内なる炎を燃え上がらせるからです。アグニ・ヨガの実習により、私たちは下丹田、または仙骨のチャクラを通してセントラル・サンから栄養の流れを取りこむことが可能になり、この能力こそが私たちと太陽で生きる人々との違いです。アグニ・ヨガは、私たちを太陽の光の分散をコントロールする存在であるロード・ヘリオスと結びつけます。

**マントラ・ヨガ、あるいはシャブダ・ヨガ**というのもあります。これは言葉の力のヨガで、特定の生命組織の変化を達成するため、そして光を通して宇宙の知性の力の流れの方向を変えるために、特定のコード、指令、マントラを、特別なときに、特別な周波数と強度とともに使います。これもまた快適なライフスタイルのためのプログラムの重要部分です。これによって私たちは分子の知性にアクセスし、内面と外面のエネルギーの流れを向けなおし、細胞の行動パターンを変えることができるからです。

**聖なる栄養プログラム――テクニック18　ヨガ教師のツール**

＊瞑想とヨガを学び、実践してください。

＊あなたのＤＯＷに、あなたにぴったりのヨガや瞑想の先生に出会えるよう頼んでください。

純粋に聖なる栄養だけで生きる準備をするための調整方法として、私たちが応用できる様々なヨガについて紹介してきました。心の構えの重要性についてもお話してきました。次にシャーマンについて少し紹介したいと思います。なぜなら聖なる栄養、光で生きる現実に引きつけられる人々はたいてい、ヨギ、あるいはシャーマン的な傾向をもっているからです。そのような人々は、個人的な形而上学的経験によって、このような概念をより簡単に理解し、把握することができます。

質問9　シャーマンとはどのような存在ですか？

答え9　「シャーマン」という言葉の語源はアジア中央北部のツングース語から生まれたもので、ロシア語を経て英語でも使われるようになりました。シャーマンは、エクスタシーのマスター、シェイプ・シフター、あるいは瞑想や明晰夢を通して意識の状態を変化させ、肉体を離れて次元間を旅する能力をもつ者として知られています。彼らの多くは形而上学者、ヒーラー、あるいは火や風などの元素を支配する人々であり、たいていは奉仕の計画の中で単独で働きます。

ヨギと同様、シャーマンもまた様々な人生を歩み、多くの場合、臨死体験や熱心な修行とイニシエーションを経て、その能力を授かります。多くのシャーマンたちが高次元と低次元の間を旅し、低次元を通して愛する者の魂に寄り添って話し合い、高次元では偉大な光の存在から預言的なビジョンを受け取るというような役割を果たしています。

シャーマンはたいてい社会や現実の隅で生きています。現代社会の現実の領域にあえて危険を冒して乗りだし、次元間の橋渡しとして数多く報告されているような外的苦難や個人的危機に耐えるスタミナをもったシャーマンは、ほとんどいません。

質問10　太陽からの栄養摂取の考えやスーリヤ・ヨガはすばらしいものですが、日照時間が短い地域や、環境汚染が著しく効果的なプラーナ光線を遮ってしまう場所に住んでいる場合はどうなりますか？　たとえばロンドンのような？

答え10　これこそまさに私が太陽の栄養摂取の原理だけでは聖なる栄養の流れを維持するのに不十分だと感じる理由です。これを十分に行うために、私たちは下丹田を通して流れるセントラル・サンのエネルギーから栄養を摂取する必要があるのです（第7章参照）。

そしてヒラ・ラタン・マネックを含め、私がこれまでに出会った太陽の栄養で生きることに成功している人々はすべて、第6章で紹介した、8ポイントの快適なライフスタイルのためのプログラムの独自のバージョンを実践しています。健康と幸福のレベルを常に維持するために、私たちは内面と外面のエネルギーの流れに対してある種のクリヤ・ヨガを適用しなければなりません。

質問11　プラーナだけで純粋に生きるための必要条件、聖なる光のみで生きる秘訣とは何だと思いますか？

答え11　私は10年以上にわたり、経験的な研究を行い、聖なる栄養で生きることに成功した何百人もの人々にインタビューをしてきました。彼らの成功の秘訣は、波動であり、それ以上でもそれ以下でもないというのが私の一つの結論です。波動は私たちが意図するならば、私たちが内面からこの栄養を引きだし、細胞構造を通して元に戻すことを可能にします。また内なる気と、外なる気の両方をたっぷりと引き寄せることを可能にします。プラーナ（宇宙の炎やアストラル・ライトの形態をとる）は、全生命を維持している主要な元素です。純粋なハート、慈悲と優しさをもって奉仕する能力、高次の法則への解放と私たちの高次のマインドの活用など、これらすべては超自然的な能力を開くことのできる経路へと私たちを効果的に同調させます。このような能力は小さな副産物にすぎません。

質問12　世界中で栄養失調や肥満、食欲不振や体のイメージについて強調されている中で、物質的な食べ物とは神の恵みであり、食べ物を食べないことは「不自然」であり、大いなる喜びを否定する行為である、と絶えず人々が言っています。これについてはどのように対処しますか？

答え12　第一に栄養失調、肥満、肉体的な食欲不振はすべて、人類の様々な感情的、精神的、霊的食欲不振状態の結果として引き起こされたものであり、聖なる栄養が内面から解放されたときに除去することができます。第二に通常の食べ物の選択肢や無節操なセックス、あるいはテレビのように、私たちのマインドを鈍らせたり刺激したりするドラッグ以外にも、私たち自身に栄養を与える方法はたくさんあります。私はこれらが「悪い」と言っているわけではありません。ただ、私たちはまだ代替の栄養形態について十分な教育を受けていないだけなのです。

社交の場や友人たちとの食事は楽しみだけでなく、感情的なつながりのレベルにおいても大いなる喜びをもたらします。これがレベル3のライトイーターたちが、生命組織は物質的な食べ物の必要性から解放されているにもかかわらず、ときどき食事を楽しむ理由の一つです。個人的には、私にとって最高の「食事」の一つは海辺を散歩することです。ここで私は太陽と風と水のプラーナを同時に吸収し、浸ることができます。また別の「食事」は熱帯雨林を散歩することや、山の上で夕暮れ時、または夜明けの光を浴びながら瞑想することです。人類は進化の段階に入りました。私たちは本物の栄養の定義を再評価しなければなりません。私たちの歴史上で初めて、約12億人が物質的な栄養不足による栄養失調に苦しみ、12億人が間違った物質的栄養やスピード社会をなだめるために提供されるファーストフード中毒による肥満に関する問題に苦しんでいます。多くの人々にとって食べることと、食べ物によってもたらされる「喜び」は、より深い飢えを満たそうと試みる感情的な中毒です。進化の現時点において、私たちは肉体的、感情的、精神的、霊的健康状態を促進し、維持する喜びを強めるよう直感的に導かれています。

質問13　聖なる栄養の範例の世界的な第一人者であり、プラーナの栄養摂取の現実に関する自然な懐疑論のすべてに対処してきた者として、この世の中の未来をどのようにごらんになりますか?

答え13　多くのヨギたちやシャーマンたちと同じように、私はときどき未来をのぞく能力に恵まれてきました。そして私は「栄養としてのプラーナを摂取するレベル3の現実」が、それがもたらす個人的、世界的な恩恵により神聖に支えられ、消えることがないということを目撃しました。人間や動物など、あらゆる命を殺すことは、もはや私たちの現実の一部ではなく、より野蛮で未開な過去に属するとしてとらえられている世界を見ました。この「新しい」世界には、すべての生命に対する愛と敬意と尊敬があり、人々は肉体的、感情的、精神的、霊的健康状態を作りだし、維持するための方法を教育されています。この世界で私たちは、愛、知恵、健康、幸福とともに輝く透明な光の虹の都市に存在しています。問題は私たちがどうやってそこにたどり着くかです。

この新しい世界へと進化するために、私たちはどのようなステップを踏む必要があるでしょうか?

その答えは、単に私たちの意識の拡大の問題です。私たちが脳波のパターンを変え、高次の感受性を活性化するためにデザインされたホリスティックなライフスタイルを取り入れることによって起こるのです。

懐疑とは健康的なものであり、無知と恐れは教育の欠如から生じるため、この新しい範例の「先駆者たち」にとって常にマスターらしくふるまうことが非常に重要です。これに精通するためには、あらゆる状況において何が起ころうとも愛の振動を保持し、放射できることが必要とされます。

内面の神聖な存在とのつながりが、長年にわたって私に、すべてが光と色と音によって栄養を与えられ、存在しているということを明らかにしてきました。これらの光線と波動は、ちょうど巨大な宇宙コンピューターのように、普遍的な法則と数学的なコードによって導かれています。ですからすべては私たちの意志、想像力、目的によって導き、活用することができ、不可能なことは何もないのです。また、私たちの身体を、まず聖なる栄養の経路のレベル2に同調させ、次にレベル3の恩恵に同調させることは、秘教の科学の基礎であり、進化のプロセスの次のステップであると私は感じています。

では、この先の未来とはいったいなんでしょうか?

この範例が、今、主流となっている現実から見ると、非常に挑戦的であるため、すでに嘲笑や、公然とした批判と隠された批判の両方を浴びながら、その中で生き抜いてきました。しかし私たちはやがて受け入れられるということを知っています。これらの段階は、ライトイーターたちがこの範例を実地している様々な国々で展開していますが、このことについてほとんど話さずに隠れている人たちもいれば、このような現実を公然とサポートしている人たちもいます。しかしほとんどの人は、用心深く、このような情報を分かち合える相手を内なるガイダンスに頼って選んでいます。

また、変化をもたらす人々には常に波があります。1970年代にウィリー・ブルックスが『ブレザリアニズム』をアメリカで発表し、次に私が「プラーナの栄養摂取」に関してオーストラリア、アジア、ヨーロッパで10年近くもメディアでの仕事を通して非常に公の立場をとってきました。現在はヒラ・ラタン・マネックが公の顔となっています。彼はインドとアメリカを絶え間なく旅して、彼の「太陽の栄養摂取」のプログラムを提案するために、様々な医学や科学の研究チームとともに仕事をしています。ヒラの後にはまた別の誰かが現れ、この流れは続いていくでしょう。そしてもちろん私たちは、この現実を定着させるための個人的、専門的貢献をしてきたそのほかすべての人々の仕事についても認識しており、その内のいくつかを、著書などで紹介しています。一つの範例が定着するときには、異なる背景をもち、それまでに互いに出会ったこともない様々な人々が同じことを発見し、分かち合い始めます。そして秘教の世界で最近の興奮する出来事の一つは、私たちが意識的に脳波のパターンを変えるときにもたらされる恩恵に関することです。

質問14　あなたはよく、物質的な食べ物を食べなくても生きられるようになるという考えだけでは、この旅を続ける動機として不十分であり、この旅を続けたいと願う人々は「より大きな全体像」を意識する必要があると言っています。これがどういう意味か説明してください。

答え14　人類は内なる神の力を再発見し、認識し、体験し、証明する驚異的な能力に恵まれています。私たちは、どんなときにでもこの聖なる力と一つになり、この力を明らかにするようプログラムされています。なぜなら私たちはあるレベルにおいて、神と呼ばれる宇宙コンピューターと同じソフトウェアによって作動している小型コンピューターのように機能するからです。この聖なる力、あるいは神は、その滋養に満ちた愛と光を私たちの内なる太陽中枢を通して放射し、私たちのチャクラに栄養を与え、外なる太陽を通して放射し、私たちの細胞に栄養を与える力をもっています。しかしながら注目すべきことは、人間が物質的な食べ物を食べなくても生きられるようになるのを見ることではなく、一人の人間が愛と光を放射し、その存在によってすべてに栄養を与えるのを見ることです。

ミカエル・アイバンホフが次のようにまとめています。

「私たちが宇宙の中心である太陽に焦点を合わせるとき、私たちは自分自身の中心、高次の自己、内なる太陽に近づき、その中にどんどん溶けていきます。

しかし太陽に意識を集中させることは、私たちの思考、欲求、エネルギーのすべてを結集して最高次の理想のための奉仕の仕事に用いる方法を学ぶことも意味しています。絶えず自分を引き裂こうとする混沌とした内なる力の多くを統合して、一つの光り輝く有益なゴールの追及に着手する人は、強力な中心点となってあらゆる方向に光を放つことができるようになります。

信じてください。自分自身の低次の性質の傾向をマスターした一人の人間は、全人類に恩恵をもたらすことができるのです。その人はまるで太陽のように光り輝きます。そのような人の自由とは、内面に存在する有り余るほどの光と愛を放出することで、その人の意識が全人類を包みこんでしまうほどのものです。

世界はこの太陽とのワークに貢献できる人々をより多く必要としています。愛と光だけが人類を変容させることができるからです」

すべての飢えを満たそうと試みて私たちが生みだした中毒症状は、ホリスティックな教育の欠如と、私たちが本当は「誰」であるかという認識の欠如、さらに私たちが創造の力から分離しているという誤解を通して生まれます。私たちの真の本質をいったん経験し、高次の本質と低次の本質のすべての側面を統合したとき、神々の食べ物が内面に流れだして私たちの飢えと中毒が消えます。

レベル3のライトイーターの家族への対応や社会的調整に関する質問についてはこのシリーズの前作で紹介していますが、ここでもう一つ加えておきたい課題があります。人々は、よく私に「私は菜食主義者にはなれません。私の血液型にあわないからです、あるいは体質にあわないからです」「試してみましたがひどかったです」「私の医師、栄養士が私には良くないと言いました」などと言ってきます。聖なる栄養の現実のもっとも重要な側面は、物質を制するマインドのマスターです。

私たちは皆、形をもった神であり、私たちの肉体は自己再生して最高の健康状態と長寿のために必要なタンパク質、ミネラル、ビタミンのすべてを高次元の内面と外面から吸収することができます。食事を改善することで人々が不純な組織からの「毒の廃棄」を経験することもよくあります。私たちがお勧めするのは、あなたが自分の思考パターンを意識し、すべての限定的な信念をプログラムしなおす準備をすることだけです。これは聖なる栄養の現実への扉を開くための最初の一歩です。

## 聖なる栄養プログラム――テクニック19　静寂、暗闇、フィールドを転換しない実習、両手利きと天候の実習

シャーマンやヨギの訓練の一部として次のことをお勧めします。

＊暗い家の中を自由に歩き回ることを学んでください。これは夜間視力のトレーニングです。

＊音を立てずに行動することを学んでください（たとえば食事を作る、お茶を入れる、皿を洗うなどの行為）。これは禅の場の静寂に関するエクササイズです。

＊領域を置き換えない訓練をしてください。これは一つの領域を、恩寵《グレース》とともに静かに移動し、周囲の場をあなたの存在によって乱さないということです。たとえば多くの人々が家の中を歩き回るとき、「赤ちゃん象」のようであるかもしれません。ドスンドスン歩き、ドアをバタンと閉めるなど、一つの場に、そのような人が存在していると、それはほかの人にとっては小型爆弾の爆発のように思えるでしょう。一つの領域内を乱さずに移動することを学ぶことは、狩りに成功しようと草むらで獲物を追うハンターが、驚くほど敏感で静かでなければならないのと同じことです。

＊両手利きになるように訓練してください。両手を効率よく使えるようになってください。これはバランスのツールです。

＊最後に、天気の影響から自由になるように訓練してください。自分の意志で体温を調節する方法を学び、暑くても寒くても常に快適に過ごし、特別な洋服の必要性から自由になってください。これを達成するためには、常にハートから熱としての愛、または冷気としての愛を体中に送ります。

＊喜び、明るさ、笑い、そしてあなたの存在が常に場に影響しているという意識をもって、以上のことすべてを行ってください（詳しくは「第11章　パート4　錬金術的行為とフィールドの編みこみの科学」を参照）。

## 〔第10章〕概要と恩恵

健康と幸福を獲得し、維持するためにすべてのレベルの栄養源を求めている人々のために、私たちは聖なる栄養プログラムのレベル1の段階的なプロセスを取り入れることをお勧めします。以下のプログラムの基本的な目的は食事を制限することではなく、あなたを聖なる栄養の経路につなげて、食事をする喜びを味わいながらも肉体的、感情的、精神的、霊的に満たすことです（このプログラムのレベル3にあたる物質的な食べ物の必要性を排除するためのステップは、「第11章　パート1　プラーナの栄養接続」の中で解説しています）。

以下のステップは、あなたの健康状態を向上させ、精神の明晰さを増し、睡眠の必要性やストレスのレベルを減らします。もしあなたがすべてのステップを取り入れれば、スタミナが増し、愛と幸福感が高められ、人生をずっと楽に乗り切れるようになるでしょう。以下のプログラムのそのほかの恩恵はすでに紹介した通り、超感覚力《クレアセンティエンス》、霊聴力《クレアオーディエンス》、透視能力《クレアボヤンス》などの増大した直覚的な能力です。

以下のプログラムにどれだけの時間を費やすかによって、あなたが受け取り、楽しむことができる恩恵が決まります。あなたがより健康的にリラックスして機能するようになると、このプログラムは代わりに多くの時間をあなたに与えてくれます。日々の生活であなたがより良く機能することを可能にしてくれるからです。

## ■聖なる栄養プログラムのレベル2の達成

① 静かに座って正直に考える時間をとってください。あなたは何に飢えていますか？　次にあなた自身に質問してください。自分自身と他人にとって良い方法でこれらの飢えを満たすために、私は何をしたらいいですか？　そして、リストを作ってそれぞれの飢えを実際に満たすためのゴールを設定してください。何をしたいのかが明確になるまで、私たちは明確な信号を送りだすことができません。また人生を正直に見つめることは、しばしば、私たちを取り巻く知的宇宙からの明確な答えも得ることができません。ゆえに私たちが変化を起こすための行動のきっかけとなります。

② あなたの基本的な健康、幸福、内なる平和のレベルを向上させるため、第6章のテクニック5で紹介した快適なライフスタイルのためのプログラムを応用して楽しみ、その一部としてポイント⑥を適用し、世界の資源の消費を減らし「少なく食べて長生きする」原理に基づいて寿命を延ばしてください。

③ あなたの領域に、より多くの愛を引きつけるため、快適なライフスタイルのためのプログラムの一部である愛の呼吸瞑想を毎朝、そして毎晩寝る前に5分から10分行ってください（第6章テクニック1）。

④ 第6章テクニック3を実習して、毎日5分間、あなたの身体の臓器に微笑みかけて、健康と全般的な幸福感を向上させ、マインドと肉体の意識の関係を強めてください。

⑤ 肉体を愛するためのツールを毎日使用して健康と幸福感を向上させてください。これは第6章テクニック4です。

⑥ 第6章テクニック8にあるように、太陽や自然のプラーナを楽しむ時間を過ごすことによって生じる栄養を発見してください。自然の中で静かな時間を過ごすこともまた、快適なライフスタイルのためのプログラムの一部です。第6章で紹介したスーリヤ・ヨガについて学んでください。あるいはこのヨガの形態について、ミカエル・アイバンホフの著書『*The Splendour of Tiphareth*（ティファレトの輝き）』を読み、より深く学んでください。

⑦ 快適なライフスタイルのためのプログラムの瞑想の一つであり、身体により多くの活力と気を引き寄せるための紫の光の瞑想を行い、毎朝、もしくは毎晩、純粋な紫の光が内なる領域からあふれだしてあなたの内なる組織を満たし、神々の食べ物の栄養を与えることをイメージしてください。この内なる光に浸る行為を毎日5分から10分行ってください（第6章テクニック10）。これはシャワーを浴びるときに行うと効果的です。

⑧ 第6章テクニック11の小周天のツールを実習してください。あなた自身の身体のエネルギーの流れを感じるまでは一人で実習し、次にセックスのパートナーとともに実習してください。神聖な性の科学を学び、愛し合う時間の質と量の両方でセックスの喜びをより大きくしてください。

⑨ 第7章テクニック16の「宇宙ケーブルの接続」瞑想の①、②、③を行ってください。これはあなたを内面のシータ−デルタ波の栄養の経路につなげます。これは一度だけ行えば十分な瞑想ですが、毎日シャワーを浴びるときにこの内なる流れが増大し、強まることを視覚化することが効果的です。すなわちシャワーを浴びながら、流れるお湯が癒しの紫の液体状の光であり、それがあなたの頭のてっぺんから流れて毛穴を通して浸透することを視覚化します。

⑩ あなたの生活環境を整理してより滋養に満ちた、必要な栄養を摂取できる環境を作ってください。たとえば、あなたが良質の会話に飢えているとしたら、テレビではなく家族との分かち合いや会話の時間に焦点を合わせてください。内なる平和や静けさに飢えているとしたら、日々の瞑想の時間に焦点を合わせてください。必要ならばテレビを見たり音楽を聴いたりするとき、ヘッドホンを使うよう家族に頼みます。もしあなたがより多くのエネルギーに飢えているとしたら、毎日エクササイズを行えるようにスケジュールを調整して、食事を新鮮な生の食べ物に切り替えてください。あるいはもしあなたが人生により多くの触覚を求めているとしたら、テレビを見ない夜、あるいは子供たちから自由になる夜を作り、パートナーとのより親密な時間を過ごしてください。あなたの家族の必要性も尊重しながら、創造力豊かにあなたの飢えを満たしてください。自分で自分を育む方法を学ばない限り、他人に育んでもらうことはできないということを覚えておいてください。

⑪ 心の構えの変化：たくさん楽しみ、たくさん笑い、踊り、歌い、遊ぶ決意をして、人生の良いところすべてに感謝してください。

## シータ−デルタ波の栄養摂取の恩恵とマドンナの周波数の特質

本書の序文と脳波パターンに関する予備的な考察の中で、私たちはシータ−デルタ場に同調したときに自動的にもたらされる恩恵のいくつかについて見てきました。これらの領域からの栄養摂取に成功するための要因は、（A）私たちのライフスタイル、（B）私たちの脳波パターンが定着している領域、であることも紹介しました。しかしながら「神々の食べ物」による栄養摂取に成功する能力は、私たちの、自分と他人を愛し、育む能力にも直接関係しています。私たちの人生に、この栄養が流れていることは、次のような特質によってわかります。これらの特質は、本質的に純粋な聖なる母の愛であるマドンナの周波数に浸ることによってもたらされる自然な副産物、または結果であると私は思います。この周波数は現在私たちの地球に不足しており、このゆえに私たちの貧困、争い、混沌のレベルが存在しています。

では、誰かがこのような純粋な栄養を受け取っているということが、どうやってわかるでしょうか？　それはその人が見せる善行によってわかります。

そのいくつかは以下の通りです。

A　マドンナの周波数の聖なる愛と知恵の経路に同調している人は、**聖なる輝き**を見せます。私はこれをデルタ場のダンスと呼びます。なぜならこの輝きのレベルが私たちの人生に喜びに満ちた恩寵《グレース》の波をもたらし、さらに私たちの脳波パターンがシータ－デルタ場に同調したときに自動的に引き寄せられる健康、幸福、平和、豊かさをもたらすからです。

B　マドンナの周波数の聖なる愛と知恵の経路に同調している人は、純粋なハートと聖なる意図によって動かされ、完全なるネットワークと聖なるサポートシステムに内面と外面の両方からアクセスできるようになります。

C　マドンナの周波数の聖なる愛と知恵の経路に同調している人は、ＤＯＷから**聖なるガイダンス**を受け取ります。私たちのＤＯＷは賢く、愛に満ち、腐敗することのない純粋な知性であり、常にすべてを気遣っています。現在多くの人々が、腐敗することのないネットワークを作り、活用するためにＤＯＷのガイダンスを受け取っています。最初の腐敗しないネットワークはＣＮＮ（*The Cosmic Nirvana Network*　宇宙的至福ネットワーク）です。このネットワークへはマインドのマスターと祈りを通してテレパシーによってのみアクセスすることができます。これは内面の「良いニュース」のネットワークで、個人的、世界的楽園の共同創造に力を与える情報を公開するために作られました。ＣＮＮへは私たちが第6感と第7感と松果体と下垂体を活性化することで、自然にアクセスできるようになります。

D　マドンナの周波数の聖なる愛と知恵の経路に同調している人は、平和の仕事をサポートするための**聖なる恩寵《グレース》**の流れを引き寄せます。また私たちは契約的な調整を実行します。内なる通信網（インナーネット）は世界間の橋渡しをするための主な通信源ですが、インターネットと**聖なる恩寵《グレース》の波**は、外的つながりのための主な通信源です。聖なる電気の一形態として、恩寵《グレース》の波はシータ-デルタ場に自動的に引き寄せられ、ときおりアルファ場を訪れることもあります。聖なる恩寵《グレース》の波は成功に満ちた生活のためのサポート構造をもつ光の輝きと音のリズムです。普遍的な法則と呼ばれる聖なるコードに導かれて、恩寵《グレース》の波はこれらの法則と磁力を通して機能します。

E　マドンナの周波数の聖なる愛と知恵の経路に同調している人は、**聖なる富と豊かさ**へのアクセスが可能です。これには宇宙の富の銀行（シータ-デルタ場の恩寵《グレース》の波の中に存在している人々に扉が開かれた内面のエーテルの銀行）へのアクセスと活用が含まれます。この銀行は周波数が合う人々に、愛、健康、富、情熱、目的を豊富にダウンロードすることができます。調和のとれた世界の進歩のために誠実に働く人々、あるいはすべての人に良いことのために自分の人生を生きる人々は、誰でも、これを行うために必要な完璧な資源にアクセスすることができます。ハートの純粋さと意図がこの宇宙の安全への鍵となります。

F　マドンナの周波数の聖なる愛と知恵の経路に同調している人は、私たちの神聖な援助のラインであるCNから**聖なる伝達**を受け取ります。チャネリング、聖なるダウンロードの受信、自動書記、透視能力、霊聴力、超感覚力などは、マドンナの周波数の一般的で自然な副産物です。聖なる階層との相互作用や神聖な援助を受け取ることもまた、この領域では一般的です。マドンナの聖なる愛からすべてが生まれるからです。すべての生命、すべての領域がマドンナのエネルギー場のおかげで存在しています。

G　マドンナの周波数の聖なる愛と知恵の経路に同調している人は、**聖なる啓示**を受け取り、これにより大きな自己を完全に超えた全体像に集中するようになります。マドンナの周波数のエネルギー場から放出される聖なる啓示は、無私の奉仕を促します。

H　マドンナの周波数の聖なる愛と知恵の経路に同調している人は、自動的に慈悲深く、利他的になり、寛大で、他人の幸福をより考慮するようになります。マドンナの周波数で私たちの生命組織が満たされると、私たちの内面から育み、育まれたいという欲求が出てきます。またそれは、私たちを同じように焦点を合わせた存在の領域へと引きつけて、そのグループがより強力になり、より効果的に育まれることを可能にします。マドンナの周波数は相互に有益な関係を刺激し、サポートします。

I　マドンナの周波数の聖なる愛と知恵の経路に同調している人は、**聖なる共同創造**に携わるようになります。マドンナの周波数は、すべての人に勝利をもたらす計画（私の幸福、私たちの幸福、地球の幸福の現実）を探求している人々に、調和のとれた解決策と**完璧な解答**を提供します。この解決策は真の文明社会の創造を助けます。そこでのモットーは、「**すべてを愛し、すべてを尊重し、すべてを尊敬する**」です（すべての世界の平和的な共存を常に奨励していた「アッシジの聖フランシスの覚書」より）。聖フランシスのモットーであった「PAX ET BONUM」とは古い挨拶の言葉で「平和とすべての幸運を」という意味です。

J　マドンナの周波数の聖なる愛と知恵の経路に同調している人は、**聖なるコミュニケーション**が可能になり、それゆえに異なる世界間の橋渡しをする方法を理解します。彼らは宗教と科学、形而上学と量子力学、西洋と東洋、タントラとヨガ、聖なる数学と聖なるサイン、あるいは一般的な医学と代替的なセラピーといったより伝統的な分野などの、異なる世界間の橋渡しをするホリスティックな教育の側面で世界に影響を及ぼすことに集中し、訓練されます。また彼らは、持続可能な環境や持続可能な資源の分野、代替の持続可能なエネルギー・システムや新しい金融システムの分野、そして人々に有益なサービスを提供するあらゆる分野に携わります。真の聖なるコミュニケーションは、すべてにとって良いことのために共同創造するよう、私たちを常に導きます。それには聖なる愛と知恵のマドンナの周波数が本質的にたっぷりと染みこんでいるからです。

K　マドンナの周波数の聖なる愛と知恵の経路に同調している人は、**聖なる顕現**の力を理解します。**聖なる顕現**を理解する助けになるのは、次元バイオフィールド技術の基本的な構造の理解です。時間の拡大、新たな一瞬ごとの重要性、そして時間の超越は、すべて次元バイオフィールドの調整ツールです。

L　マドンナの周波数の聖なる愛と知恵の経路に同調している人は、**聖なる至福**を経験します。マドンナの周波数場に浸ることで、私たちの生命組織に喜びと光と理解が満ちあふれ、それは純粋なエンドルフィンの高揚としか言えないような体験です。至福、涅槃、三昧《サマディ》、WOWの要素などは至福の別の呼び方です。ある人は、この旅と現実を**悟り**のエクスタシーと呼びます。私たちの聖なる悟りに達した内なる本質（DOW）を招き入れ、「すべてのレベルで私たちを愛し、導き、癒し、育む」ことを可能にし、その聖なる意志と、この上なく賢く愛に満ちた影響力にゆだねることは、現在の私たちにできるもっとも賢明な行為です。私たちのDOWは、60億以上のすべての人々が共通してもっている、唯一の腐敗しないものだからです。「DOW＝内なる神」を忘れないでいてください。神はすべての創造物に命を与えた純粋なエネルギー源から脈動する全知全能、愛に満ち、賢明で偏在する知性の領域です。DOWは、私たちの計画を理解しています。そして、私たちを形をもった神であり、すでに悟りに達しているにもかかわらず、それらしくふるまうことを忘れている存在として扱います。マドンナの周波数は「求めることで、受け取る」という聖なる交換の原理を、人々が理解することを可能にします。

M　マドンナの周波数の聖なる愛と知恵の経路に同調している人は、純粋なシータ－デルタ場の愛である**聖なる栄養**を受け取ります。何度も繰り返しているように、私たちがアクセスできるもっとも純粋な栄養の形態は聖なる愛です。聖なる愛こそがすべての創造の接着剤であり、分子を生かし、原子を拡大し、細胞と魂に十分な栄養を与えるからです。聖なる栄養は完璧な肉体的、感情的、精神的、霊的栄養を提供します。

感情的、精神的、霊的健康状態を作りだすための方法は、このほかの教育マニュアルの中でも紹介していますので、「神々の食べ物」の聖なる栄養の側面に焦点を合わせて先に進みましょう。これは興味をもった人々に、健康で幸福になるための栄養を受け取るだけでなく（レベル1）、実際にこの聖なる栄養の流れが私たちを物質的な食べ物の地球資源への依存から解放することを可能にするための（レベル3）、非常に簡単なシステムを紹介するためのものです。これからこの成功を確実にする簡単で段階的なプログラムを紹介します。

もしも私たちが、『聖なる栄養―リヴィング・オン・ライト・シリーズ』の中で提案していることが正しいと証明された場合、このような生き方が未来の私たちの世界に与える影響を想像してみてください。そしてこれを証明するための最善の方法は、この生き方を適用して実例となることです。ですからこれを行う準備ができている人は、先に進みましょう。

＊

次の章は「聖なる栄養とプラーナの栄養摂取の特別な領域―レベル3」に関するものです。

**新たなレシピ：**これが自分の道であるという人々、あるいはそうかもしれないと思う人々のために

専門用語：プラーナの栄養摂取者、ライトイーター、聖なる栄養の専門家

聖なる愛と光のマドンナの周波数場にアクセスできる人は、生命組織を通してこのエネルギーを十分にダウンロードして健康を維持することができ、ゆえに物質的な食べ物やビタミンなどのサプリメントを摂取する必要がなくなります。

プラーナだけで6ヵ月間、あるいはそれ以上生きることに成功している人々の調査報告：

＊88％の人々が物質的な食べ物を手放す5年以上前から菜食主義者であり、そのうちの18％が果食主義者であった。
＊98％の人々が長年の瞑想者であった（5年〜20年以上）。
＊60％の人々が意識的な奉仕に人生を捧げ、そのような生活を送っていた。
＊98％の人々が日常的に祈りを捧げていた。
＊66％の人々が解毒プログラムや推奨されるライフスタイルを通して、時間をかけてゆっくりと身体の準備をした。
＊63％の人々が強力なマインド・マスタリーの実習に携わった。
＊83％の人々が自らの現実を自らが創りだしていることを認識していた。
＊58％の人々が食べ物を二度と口にしたくないからではなく、選択の自由をもつためだけにこの道に進んだ。

# 〈第11章〉パート1
# プラーナの栄養接続――レベル3―段階的に

この章ではレベル3の栄養の源について述べたいと思います。これらの段階は、私たちが物質的な食べ物の必要性から自由になるために、十分なプラーナにアクセスする上で必要なものです。

## ■内　観

食事を摂らない生命組織内をプラーナが流れるとき、一つひとつの細胞内のフィラメントが振動し、組織内を流れるシータ-デルタ場から必要な栄養を吸収することで反応します。もしもシータ-デルタの混合が弱すぎて、生命組織がアルファ-ベータにより同調している場合は、十分な栄養を摂取することができません。また、もしも生命組織が純粋にベータ波とともに機能している場合は、物質的な食べ物の栄養を摂らないと、肉体が飢餓と断食のモードに入ってしまいます。

物質的な食べ物が肉体の生命組織に摂り入れられるとき、細胞は異物に対する自然な化学反応としてねじれ、歪み始めます。果物や生の食べ物などのように、食べ物の周波数がより純粋であればあるほど、細胞のねじれと歪みは少なくなります。これが身体の反応を第6感と第7感を使ってみることによってもたらされる内なる世界観であり、科学的、医学的検証が必要な観点です。このような検証は内なる領域を調査し、シータ-デルタ波に同調している人のみに行えることです。

ヨガのプラーナの栄養摂取の歴史と私自身の過去10年間については、ここにたどり着くまでの道のりとして、私のほかの著書の中で紹介されていますので、ここでは代わりにレベル3の栄養を獲得し、維持するための基本的段階について見てみましょう。これらのステップは順番通りに行われる必要はなく、それぞれのステップは念入りに作り上げられたものです。また、次に推奨することは第10章で説明した段階的プロセスに似ていますが、重要な違いもいくつかあります。

## 聖なる栄養プログラム――レベル3の栄養の達成

### 段階的に…

① あなたのコードを見つけて、適切な再プログラミングを行ってください。

② 『*Four Body Fitness : Biofields and Bliss*（四つの体のフィットネス：バイオフィールドと至福）』で紹介し、第6章でも簡単に触れた快適なライフスタイルのためのプログラムの8ポイントの計画を採用することにより、シータ－デルタ場に同調するための生命組織の準備を始めてください。次にあげる③、⑦、⑧、⑨と同時に行ってください。

③ 断食、結腸洗浄、食事の変更などのような特別な解毒プログラムを通して身体を整えてください。

④ パート1：あなたのDOW、内なる神を知り、あなたの生命組織のマスターコンピューター制御者としてのその役割を理解してください。DOWの声を聞くことであなたの直感を信頼することを学び、あなたの人生におけるDOWのガイダンスのポジティブな証拠を探してください。内なるヨギや、シャーマンを目覚めさせるためのツール――すでに述べた8ポイントのライフスタイルのような――を利用してください。超常的な能力が現れるとき、それらを試し、その上で信頼することを学んでください。あなたの内なる神の力を理解し、それにゆだねてください。この「私

たちのＤＯＷを知ること」には、私たちがすべての瞬間において真のマスターらしく完全にふるまうことを約束することが必要とされます。あなた自身が光り輝く実例になってください。

④ パート2：細胞の鼓動に対応します。それには、より多くのＤＯＷの力を扱うために細胞を準備することが含まれます。

⑤ 第7章テクニック16——宇宙ケーブルの接続瞑想を行ってください。

⑥ 第6章テクニック14——この章と第6章で述べた松果体と下垂体の再プログラミングと活性化の瞑想——を行ってください。

⑦ 第6章のテクニック8と「紫の光の1本のチャクラ支柱瞑想」を行い、内面のプラーナの流れを開いてください。

⑧ 第6章テクニック10にある「完璧な健康、完璧なバランス、完璧な体重、完璧なイメージ」のプログラミング・コードを毎日使い始めてください。

⑨ 第6章テクニック6にある1日3食から2食、2食から1食に減らすプログラムを開始してください。時間をかけてゆっくりと食べる量を減らし、あなたの体重が安定するまでこのプログラミング・コードを継続してください。第6章テクニック7のように肉食から菜食、完全菜食、または菜食から完全菜食、生の食べ物の食事へと移行するプログラムを開始してください。

⑩ この旅の間、あなたを支えてくれる協力的な家庭環境を作ってください。

⑪ このテーマについて、できる限りの書籍を読み、調査をして十分な情報を得てください。

⑫ この世界で自らを育むエネルギーだけを吸収する能力を開発する必要がある人々は、この章で詳しく紹介する生命保護装置を利用してください。

⑬ たとえば3年以内に純粋にプラーナの光だけで生きるというような、十分な時間をかけた、2年から3年あるいは5年後を目標とする、肉体的、社会的準備計画を立ててください。

⑭ もしもこの選択を公にすることが、あなたの青写真の中にあるならば、「信頼できる報告」のガイドラインを読み、適用してください。

⑮ あなたの将来の目標と、このライフスタイルを選択した理由について、ゆっくりと家族や友人に知らせてください。

このことについて、適切な状況下でのみ、話をすることを学んでください。家族や友人はあなたを愛し、心配しています。あなたの選択が、あなたにとって良いことであると理解でき、あなたが健康で幸福であることがわかれば彼らは喜びます。ですからあなたの細胞と体重をゆっくりと時間をかけて制御する方法を学ぶことが重要です。

⑯　この章のパート4を参照。自分の個人的バイオフィールドだけでなく、社会的バイオフィールドや地球的バイオフィールドをより深く育みたいと願う人々は、意識的なフィールドの編みなおしと刷りこみの技法を学んでください。また、吸収よりも放射の計画を実施してください。

**以上のステップの多くは第10章ですでに紹介されているものですが、それらの重要性に関するより大きな洞察を提供し、より詳しい瞑想法やプログラミング・コードを実用的に提供するために説明が必要な点がいくつかあります。**

## 聖なる栄養プログラム――テクニック20　あなたのコードを見つける

### ステップ1　詳細とエクササイズ：あなたのコードを見つける

この時点での旅の最初のステップは、今、あなたがこの旅を切り開くようにコード化された人物の一人であるかどうかをまず知ることです。プラーナの栄養の道に引き寄せられた人々と、10年間直接対話してきた結果、私はいくつか興味深いことを発見しました。まず、私のこのシリーズの最初の本を読んだ後、彼らの中の何人かが「これは私のためのものだ」と思ったそうです。または、どこか深い直感的知性が「いつかこれを行うだろう」と言ったそうです。またある人々は、「すごい、これはすばらしい」と言い、また別の人々の反応は「これが可能だといつも思っていた」というものでした。このような反応を示す人々は、常に変化を導く開拓者グループとして、このようなことに携わるよう、あらかじめコード化された人々なのかもしれません。

私たちがコード化されているかどうかは、以下のステップを通して知ることができます。

＊静かに座り、愛の呼吸瞑想（第6章テクニック1）を行い、続けて古代ヴェーダの呼吸法（テクニック2）を使って集中してください。

＊内面の宇宙ケーブルの接続を確認し、第6章テクニック12と第7章テクニック16の瞑想にあるように、あなたの組織に紫の光の放射がダウンロードされるのをイメージしてください。

＊いったん集中し、呼吸のパターンの奥に愛と静けさを感じたら、あなたが、あなた自身の内なる領域の王、または女王であるとイメージし、あなたとあなたのDOWは一つであり、あなたの細胞の内なる空間を分かち合い、多くの異なる側面と表現様式をもつ存在であることをイメージしてください。

＊あなたの存在のあらゆる側面が耳を傾け、意識していることをイメージしてください。

＊「私は今こそ、私の肉体の意識、聖なる意識、DOWにたずねます。今生において、純粋に光だけで生きることが私の青写真にありますか？」と訊いてください。そして、「イエス」または「ノー」の答えを待ちます。

＊答えが明確な「ノー」であれば、身体に感謝し、瞑想を続け、リラックスして物質的食べ物を食べる喜びを味わってください。しかし優しさと思いやりの経路に最大限に同調するためには食事は軽く、新鮮なものにし、菜食にすることをお勧めします。

＊答えが「イエス」であれば次のように訊いてください。「1年以内にこれを行うことが、私の青写真にありますか？」

＊この時間枠に対する答えが「ノー」ならば、「5年以内に、これを行うことが私の青写真にありますか？」と質問してください。

＊時間枠がわかるまで確認し続けてください。これは、あなたの生命組織の準備と目標設定に役立ちます。あらかじめコード化されている移行時間がいったん確定したら、次のことを行う必要があります。

＊あなたの内なる神に集中して、信念と誠意をもって次のように言ってください。「私は今こそ、私の内なる神と肉体

の意識に、健康な自己再生システムを維持するために必要なビタミン、ミネラル、栄養素のすべてを提供する許可を与えます。私はこれらが愛と光の聖なる栄養の経路からの純粋なプラーナとして吸収されることを求めます」

＊次に、内面であなたの目の前にあなたの肉体の意識、感情体の意識、メンタル体の意識が立っているところをイメージしてください。神らしくふるまってこれらの三つの体に確固とした指令をだし、「私は今こそ、私の肉体の意識、感情体の意識、メンタル体の意識の全集中を呼びかけます」と言ってください。三つの意識が集中し、敬意を表してあなたの明確な指令を待っているのをイメージしてください。

＊そして次のように言ってください。「今この瞬間から、私が喜びと恩寵《グレース》と安心とともにプラーナの栄養摂取へ移行するのを助けるために、私の存在のすべての側面を統合するように指示します。また、今こそ私の聖なる存在を完全に現すために完璧に調和することを求めます。私は形をもった神であり、今こそ地上に楽園をもたらすための聖なる青写真を支えているからです」

＊以上のプログラムは改めて説明するまでもありませんが、過去生からのどのような内なる破壊プログラムも自然に除去することを可能にします。特に「完璧な健康、完璧なバランス、完璧な体重、完璧なイメージ」プログラムの日常的な使用によって強化されたときに非常に効果的になります。

＊以上のことが、まるで自然に起きていることであるかのようにふるまい、責任をもってあなたの生命組織の準備を開始し、追加のステップを応用して食べ物への依存も減らしていってください。

## ■一般的な聖なる栄養のプラーナの栄養摂取の心の構えとプログラミング・コードの追加

聖なる栄養プログラムにおいて、私たちがプラーナだけで栄養を摂ることに成功するために取り組まなければならないもっとも難しい点は、私たちの日々の思考プロセス、そして思考が私たちの肉体と人生に絶えずプログラミングしている方法についてです。

一生の間に私たちは、限定的で明らかなプログラミングや隠されたプログラミング、社会的な条件づけ、形而上学的な経験と一致しない矛盾した限られた研究結果などを吸収し、影響を受けてきました。それゆえにプラーナの栄養摂取に移行するためには、脳の神経回路の再プログラミングを行う必要があります。私たちはこれを、毎回食事を摂るときに意見を表明することから始められます。

たとえば、「私は必要だからではなく、食べることが好きだから食べる」という心の構えは、私たちが取り入れて、常に保持するべきものです。また私たちは「私が健康的な自己再生システムを維持するために必要なすべての栄養素、ビタミン、ミネラルはプラーナ、聖なる愛の経路からシータ-デルタ場を通して発生する」という態度と信念を採用する必要があります。これが物質を超越するマインドの現実の基本です。

**ステップ2　聖なる栄養にアクセスするライフスタイルを送るための詳細（第6章テクニック5参照）**

**肉体的、感情的、精神的、霊的健康状態を可能にする日々のライフスタイルを通して、聖なる栄養の経路に同調します。**

聖なる栄養の経路にアクセスする能力は、「いい加減」な問題ではないということを、十分に強調しておかなければなりません。私たちの研究マニュアルの多くを通して論じられているように、すべては周波数の適合の問題です。レベル3の栄養のためにこの代替的な栄養の経路に同調する能力は、私たちのライフスタイルの変化を通した徹底的な準備を必要とし、私たちの研究では第6章テクニック5で紹介した8ポイントの快適なライフスタイルのためのプログラムの適用も必要であることがわかっています。

瞑想、祈り、食事療法、エクササイズの有効性はよく研究されていますが、聖なる栄養のプログラム――身体に必要なビタミンやミネラルのすべてを提供する――の成功は、私たちの身体、信念、習慣的な思考のプロセスのプログラミングのやりなおしとプログラミングの削除に大いに左右されます。心の構えと反復性のある思考パターンは、神々の食べ物へのアクセスに成功するために非常に重要です。

また、これら八つのポイントの組み合わせが、私たちの周波数をすべてのレベルで満たされるのに十分なものに変えるということにも注意することが大切です。

私はあるとき、私たちが推奨するライフスタイルを取り入れずに純粋にプラーナだけで生きている珍しい人物に出会いました。周波数とは、基本的に私たちが生まれ変わるたびに築き上げ、維持していくもので、その人は明らかに前世からの周波数を維持していました。

菜食主義を推奨することで、私は大きな反論を受けますが、私たちが適合しなければならない周波数では、私たちの場が優しさと慈愛の経路に同調し、私たちのハートが純粋でなければなりません。

このライフスタイルのすべてのポイントが私たちの場の調整にある特色を提供し、私たちの最大の可能性が探求され、尊重される必要があります。それらが一つになって私たちのＤＯＷの力がより多く表現されることが可能になり、私たちの超常的な能力が刺激され、成長します。また私たちが、肉体的、感情的、精神的、霊的健康状態のレベルを向上させることが可能になります。

> 瞑想＋祈り＋プログラミング＋菜食主義＋エクササイズ＋奉仕＋自然の中での静かな時間＋祈りの歌、マントラ＝聖なる栄養の経路へのアクセス

すべてのレベルにおける健康状態の創造について、太陽の栄養摂取研究の第一人者であるシャー博士は、私に次のことを紹介してくれました。シャー博士はヨギであり、インドで評判の高い開業医ですので、私はここにこれを加えることにしました（彼の経歴は、私たちの研究セクションで紹介しています）。また、純粋にプラーナ

だけで生きることを真剣に考えている人々にとって、すべてのレベルで健康状態を作りだすために必要な段階を踏むことが、いかに重要であるかを強調するために以下の情報を加えました。私たちがより健康であればあるほど、移行の旅はより楽になります。

■肉体的健康

単純なレベルにおいて、肉体的健康とは病気や不快のない状態、身体のすべての器官が最善の状態で機能していることを意味します。この状態で人は活力と熱意を感じ、あらゆる仕事をこなし、義務をよく果たす能力や十分な時間をもち、人生の目標が達成され、肉体的健康のレベルが精神的、霊的健康を得るためのツールになります。

何かがうまくいかないとき、人は病気、不安、不快感をもちます。生命組織の機能が低下し、肉体的な作用に不調和が生じ、活力の欠乏や疲労感を感じるかもしれません。小さな問題から深刻な合併症まで様々な症状が現れ、死にいたることさえあります。

なぜ肉体的な病気は生まれるのでしょうか？　科学は病気の原因となる様々な要因の相互作用を仮定してきました。主に表現型、遺伝子型、環境的な要因や個人の精神状態が、その人の健康と病気の状態を左右します。表現型とは肉体的性質または病気に対するその人の傾向を意味します。体重、習慣、栄養状態、日常の習慣的行為、エクササイズの計画、睡眠パターンなどは表現型に属して論じられ、これは食習慣、エクササイズ、ライフスタイルの変化によって改めることができます（たとえば快適なライフスタイルのためのプログラムは、習慣を変えることによって私たちの表現型を変更します）。

遺伝子型とは、遺伝子を通して受け継がれるものすべて、遺伝的病気の可能性、すなわち特定の両親から生まれることによる病気のかかりやすさを意味します。これは変えることのできない要素ですが、病気の出現は私たちのライフスタイル、精神状態、環境的要因によって様々です。

また、遺伝子工学、クローン技術などの有効性によって、遺伝的病気の多くが変化し、近い将来予防可能、管理可能、あるいは治癒可能にさえなるかもしれません。しかしそれでもなお、遺伝的要因は病気の発生において非常に重要です。

同様に、環境的な要因も病気をもたらします。簡単に言うと、人口過密の場所または汚染された地域に住む人々は、より高い可能性で感染症や誤った栄養に関連する病気にかかります。環境的要因は遺伝的な病気の症状も緩和することができます。たとえば天候の変化や湿った場所から乾燥した場所へと移ることで、遺伝的な傾向がある人でさえも喘息を改善することができます。

科学は現在、精神状態、心の構え、そして人格が健康の獲得や病気の発生に著しく影響することを受け入れ、認めています。

これ以外にもいくつか未知なる原因があり、科学ではいまだ解明されていません。たとえば信念システムの役割、祝福と呪いの役割、瞑想やヨガの効果などはまだ正確に理解されていませんが、私たちはこれらも病気の発生に影響するのではないかと考えています。

おおまかに言うと、病気の予防や治療において変更可能な要因は、良いライフスタイル、栄養豊富な食べ物、ストレスのない精神、肉体的エクササイズ、呼吸コントロール、健康的な環境です。

肉体的不健康を解消するためにはいくつかの方法があります。科学は現代医学（逆症療法として知られる）を提供しますが、同じように有名なアーユルヴェーダ、ホメオパシー、中国医学、鍼《はり》、アロマテラピー、ユーナニ医学などの療法もあります。自然療法とは自然の中での治療であり、薬は使用しません。ホリスティックな視点からみると、これらすべての療法は、すばらしいものではありますが、どれ一つとして完全な答えにはなりません。病気の発生には複雑な要因がありますので、問題の答えもまた多様であるべきです。一人ひとりの人間は異なり、一人ひとりが異なるプラクリティ（性質）をもち、一人ひとりが異なる遺伝子コードをもっています。そのためこれらの個人的要素も考慮する必要があります。ですから療法に関する解説を一般化することはできません。多くの場合二つ以上の推奨されるシステムを取り入れることが賢明です。しかしながら、どの病気のために、どの療法が安全に効果的に組み合わせられるべきかという科学的なガイドラインはまだありません。さらに、治療を受けて薬を飲むだけで病気にかからずにすむわけではないということを、再び強調しておかなければなりません。まず、健康的なライフスタイルを送り、栄養豊富な食事を摂り、エクササイズを行い、精神的ストレスを和らげようと試みる必要があるのです。いったん回復してしまえば、このような行為は健康維持のためにも役立ちます。

シャー博士は**精神的、感情的健康**について、次のように言っています。

「チベットのマスター（アリス・ベイリーの師）は、近い将来私たちが異なる男女の種族になると予言しました。そのとき私たちは精神的エネルギー、磁気エネルギー、霊的な力で機能するようになり、外科用のメスや化学薬品が必要ではなくなるそうです。

この時は近づいていると思います。この方向への活動がすでに始まっており、あらゆる宗教の人々、様々な霊的訓練を行う人々、そしてバイオフィールド技術者（ジャスムヒーン自身も含む）などの人々が、人類の精神的、感情的健康を向上させる方法に取り組み、霊的健康を得る方法を分かち合っています。

ある人々にとって精神的プロセスと感情的プロセスは分離していますが、拡大された健康の模範的視点からみると、両方を分離するのは困難です。ですから私たちが健康について話すとき、精神的な健康と感情的な健康の両方について述べます。

マインドとは目に見えない器官であり、私たちの思考、知覚、感情、欲望、本能、行動などの原因であると言われています。脳のある特定の部分としてのマインドの解剖学的な表現はありませんが、直観的論理によると、マインドは脳の中にあり、『脳全体がマインドである』と考えている人々もいます。実際には一つひとつの細胞が、それぞれ独自の思考をもち、独自の本能と行動をもっていますので、実はそれぞれがマインドをもっていると言えるのです。もし解剖学的でない視点からみれば、それは体中で機能している連続的な電磁気と化学的なプロセスとしてとらえることができます。そしておそらく脳内の視床下部、松果体、辺縁系、自律神経系そのほかの内分泌系組織のレベルに、重要な指令基地があると思われます。

宇宙のマインドの理論からすると、私たちが考えるとき、私たちのマインド、個々のマインドは、個人的な修正や適応が加えられた宇宙のマインドの連続にほかならないということになります。

その人の精神的な強さ、自我、知性、規律に従って、マインドは一つひとつの刺激に対する反応を与えます。肉体的、社会的、環境的、生態学的、霊的、感情的刺激などです。マインドはまず知覚をとらえ、次に感情的信号をだし、同時に考え、そして受容または返報のプロセスを始めます。ヨガの表現では、これは純粋にラーガの表面的レベルの幸福として感じられ、微細なレベルではドーシャとして感じられます。さらなる行為や反応が必要ならば、肉体的システムが活性化されます。たとえば、私たちの態度に反映される怒りの表れです。私たちの精神的健康が肉体的健康に及ぼす影響のほうがより大きいですが、肉体的健康もまた、精神的健康に影響します。
反応と刺激以外にも、マインドは思考や行動などのように、自動的で連続する独自の機能をもっています。明らかな外的刺激を受けなくても思考は生まれ、完全に消えてしまうか、または私たちの行動を変化させます。ヨギたちは『自我―存在の感覚』そのものが、これらの思考の原因であると言っています。高い洞察力をもつヨギたちは、自我を消滅させることが可能で、その結果、永遠の至福――幸福も不幸もラーガもドーシャもない――と霊的健康のみがある、思考のない状態へと入ります。

しかしながら『ヨギではない』人々にとって、精神的、感情的健康とは単に連続する平和と幸福を意味するかもしれません。

このために必要とされる副次的な状態は何なのでしょうか？　私の意見では、私たちはおそらくこれを、①精神的健康、②ポジティブで創造的な態度、③自我の昇華、④『最高の知性』への集中によって達成することができます」

この詳細は次の通りです。

① 私たちは「種をまいた通りに収穫できる」ということを知っています。もしもある人の精神的健康、または精神的な強さが不十分であれば、人々や自然が、彼または彼女に良い行いを返してくれることは期待できず、そのため平和や幸福が獲得できません。精神的な強さというのは、真実、正直さ、非暴力、さらには禁欲（あるいは、結婚しているのならば貞節）などのような、基本的な美徳を意味します。

ジャイナ教で言われているように、これらの美徳は三つのレベル、すなわち思考、話すこと、行為のすべてに反映されなければなりません。

② 心の構えが個人、宗教的な共同社会、機関、家または家族の進歩を決定します。ですからこのことの重要性は強調しすぎるということがありません。一般的に、人には常に他人の視点を考慮する平静さと慈愛のある感情的な姿勢が必要です。正直さと几帳面な優しさが完全に発達し表現されるとき、ごく普通の人を聖人、または賢人へと変えます。理想的には「自分がしてほしいと思うことを、他人に対して行う」原理に従って、どのようなレベルにおいても誰も傷つけない方法で行動することができます。

理想的に私たちは、自分自身のマインドの表面に浮かび上がる一つひとつの思考、感情、本能を観察できます。これらを意識的に観察できるときに、私たちの否定的な側面が自動的に消え、マインドと思考の統御力によって、健全でポジティブな思考と感情のみが広がります。最終的に私たちは愛着、好み、嫌悪、反感を超えることができます。調和のとれた人は超然とした態度でふるまい、考え、動き回るからです。ですからこれらは精神的、感情的健康の良い徴候とサインのいくつかです。

これを達成するためには、定期的な瞑想、自己抑制力、敬虔な心と満足したマインドを通して不変の意識を開発しなければなりません。これらすべてが精神的健康を支えます。

思考と言葉には相対性の原理を適用することができ、それには真実には多くの側面があるということをふまえて、物事を異なる角度から見つめることが含まれます。ある人の視点は絶対的な真実ではなく、単にその人から見た事実にすぎません。それは究極の真実とは異なります。一般人にとって、本物の完全な真実の知覚を得ることは困難ですが、この知識はあらゆる人の態度を変えるために必要です。

**霊的健康**について、シャー博士は次のように加えています。

「真の霊性とは、聖なる自己（魂）について絶えず認識することである、ということを理解しなければなりません。これはほんの1秒間でさえ聖なる自己を認識しない瞬間はなく、肉体に対する愛着を手放すことを意味します。自分自身を魂ではなく肉体の存在であるとみなすことが、私たちの大きな問題のすべての原因だからです。預言書には『魂を知るものは、すべてを知る』とあります。もしもある人が肉体と魂を別々に確認するならば、その人は不変の静穏へと入ります。

瞑想、自己修養、そして常に霊的な知識に接する（読み、聞き、考え、分析する）ことで、私たちは次第にサマディをほんの束の間味わうことができる、純粋な霊的領域に入り、最終的にはサマディの状態に永遠にいることができるようになります。ヨギたちはこれを霊的達成の最終段階と呼びますが、それは経験の問題であるため、簡単に説明できるものではありません。

霊的健康の基質は、聖なる愛です。

もしもすべての人が心から肉体的、精神的、感情的、霊的健康を得ようと試み、彼または彼女の目標を明確にするならば、そのときはこの地球に天国がおとずれるでしょう。そこには完全な平和、完璧な健康、純粋な幸福があり、聖なる愛がいたるところに普及しています」

**ステップ3　断食と結腸洗浄の詳細**

私たちの生命組織を賢明に準備することは、プラーナの栄養への移行を喜びと安心と恩寵《グレース》に満ちたものにしたい人々にとって絶対に必要なことです。

若返りセンターのガブリエル・カズンズは次のように書いています。

「霊的断食とは、霊的な生活の霊薬です。私は自己ヒーリングのツールとしての霊的断食のすばらしい癒しの力によって、常に影響を受けています。霊的断食は、身体とマインドを浄化し、魂に栄養を与え、私たちの肉体が通常の生化学的エネルギー源から聖なる宇宙エネルギーをよりよく引きだすことを可能にします。最終結果としては、クンダリーニの力に精神的意味を与えることを含め、身体のエネルギーのすべてのレベルを向上させます。

現代社会の中で、自我を和らげる一つの方法として誰もが食べ物としっかりと結びついているとき、そして私たちが本当の感情を抑えているとき、断食という考えは恐怖感を生みだします。ほとんどの人は、断食を行うのがいかに簡単であるかを知りません。私たちの標準的な1週間のジュース断食で、ほぼ全員がその簡単さに驚きます。最初の数日で食欲が消え、食べ物への感情的、肉体的愛着を減少させます。マインドは神聖さと交流する高次の状態をより自由に体験するようになり、そのような成功が彼らに自由と自信の新たなレベルをもたらします。食べ物への中毒から自由になることは、すばらしい自由と喜びです」

肉やそのほかの有毒物質は消化されずに私たちの腸内にとどまり、20年近くかけてゆっくりと腐敗しますので、私は聖なる栄養と神々の食べ物を受け取るための基本的な準備として、腸内洗浄の期間の後に断食をすることをお勧めします。

これについてのさらなる詳細は、あなた自身が深く調査を行い、ウォーカー博士の著書『*Raw Foods*（生の食べ物）』も読んでください。

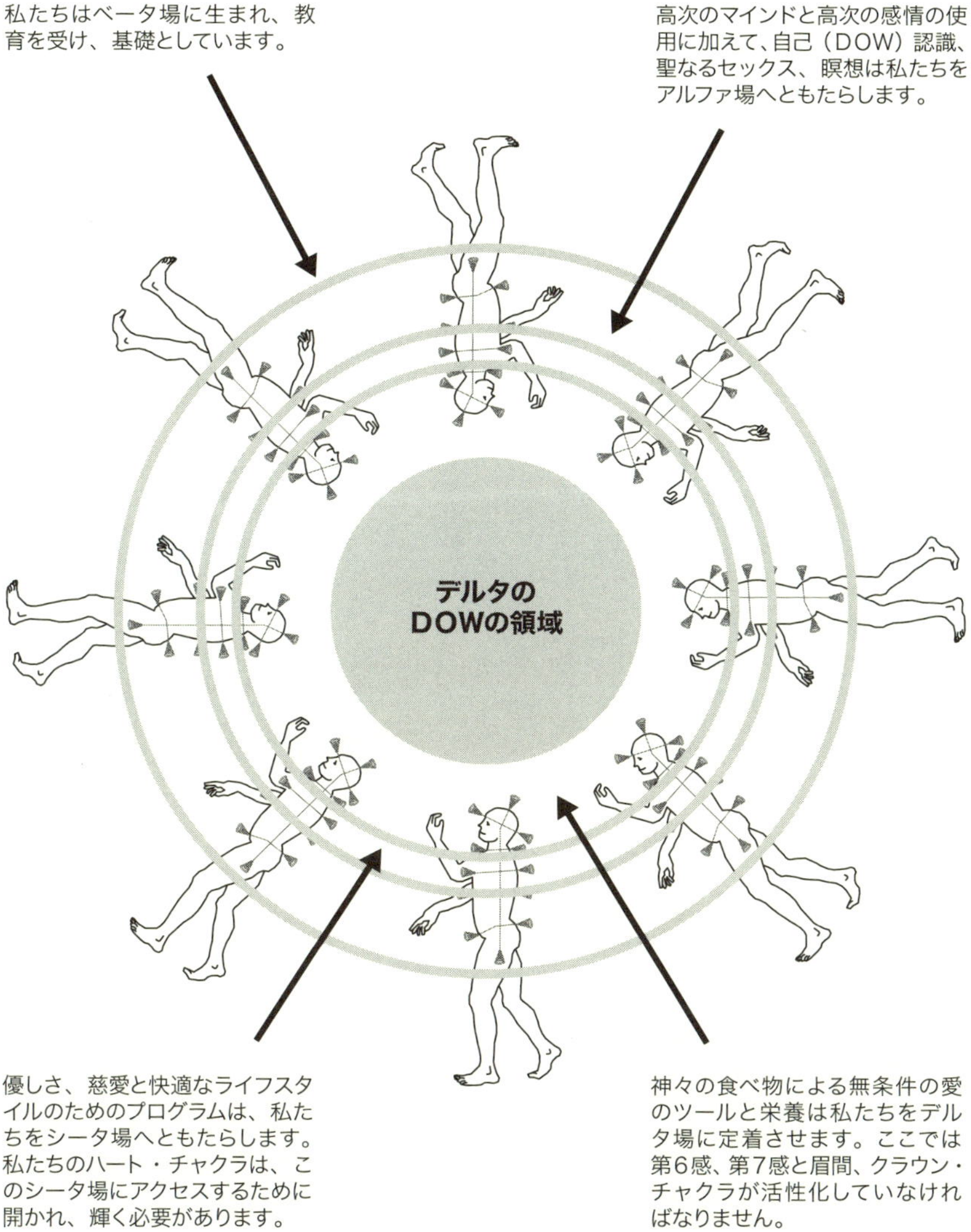
私たちはベータ場に生まれ、教育を受け、基礎としています。

高次のマインドと高次の感情の使用に加えて、自己（DOW）認識、聖なるセックス、瞑想は私たちをアルファ場へともたらします。

デルタのDOWの領域
優しさ、慈愛と快適なライフスタイルのためのプログラムは、私たちをシータ場へともたらします。私たちのハート・チャクラは、このシータ場にアクセスするために開かれ、輝く必要があります。

神々の食べ物による無条件の愛のツールと栄養は私たちをデルタ場に定着させます。ここでは第6感、第7感と眉間、クラウン・チャクラが活性化していなければなりません。

**図 14**
**ベータ、アルファ、シータ、デルタ場の**
**グリッド・ポイントとしての私たちのチャクラ**

## 聖なる栄養プログラム――テクニック21　解毒プログラム

あなたのDOWと普遍的な知性に同調し、完璧な肉体的、感情的、精神的、霊的解毒プログラムと、もし必要ならば腸内洗浄を行うために、あなたのもとに完璧な人物をもたらしてくれるよう頼んでください。私は常に私のDOWと普遍的な知性の力にこのような助けを求め、そうすることで常に正しいつながりを作っています。また、初対面の人に会うときは、常に「DOW適合」テクニックを使用して、私たちが分かち合うことのすべてが常に最高のレベルでもっとも純粋な目的をもって起こるようにします。もちろん顕現のために必要な肉体的行為もありますが、このように内面でテレパシーによって作用することもこの現実に栄養を与えます。

### ■レベル3の栄養摂取によって生じる肉体的変化

断食をする人なら誰でも知っているように、胃が縮小して飢えの叫び声をださなくなるまではおよそ3～5日間かかります。断食によって身体が解毒を始め、自らの体脂肪で生きるようになり、ゆっくりと筋肉を消耗し始め、そしてこの残忍なエクササイズの後に残されるのは骨と皮だけになります。物質的な栄養が奪われて、ビタミンの欠如が新たな問題を引き起こします。生命組織は必要な栄養を失うと、やがては死ぬときのように自ら活動を停止してしまうからです。

プラーナの栄養はこの逆です。

私たちの周波数場が紫の光と聖なる愛で絶えず満たされ、瞑想や奉仕を基本とするライフスタイルを通してシータ-デルタ場内にとどまるとき、もしも私たちが受け入れ、活性化するならば、純粋な「神々と女神たちの食べ物」の栄養が流れ始めます。すでに説明したように、バイオフィーディング循環のシステムを通してプラーナを内面から原子や分子や細胞へと戻し、そして血液、器官、骨格、筋肉などへ送り、すべてを完璧な健康状態に保ちます。やがて生命組織には消化の行為が必要なくなり、代謝の速度が完全に落ちます。

## ■精神的な毒性

結腸洗浄と断食を通して肉体的な解毒が可能なように、私たちは自らの精神的、感情的解毒も行うことができます。精神的な解毒にはネガティブな思考パターンとネガティブなコミュニケーションのパターンの両方を停止させることが必要です。それは制限された信念プログラムを削除し、無限の信念を再プログラミングすることを意味します。精神的な解毒の効果的な方法は、私たちの人生の出来事を振り返り、すべてをポジティブな光の中で見ることを選択することです。すなわち失敗したことを見つめるのではなく、すべての経験を通して得たものを見つめるのです。これを行うことで私たちの周波数が変化し、代わりにポジティブな経験をより多く引き寄せるようになります。

## ■感情的な毒性

感情的な解毒とは、恐怖、怒り、悲しみなどのような衰弱の感情を放出する引き金となるパターンを認識することです。私たちはすでに、肉体的な組織が事実上、私たちが感じる前に考えるよう組みこまれていることを知っています。そしてすべての感情とは単に精神的観察に従うものであり、内面から一瞬にして放出されるように思えるそれらの感情は、私たちの過去の経験に基づく精神的な概念作用から生じるものなのです。感情の細かな調整をすることは私たちの暗い面に働きかけ、処理し、さらにはインナー・チャイルドのワークをすることなどを意味しますが、私たちが感情的健康の道を選択するときに意識しなければならない次元バイオフィールド科学の要因がいくつかあります。

たとえばすべての領域は相互に連結していますので、私たちが毒性のある感情を解放する「処理」の計画を開始するとき、私たちは地球の感情的重荷の領域にも接続し、60億以上もの人口の感情の処理を続けることになります。このようにして私たちは、絶えず続く処理と苦しみの、終わりのないバイオフィードバック循環に囚われてしまいます。私たちが感情的な病気やアンバランスまたは痛みの経験を探すとき、この領域内では似たもの同士が引きつけ合うように、より多くを見つけることになるということを覚えておいてください。

平均的な生命組織が3万年の細胞の記憶を保持すると仮定して、平均寿命が30年で千回生まれ変わったとすると、私たちが感情的な純粋さを感じるため、すなわち私たちの深い苦しみと痛みを取り去った状態に戻すために過去3万年を処理するには、さらにあと3万年かかるということになります。しかし感情的な痛みと苦しみの深みこそが、私たちにもっとも偉大な贈り物を与えてくれます。ですからそこには処理すべき「ネガティブ」なものなど何もないのです。このような贈り物は、この領域内で本当に価値のある影響であり、このようにとらえ、感謝するとき、苦しみのエネルギーが再び調和されます。私たちの暗い面もまた、焦点の合わせ方次第で縮んだり膨らんだりします。

ですから感情の解毒や処理を行うよりも、私はシータ-デルタ場で満たす方法を好みます。これは細胞と細胞が保持している記憶を聖なる愛、聖なる知恵、聖なる力の紫の光の光線で満たし、すべてをそれ自身へと変質させる力をもつ周波数フィールドで満たすことを意味します。これは同化の概念で作用します。たとえばピンクの染料がバケツの水に加えられるとき、加えられる染料の量によって、水は透明から鮮やかなピンクへと変化するのと同じことです。

シータ-デルタ場とその紫の光のスペクトルの特性の一つは、以前にも述べたようにその本質的な変容の力です。ですから選択肢は処理するか、または満たして変容するか、必要ならばその両方を行うかです。私は聖なる愛に浸り、栄養を与えられると同時に自然に変容するほうを好みます。形而上学の分野では、私たちが焦点を合わせた通りになるからです。

## 生命組織の準備の要約

すでに強調してきたように、レベル2とレベル3の栄養摂取のために神々の食べ物にアクセスするには、私たちは感情的、精神的、霊的健康状態を作りだす必要があります。これは肉体的な健康状態を作りだすことと同時に行われ、肉体的な組織が健康的にシータ-デルタ場に接続して十分な栄養で満たされるためには、特定の調整が必要となります。

ここまで私たちは……

*紫の光の宇宙ケーブルを通して生命組織を接続（テクニック16）しました。
*細胞、分子、原子を通して絶えず無数の光の線を放射し、バイオフィードバックを通して紫外線の光の共鳴や私たちの生命組織に必要なシータ-デルタ場のエネルギーすべてを引き寄せる、回転するチャクラ支柱を作りだしました。
*また、ライフスタイルの調整と浄化解毒プログラムを通して賢明な準備プログラムを開始しました。
*今生プラーナの栄養で生きることのコード化に対する答えがイエスだった場合、純粋なＤＯＷの力としてのマスター

コンピューター制御者に、あなたに栄養を与えることを許可するための推奨されたプログラムを実行しました。
＊変容が楽で喜びに満ちたものであるようにプログラムしました。
＊食事の摂取量や習慣を変え始め、菜食主義者になるための段階へと進み、もしあなたが菜食主義者ならば完全菜食主義者になり、完全菜食主義者ならば生の食べ物などへの移行を開始しました（第6章テクニック6、7）。
＊キネシオロジストのような新しいヒーラーとともにワークを始め、あなたがいまだにもっている制限されたエネルギー・ブロックをすべて手放すことになるかもしれません。
＊次のような考え方を取り入れました。

①　必要だからではなく、喜びのためだけに食べる。
②　あなたに必要なビタミンなどはすべてシータ－デルタ場から生じる。
③　あなたの周波数が、神々の食べ物からの栄養摂取に成功する能力を決定する。
④　あなたのライフスタイルがあなたの周波数をコントロールする。

＊また、あなたの内なる神により集中し、その愛と知恵にゆだねることにより、あなたのＤＯＷに対する感受性と認識が高められ、恩寵《グレース》を体験し始めました。

## ステップ４　パート１：ＤＯＷの力―「あなたのＤＯＷを知ること」に関する詳細

## 聖なる栄養プログラム――テクニック22　ＤＯＷにゆだねる

ＤＯＷの力は私のお気に入りの研究トピックですので、このことについてより詳しく述べたいと思います。何度も言っているように、ＤＯＷは私たちの超能力のすべての鍵を握っています。私たちのＤＯＷは私たち自身の存在の神であり、全知全能、無限の愛に満ちた存在です。

神々の食べ物で生きることに成功するためには、私たちのマインドと身体のコミュニケーションをコントロールする方法を学ぶだけでなく、私たちのDOWのダウンロードと、私たちが次元バイオフィールド内で使用するプログラムや活性化による場の影響をコントロールする方法を学ぶ必要があります。

次元バイオフィールド科学では、すべての原子がDOWの力で満たされており、私たちを外的に取り囲む優勢な場に関係なく、すべての原子がシータ−デルタ場の愛と美に瞬間的に反応するようコード化されていることを私たちは知っています。DOWの力の顕現のタイミングだけが、ベータ場によって制限されています。やがては切望され、求められてきた明確なプログラムは何らかの形で、どこかの時間枠の中で現れます。私たちのDOWは、形をもった神としての自らの力に完全に目覚めた多次元的で無限の存在です。それはまた、私たちの誰もが宇宙コンピューターの創造力を事前にプログラムされていて、私たちが本当のボスが誰であり、生命組織を操作する本当の力が何であるかをいったん思いだせば、選択するどのような現実も作りだすことが可能であるということを知っています。

したがって完璧なシータ−デルタ場の栄養摂取への第1歩は、すべてのレベルでDOWと調和し、生命組織をDOWに誠実にゆだねることです。いったん力を取り戻すと、このマスターコンピューター制御者は事前にコード化されたものを削除または再活性し、私たちの生命組織を自然な自己再生と自立のレベルへと移行させるために必要なサポートシステムの活性化を始めます。

ゆだねるためには次のプログラムが適切です。

＊最初に、愛の呼吸瞑想とヴェーダの瞑想の呼吸ツールを利用して集中してください。
＊次に、あなたのDOWを内なる神とイメージして、神に関するすべての感情を意識的に呼びだしてください。この力

への献身、敬愛、またはこの力との一体感を感じます。
＊そして心をこめて誠実に言ってください。「私は今、私の存在の全細胞を聖なる自己にゆだねます。私は存在のすべてのレベルにおいて完璧に調和し、すべての次元を通してすべての側面に私の聖なる本質を完璧に放射することを求めます」

このように、ゆだねることはあきらめることを意味するのではなく、内なる真の力の源を承認し、再生することを意味し、その優れた知性に敬意を表し、内なる原子のすべてを満たす純粋な聖なる意識として認めることを意味しています。ゆだねる行為は、地球で生き抜くために使われる脳の容量の90％の活性化を可能にする行為でもあります。私たちも知っている通り、生存のために必要なのはたったの10％です。

私たち自身の内なる存在、ＤＯＷの前に正直に立ち、その存在と力を認め、力を合わせて溶け合うことは奇跡的な贈り物です。それは宇宙が私たちの肩を叩き、「神様こんにちは。何かお役に立てることはありますか？」と言っていることに気づかせてくれるからです。そしてＤＯＷとともに、最終的にはすべての飢えを手放すことができる至高の輝きとともに存在する方法を私たちは「知っています」。

これがアセンションへの道です。

愛と光に満ちあふれてすべての細胞を満たすため、聖なる母に抱擁されているように感じながら、聖なる父の目を通してすべての創造を見つめるためです。私たちすべてが一つであると知るため、生命の鼓動とすべての領域におけるすべての異なる表現を感じるため、それぞれの範例を支えるグリッドの複雑さとその理由を理解するため、なぜいくつかの場が優勢である必要があるかを知り、物事の自然の法則を感じ、認識するためです。これらはシャーマンやヨギたち、そしてアセンションの道にあって人生の形而上学と数学を融合させることに焦点を合わせている多くの人々の経験です。

私たちがＤＯＷの力とどれだけ良く調和しているか、そしてどの領域——アルファ、シータ、デルタ——で機能しているかが、私たちの個人的、世界的健康と幸福のレベルによって明白になります。

### ステップ4　パート2：細胞の脈動——細胞内のＤＯＷの力の増大

２００３年にヨーロッパを旅して神々の食べ物の研究を発表していたとき、この旅のある非常に重要な側面が明らかになり、私はこのセクションに加えることが必要であると感じました。このことについて私は自著の『*In Resonance*（共鳴の中で）』ですでに触れていますが、この時点まで以下のデータの聖なる栄養のプログラムの中での深い関連性を理解していませんでした。それは私が現在「細胞の脈動」と呼んでいることに関係します。

『*In Resonance*』で紹介しているように、私たちは細胞が私たちの個人的書類整理棚として働き、記憶と感情を蓄えていることを知っています。また、私たちは一つひとつの細胞が99・99％空間からなる原子で成り立っていることを知っています。この空間が、通常の科学的な測定器機では検知されない純粋な聖なる意識であることも知っています。ＤＯＷの力は、一般的な方法で感知するには精妙すぎる周波数で共鳴しているからです。この論述の目的のために、私は一つひとつの原子を満たすこの聖なる意識の鼓動を、私たちの内なるクラシック・ミュージック・ステーションと呼びたいと思います。

私が理解するにいたったもう一つの点は、私たちの細胞が人生の感情的、精神的毒性で満たされれば満たされるほど、細胞内の聖なる脈動、あるいはクラシックの脈動が弱まるということです。そしてプラーナだけで純粋に栄養摂取ができるようになるかどうかは、一つひとつの細胞内の聖なる脈動の強さにかかっているのです。この論述の目的のために、私は人生における過去の感情的体験やネガティブな精神的知覚から生じる細胞の毒性を、私たちの内なるヘヴィメタル・ミュージック・ステーションと呼びたいと思います。

さて、隣り合わせに置かれた二つのラジオを想像してください。両方とも電源が入っていて、一つはクラシック・ミュージック・ステーション――私たちの聖なる脈動――に同調し、もう一つはヘヴィメタル・ミュージック・ステーション――私たちの集合的記憶パターン――に同調しています。最大の音量を10として、クラシック・ミュージックが1か2で、ヘヴィメタル・ミュージックが9の音量で流れているとしたら、私たちは確実に人間の限界に達し、病気になり、衰弱し、やがて死を迎えることになります。しかしながら、もしこれらの音量が逆になり、クラシック・ミュージックの聖なる脈動が7か8か9で、毒性のあるヘヴィメタルの音量が1か2か3だとしたら人生における私たちの体験と計画が非常に異なるものとなります。9対1の比率でクラシックの鼓動が優勢な場合、レベル2と3の栄養がより簡単に発生しますので、私たちの仕事は毒性のある物質を細胞内から取り除き、またはこの「ヘヴィメタル」の原因を、より純粋な周波数へと変容させることになります。

私たちはこれをいくつかの方法を通して行うことができます。一つは細胞を紫の光で満たすことです（第6章テクニック12）。もう一つは、カルマ的な負債と必要のなくなったエネルギーの影響の両方から自分自身を自由にすることによって、必要のない不純物を細胞から取り除くことです。

私たちはこれを許しのツールを使用して行うことができます。

精通した形而上学者は、一つのレベルにおいてすべてが完璧であり、そこに正誤はなく、すべては私たちが発達し、成長するのを助け、学ばせるために起こることを知っています。しかしながら、私たちは常にこのように認識しているわけではないため、細胞内に過去生からの傷、怒り、ネガティブな重荷をもつ判断やエネルギーを保持しており、それらが私たちの細胞内で不必要な空間を占め、かなり大きな音量でヘヴィメタル・ミュージックを流し、クラシックの滋養に満ちた鼓動をかき消してしまうのです。ゆえに私たちが次に紹介するテクニック23を利用し、紫の光で細胞を満たすとき、私たちは細胞を消耗させる代わりに育む、より協力的なパターンの音量へとリセットすることができます。

### 聖なる栄養プログラム――テクニック23　許し

次に紹介する瞑想をテープに録音し、完了したと感じるまであなた自身の声で誘導することをお勧めします。これは集中して誠実に行うなら、一度だけ行えばよい瞑想です。

＊瞑想するために座り、以前に紹介した呼吸のテクニックを用いて集中し、マインドを静めてください。
＊次に自分自身に、自由になる準備ができていますか？　と聞いてください。これまでにあなたが原因となって引き起こした傷、あるいはあなたが体験した傷のすべてを許し、許される準備ができていますか？　答えがもしイエスなら、次に進んでください。
＊内面において、あなたが非協力的なエネルギーのアンバランスをもっている家族、友人、同僚に取り囲まれていることをイメージしてください。これらの人々の円の中心にあなたがいることを想像してください。
＊もう一つ円を作り、これらの人々が過去生ではあなたにとってどんな存在だったかをイメージしてください。
＊このようにあなたのまわりに円が描かれるのをイメージし続けてください。エジプト、アトランティス、さらにはレムリアまでさかのぼってすべて描きます。
＊円をいくつも描き続け、あなたが最初に肉体をもち、地上のあなた以外の存在とエネルギー交換を始めた時点までさかのぼることをイメージしてください。あなたが車輪の中心にいて、それぞれの存在の線があなたから放射し、過去

にさかのぼる車輪の輪止めを形作るのをイメージしてください。
＊3回深呼吸をしてください。鼻から深く、大きく、落ち着いて呼吸します。
＊それでは、地球を離れてこの浄化と解放を銀河系の多次元レベルで行いましょう。
＊ここまであなたは、非協力的なカルマのアンバランスをもつ存在の円の周囲に円を描いてきましたが、これから描く新しい円はあなたが地球以外の星で一生をともに過ごした存在の円であるとイメージしてください。シリウス、プレアデス、オリオン、アルクトゥルスなどです。
＊あなたが最初に他人と分離した感覚を覚えたときまでさかのぼって、エネルギーのアンバランスを分かち合い、共同創造してきた存在たちの円を描き続けることをイメージし続けてください。
＊深い呼吸をしてください。
＊おそらくあなたは、これらのアンバランスのほとんどを取り除いてしまったので、あなたのまわりにはあまり多くの人が円を描いていないかもしれません。あるいは何千人もいるかもしれません。ただあなたの直感に導かれるままに、正しい存在が自由を得るためにここに現れることを信じてください。
＊次に、これらの円に今生ではまだつながりがなくても、カルマ的な負債と磁力を生みだすエネルギーのアンバランスが原因で、将来関係することが運命づけられている存在たちが現れるのをイメージしてください。
＊純粋な光が、以前の瞑想のようにあなたのクラウン・チャクラを通して流れこみ、あなたの存在全体がこの光で満たされるのをイメージしてください。
＊あなたのハートが開き、内面で純粋なピンクの愛の光線が、あなたのハートからあなたを取り囲んでいるすべての存在たちに向けて放射されるのをイメージしてください。
＊彼らのハートが開き、この愛を吸収し、カルマの解消のための準備が整い、彼らもまたこのような結びつきから自由になることを受け入れていることをイメージしてください。
＊深い、深い呼吸をします。
＊たくさんの愛があなたのハートから彼らに向けて注ぎこまれていることをイメージしながら、心をこめて次のことを言います。

「愛をこめて、私はありがとうと言います。私たちの分かち合い、思いやり、喜び、苦しみ、痛みなど、時を越えて私たちが分かち合ってきたことすべてに感謝します。これらの分かち合いのすべてが私を成長させ、私に知恵を授け、現在の私になることを可能にしてくれたことに感謝します。ありがとう、ありがとう、ありがとう」

＊次にあなたのハートから流れだしている光線が色を変え、力強い癒しの緑の光になるのをイメージしてください。あなたのハートがまるで強力な癒しの緑の光を放射する灯台のようになり、あなたを取り囲むすべての人々がその光を吸収することをイメージしながら、次のように言ってください。

「この緑の癒しの光とともに、私は今、あなたがた全員を許すことを選択します。この緑の癒しの光をもって、痛み、苦しみ、傷、怒り、私たちが分かち合った誤解のすべてを許します。この緑の癒しの光をもって、私はあなたを許します、許します、許します」

＊深呼吸をします。

＊では、私たちに必要のない結びつきや霊的な絆を断ち切るために、天使に助けを求めましょう。誠意をもって次のように言ってください。

「私は今こそ、大天使ミカエルのエネルギーと、この自由の瞑想に必要な聖なる助けのすべてに呼びかけます」

＊次にあなたの内面で、目の前に大天使ミカエルが立っていることを想像し、次のように言ってください。

「大天使ミカエル、私は今、あなたが時間の境界線を越えて移動し、あなたの強力な自由の剣で切り開き、不要になった霊的な絆やエネルギーの結びつきから私たちを解放してくれるよう求めます。そうしてください。そうしてください。そうしてください」

＊大天使ミカエルが時間をさかのぼってこれらの存在の円の中をハリケーンのように動き回り、すべての結びつきを切り離すのをイメージしてください。

＊深く呼吸をします。

＊あなたのハートから放射している光の光線が色を変え、紫の光になるのをイメージしてください。

＊純粋な紫の光が最初にクラウン・チャクラを通してあなたの身体全体を満たし、チャクラ支柱を通してあなたの器官や細胞へと放射し、滋養に満ちた紫の純粋なエネルギーが細胞すべてを満たしていくのをイメージしてください。

＊次にこの紫の光があなたのハートから放射し、内面であなたのまわりにいるすべての存在のハートとエネルギー体へと注ぎこみ、彼らもまた完全にこの変容の紫の光の力に満たされることをイメージしてください。
＊この光線を放射しながら、誠意をもって次のように言ってください。
＊「この紫の光で私は許し、許されます！　この紫の光で私は許し、許されます！　この紫の光で私は許し、許されます！
この紫の光で私は自由になり、あなたも自由になります！　この紫の光で私は自由になり、あなたも自由になります！

この紫の光で私は自由になり、あなたも自由になります！」
＊では大天使ミカエルが、あなたに不必要な霊的つながりをすべて切り終えたことをイメージしてください。あなたはまだいくつかのエネルギーの結びつきが残っているのを感じるかもしれません。それらはポジティブな結びつきで、あなたを愛し、支えるためのものです。
＊次にあなたのハートから放射している光がピンクへと変わり、純粋なピンクの愛をあなたのまわりのすべての存在へと放射していることをイメージしながら、次のように言ってください。
「この愛の光線とともに、私は再びあなたに感謝します。ありがとう。ありがとう。そしてこの愛の光線をもって私はすべての局面、転生、次元を分かち合ってきたすべての存在に、私たちが出会うときには聖なる自己同士で直接通じ合い、私たちの分かち合いがDOWとDOWとのすべてにとっての最善のものとなるよう求めます」

「また、私はこの愛の光線をもって、今から将来出会うどのような存在とも、再調整が必要なカルマ的なエネルギーがあれば、これを喜び、容易さと恩寵《グレース》をもって行うことができるよう求めます。そうしてください。そうしてください。そうしてください」
＊最後に、内面のすべての存在の前でお辞儀をし、彼らがあなたにお辞儀をするのをイメージしてください。すべての存在が微笑み、幸福であり、この許しの行為によって、すべての磁力から自由になることができたおかげで、カルマ的な負債のすべてからあなたがた全員が解放されたことをイメージしてください。
＊深く呼吸し、純粋な愛が内面からあなたのハート・チャクラへと流れこんでいるのをイメージし、少しの間、愛の呼吸瞑想で集中して完了してください。
＊大天使ミカエルの助けに感謝しながら、すべての存在を愛と敬意と尊敬をもって扱うことを約束します。

この瞑想は様々なレベルにおいて有効です。第一にこれは、古いカルマの結びつきを取り除き、未来のカルマ的交換の必要性を除去します。真の許しが与えられ、受け入れられたとき、許しの欠如から生じる通常の磁力が自動的に消えるからです。しかしながら、私たちの成長と学びのために現れる必要のある大きなカルマ的な結びつきもいくつかある、ということを覚えておいてください。

次の恩恵は、この許しを通して多くの感情を解放した結果、ヘヴィメタル・ミュージック・ステーションの音量が最小になり、クラシック・ミュージック・ステーションの放送がよく聞こえるようになることです。すなわち、私たち自身の中に聖なる脈動が存在するための空間がより大きくなるということです。

このテクニックを入念に行うためには、毎日あなたの家族の一人が、内面であなたの前に立っていることをイメージしてください。1日目はあなたの父親、2日目は母親、次の日は兄弟や姉妹の誰か、その次の日は離婚した妻や夫というように、あなたの家族全員とあなたがこれまでに愛したすべての存在を目の前に立たせるまでこれを続けます。

彼らがあなたの目の前に立っていることを想像しながら、あなたが彼らに言いたかったことのすべて、許したかったこと、許してほしかったことのすべてを伝え、もう何も言うことがなくなるまで分かち合いながら、ハートから愛の光線を送ってください。次に紫の光を再び送り、自由を要求し、彼らにも自由を与え、次のように言います。「この紫の光をもって、私はあなたを許し、許されます」これを3回言い、あなたがたの間にピンクの光線をイメージしながら次のように言います。「この愛のピンクの光をもって、私は自由になり、あなたも自由になります。ありがとう！」これも3回言ってください。

以上の二つのテクニックは強力なヒーリング方法です。これらは私たちすべての関係におけるエネルギーの流れを変化させ、私たちの細胞内にクラシックの聖なる鼓動のための空間をより多く創り、滋養に満ちた方法で内面から栄養を摂取することができるようにします。

**ステップ5　詳細**

第7章を参照し、純粋で、賢く、愛に満ちた無限の栄養源にアクセスするための宇宙ケーブル接続を行ってください。このツールと紫の光の内面の栄養摂取ツール（第6章テクニック12）の両方は、レベル3の栄養摂取に成功するために非常に重要です。

**ステップ6　第6感、第7感、下垂体、松果体の活性化についての詳細**

次の記事はノルウェーのヨガと瞑想の教師であるクリスチャン・ポスゲ（e-mail: om@yogasenteret.no）によるものです。私たちがすでに紹介したことに追加の洞察を提供するために、この文章をここに加えました。ヨガ教師として、クリスチャンは多くの人々にとって非常に有益な、生命組織を元気づけるいくつかのツールを提供しています。

「松果体は、身体のもっとも偉大な神秘の一つと考えられています。現在私たちは、それがメラトニンを分泌する内分泌腺であることを知っています。それは松かさに似た形で、脳のちょうど中央に位置しています。フランスの哲学者であるデカルトは、『松果体、あるいは彼が呼んだように松果腺は、魂が住んでいる場所であり、霊的世界への入り口である』と提案しました。しかしこのコメント以外には、西洋科学はこの腺を大概無視し、重要ではないものとみなしました。ダーウィン以来、これはすでに使われなくなった目を連想させるものであり、私たちがより原始的な種であった頃の初期の進化の歴史を起源とするものだと考えられてきました。

科学が松果体の偉大な秘密を解明し始めたのは、たった50年ほど前のことです。7歳を過ぎると松果体の中に石灰化した小さな層がいくつか現れますが、それはエックス線写真で小さな松かさのように見えます。脳の中央に位置しているため、この部分は脳腫瘍を発見するために利用されます。腫瘍があると松果体が中央から移動するからです。腎臓を除いては、身体の中で松果体のようにたくさんの血液供給を受ける部分はほかにありません。この松果体が、以前から考えられているよりもずっと大きな役割をもつという兆候があります。新たな発見によれば松果体から分泌されるホルモン、メラトニンにいくつかの効果があることが明らかになっています。

*老化の進行を遅らせる※
*思春期を始めさせる
*免疫系を強化する
*体温を調節する※
*女性のエストロゲン（発情ホルモン）のレベルを調節する
*睡眠機能を調整する※

※これらすべては、私たちが純粋にプラーナで生きるときに変化します。

松果体は光に敏感なので、体内時計の一部として睡眠機能の調整効果をもっています。メラトニンは実際に幻覚的な作用をもち、瞑想者や神秘家に特別なエクスタシーや超越的な体験をもたらすことができます」

■神秘的な第3の眼

オカルトの伝統のいくつかは、松果体は額の中央に位置する「第3の眼」と直線上でつながっているとされています。シヴァや仏陀においては、第3の眼は「輝く点」や「燃え立つ真珠」などと言われ、調和、超越した知恵、霊的意識を象徴しています。この部分は身体の中でもっとも安定した、集中を維持しやすい場所であり、霊的なエネルギーを活性化する場所でもあるため、瞑想をするときに集中するためによく利用されます。この部分への集中はやがて内なる光に強い印象を与えるため、これは肉体以上のエネルギーの次元とつながるための方法です。


聖書の中にも第3の眼について書かれた箇所があります。

「汝の一つの目で見よ。汝の全身は光にあふれているであろう」(ルカによる福音書第11章34節、シェイクスピアの時代にかかれた英国王ジェームズ版の聖書からの抜粋です。後の聖書は翻訳が異なるため、この興味深い点が失われています)

タントラ・ヨガ行者であるスワミ・サッティアナンダは、第3の眼について次のように説明しています。

「このチャクラは第3の眼、または指令センターと呼ばれています。それは外界からの情報を霊体が知覚する場所であり、高等レベルの実習でグルが生徒を指導する場所です。直観力の眼として知られ、発達したサイキックがすべての物事を肉体的、霊的側面の両方から眺めることができる場所です」

■メラトニン、免疫系、癌

松果体は豆粒よりも小さいものですが、目と腸で少量だけ生産される以外の、ほとんどのメラトニンを生産する器官です。通常メラトニンの分泌は、日中は低く夜に高くなります。夜間身体を光にさらすことによって、メラトニンの生産が減少します。なぜなら目が神経学的に松果体とつながっているからです。オーストラリアの研究者であるスワミ・サーニャサナンダは、メラトニンの研究報告の中で次のように書いています。

「夜間のメラトニン生産の減少は、癌を引きおこす物質に対する細胞の脆弱性を高めます。夜間のメラトニンの生産が減少する異常に高い電力の場所では癌がより多く発生します。メラトニンは活発な癌抑制物質であり、癌と癌の進行の両方を防ぎ、体内の免疫系の重要部分でもあります。特にメラトニンがもつ抗酸化剤としての機能が効力をもちます。また、メラトニンはストレスを打ち消すT細胞にも影響し、免疫系の中でもっとも活発な物質の一つです」

## ■年齢とともに減少するメラトニン

オーストラリアのマッコリー大学のキース・ケーンクロス教授とアーサー・エヴェリット教授の二人の科学者によると、松果体とは若さの純粋な泉です。3年の研究の後、彼らは松果体から分泌されるホルモンが霊長類のストレス制御作用の中心的役割を果たしていると確信しました。彼らは年齢によるメラトニンの減少が年配者に起こる病気の多くの主な原因であると推定しています。そのため彼らは、病気を打ち消し、寿命を延ばすために多くの年配者に合成メラトニンのホルモン補給剤を勧めています。メラトニンの強力な効果のため、現在では多くの研究が行われています。これにはしばしば人体での反応に対応しない動物実験も含まれます。

## ■ヨガとメラトニン

メラトニンの生成を高める自然な方法、そして特に簡単なヨガのテクニックがあります。アデレード大学医学部のスワミ・サーニャサナンダは、研究を通してタントラ・ヨガのテクニック、交互の呼吸法、またはナディ・ショーダン・プラナヤーマ、そして特にロウソクの熟視あるいはトラタカが、メラトニンの生成に劇的な効果があることを発見しました。トラタカは外的物質に集中することであり、この場合はロウソクの炎です。毎晩就寝前にトラタカを行う実験では、メラトニンがかなりの量増えました。

眠る前に行うトラタカの実習は私たちを落ち着かせ、深い眠りをもたらし、免疫系を強化し、二つの実習が組み合わせられることで非常に有効になります。すなわちトラタカの前に15分間、交互の呼吸法を行います。これは就寝前または朝、瞑想の準備のためにも利用できます。

### 聖なる栄養プログラム──テクニック24 交互の呼吸法

*背筋を伸ばして、床の上に瞑想のポーズで座るか、または椅子の上に楽に座ってください。

*目を閉じて、鼻からの自然な空気の流れに集中してください。

*呼吸が落ち着いたら、右手の人差し指と中指を第3の眼、額の中央の眉毛の2、3センチ上の部分に置きます。親指をつかって右の鼻孔を押さえ、薬指で左の鼻孔を押さえてください。

*両方の鼻孔を開き、深く落ち着いた呼吸を1回します。

*そして右の鼻孔を閉じ、左の鼻孔から息を吐きます。

*さてここから交互の呼吸法が始まります。


──ゆっくりと、深く、音を立てずに左の鼻孔から息を吸いこみます。

──右の鼻孔から吐きます。

——右の鼻孔から吸いこみます。
——左の鼻孔から吐きます。

これで1回の交互の呼吸法です。もし息苦しく感じることなくできたならば、もう1回続けて行ってください。そうでなければ休憩し、落ち着くまで両方の鼻から呼吸してください。回数を数えながら、これを5分間行ってください。これはこのエクササイズの第1段階であり、ほかにもたくさんのレベルがあります。これをしばらく行った後、息を止めることも加えます。たとえば1で息を吸い、四つ数える間息を止め、2を数えながら息を吐くなどのように、異なる数え方の割合を加えます。快適に感じ、リラックスして行えるようになってから、より高いレベルに進んでください。この実習には穏やかに取り組むべきであり、無理はしないでください。

**聖なる栄養プログラム——テクニック25　トラタカ**

＊背筋を伸ばして、瞑想のポーズで床の上、または椅子の上に楽に座ってください。火をつけたロウソクを目から約30センチの位置に目線と水平に置いてください。
＊目を閉じて、鼻を通した空気の自然な流れに集中してください。
＊落ち着いたら、目を開けてロウソクの炎をじっと見つめます。
＊5分から10分動かずにじっとしていてください。瞬きしないようにします。もし瞬きをしないでいられれば、マインドが静まり思考から解放され、瞬きした瞬間に思考が生じます。
＊目を閉じて、ロウソクの光の印象が消えるまで、その光に集中してください。

ほかにも異なる集中の対象物を使った様々なトラタカの形態があります。たとえば第3の眼に赤い点を描き、鏡の前、または同じように額に点を描いた別の人と向かい合って座ります。トラタカを10分から15分間行います。両方の実習であなたは驚くことになるでしょう。

クリスチャン・ポスゲ、ありがとうございます！

注：私たちの下垂体と松果体を活性化することは、第6章で紹介したテクニックと、これらの中枢を紫の光で毎日満たすことによっても可能です。

**ステップ7、8、9、10（第6章で詳しく紹介）**

＊ステップ7　内なるプラーナの流れを開くために、第6章テクニック12の紫の光の1本の支柱瞑想を行ってください。

＊ステップ8　第6章テクニック10の「完璧な健康、完璧なバランス、完璧な体重、完璧なイメージ」のプログラミング・コードを毎日使用し始めてください。

＊ステップ9　第6章テクニック6にあるように1日3食から2食、2食から1食に減らすプログラムを開始してください。徐々に時間をかけて食べる量を減らし、体重が安定するまで上に挙げたプログラミング・コードを維持します。第6章テクニック7のように肉食から菜食、完全菜食、または菜食から完全菜食、生の食べ物への移行のプログラムを開始してください。

＊ステップ10　この旅であなたを支えてくれる協力的な家庭環境を作りだしてください。

**ステップ11　できる限り多くの情報を読み、十分な知識を身につける**

追加のデータ、興味深いデータをいくつか追加する前に、多くの人々が次のような質問をします。

質問　純粋にプラーナの栄養だけで生きる道を選んだ人々が、ほかの人々と交際し続けるにはどうしたらいいでしょうか？　またより多くの知識を身につけるために、この話題についての追加の情報をどこで見つければよいでしょうか？

答え　１９９７年から、ライトイーターたちの多くが宇宙インターネット・アカデミー（the C.I.A. — the Cosmic Internet Academy）の光で生きるフォーラム（the Living on Light Forum）を活用してきました。
HPアドレスは、http://www.selfempowermentacademy.com.au/lightforum.htm
最近では、私の個人サイトに新たなフォーラムがあります。フォーラムのアドレスは、
http://www.jasmuheen.com/forum/

私はまた、レベル３のプラーナの栄養摂取者の多くが非常に低調な人生を送り、この選択を公にすることに興味をもたないということも紹介しておきたいと思います。あなたにとって理想的なことは、あなたのＤＯＷに、この新しいライフスタイルの選択に協力的な人々との関係をもたらしてくれるよう頼むことであり、そしてこれは自然に起こります。また、これに携わる多くの人々がシャーマンやヨギなどの背景をもっていて、孤独や個人的なライフスタイルの選択が社会からの孤立を引き起こすことがある、という事実を扱うことに慣れています。
同様に研究資料に関しては、あなたにとって必要な資料のすべてをもたらしてくれるよう、ＤＯＷにテレパシーで頼んでください。これはあなたが行わなければならない肉体的、感情的、知的準備に関する正しいステップを直ちに受け入れられるようにするためです。

**ステップ12　生命保護装置の使用による栄養摂取についての詳細**

この次のセクションでは、マトリックス力学と様々な生命保護装置の種類について、それらがなぜ有益か、どのようにしてそれらを作りだすかについて、そしてどうやって、なぜそれらを維持するのかについて詳しく紹介します。

作りだされたすべてのバイオフィールド装置や私たちのチャクラ組織のような自然なバイオフィールド・グリッドなどの機能の仕方は、マトリックス力学しだいです。次元バイオフィールド科学の中でそれぞれのグリッドの基礎をなす基本的な力は、私たちの誰もがアクセス可能な紫の光の場の供給を作りだす聖なる愛、聖なる知恵、聖なる力の三つの基本的周波数に依存しています。

これら三つの周波数があらゆる生命や物質の基礎を作り上げる、すべての奥に存在する真の力の源です。これらの周波数を聖なる電気と呼ぶこともできます。道教の考察で述べたように、紫の光はプログラミングにもっともよく反応する光であり、グリッドはプログラムされたときにだけ活性化しますので、紫の光はプログラムされるすべてのグリッド作用の基礎を作らなければなりません。次元バイオフィールド科学とマトリックス力学では、思考、意志、目的がすべてのグリッドの基本的な操縦者です。これらが純粋であり、紫の光によって作られた装置を操縦するために使われるとき、それによってもたらされる結果もまた純粋で腐敗しないものになります。

マトリックス力学は、すべての生命の根底にある科学であり、世界間を通してエネルギーが流れる方法を取り扱います。シータ-デルタ波にアクセスする能力は、マトリックス力学の次元バイオフィールド科学の一部であり、私たちの個人的バイオフィールドが、ある特定の方法で同調していることを必要とします。私たちのライトボディのマトリックスと肉体的なチャクラと経絡は、第6章で紹介した快適なライフスタイルによって活性化されるというのが、広範囲におよぶ個人的、そしてグループでの研究に基づいた私の理論です。ここで私たちは瞑想や祈り、プログラミング、菜食主義、エクササイズ、自然の中で静かに過ごす時間、奉仕、チャントや祈りの歌などを毎日実習したとき、自動車整備士が日常的に彼の車を点検、修理するように、生命組織をどのようにしてシータ-デルタ波に同調させていくかについて見ていきます。

マトリックス力学とは、視覚化、意志と目的を通して内面に作りだされたエネルギー・ラインを維持し、栄養を摂取するためにＤＯＷの力を利用する複雑で深遠な科学です。それは光線と音波を使って特定の分子構造を引き寄せる科学であり、そこでは特定の結果を導きだすために作りだされたグリッド構造を通して思考プロセスが拡大します。

次元バイオフィールド科学のマトリックス力学装置の一つの例がＣＮＮ（*The Cosmic Nirvana Network*：宇宙的至福ネットワーク）であり、純粋で聖なるコミュニケーションのための偉大な光と愛の存在すべてによって活用化される、朽ちることのない内面のネットワークです。この良いニュース・ステーションの内なる通信網には第6感、第7感、そして下垂体と松果体が開いていて、ＤＯＷの力の経路に同調している人々だけがアクセスできるため、腐敗することがありません。すでに述べたように、ＤＯＷの力は本質的に腐敗しないものです。しかしながらこの提案はもう一つの興味深い討議をもたらします。それは善と悪、正と誤、腐敗しやすいものと腐敗しないものとの知覚です。

タントラではすべてが完璧であるとみなし、すべては神から生まれ、一つであると考えます。そこには正解も間違いもありません。この現実において人々は形をもった神であり、私たちはエネルギーの生命組織として神と呼ばれる宇宙コンピューターを動かしているのと同じソフトウェア・プログラムによってコード化されています。私たちは自由意志をもつ創造神ですので、知的量子や仮想領域、あるいはあらゆるものの創造者である宇宙コンピューターでさえも、私たちが作りだすものに干渉することはできません。

常に寛容で慈悲深く、愛に満ちた創造的な親である神はただこのように言います。「あなたはすべてのツール、すべての知恵をもっているのですから、戦争、貧困、暴力を創りだすことにうんざりしたときには、何かほかのものを創りだしなさい」この宇宙コンピューターの目には、すべてが重要です。私たちが創りだすものはすべて、私たちに何かを教え、発展させ、重要な体験を通して私たちに影響を及ぼすものだからです。

私たちの生命組織のマスターコンピューター制御者として、私たちのＤＯＷは永遠です。この視点からすると、私たちの誰もがこの世界で創造するための時間を与えられていて、問題は無知と恐れからのみ生じるということになります。なぜなら私たちは自分たちの肉体を、間違いを犯しがちなものとみなしているからです。このような考えに囚われているために、私たちは肉体が厳密に言えばただの洋服のようなものに過ぎないということを忘れてしまうのです。もちろん肉体は大切に扱われるべき神殿ではありますが、私たちの生命組織をやがて崩壊させ、病気、衰弱、死を引きおこす毒性のある食べ物、毒性のある思考と感情を取り除くための訓練を十分行わない限り、私たちの肉体は本質的に制限された機能にすぎません。

私たちが良質の思考、良質の感情、良質の栄養摂取を楽しみ、シーターデルタ場に同調するホリスティックなライフスタイルを送るとき、科学と医学を通して理解するにいたった自然の法則がすべて停止し、新たなエネルギーが生命組織中に解放され、食べ物、液体、睡眠の必要性、さらには加齢の必要性からも生命組織が自由になります。ほかの領域で機能している次元バイオフィールド科学において、このようなことは幼稚園レベルの力学にすぎませんが、現在の私たちにとってこれは高度なマトリックス力学なのです。

確かにヨギの観点からは黒と白、ネガティブとポジティブ、善と悪などの二元性の現実が存在し、ヨガやタントラの観点のいずれかを採用することは、単に個人的現実の選択の問題です。私たちが肉体的、感情的、精神的に、より健康であればあるほど――もし私たちが協力的なグリッド・エネルギーをセットし、プログラミングに対応し、正しい態度を受け入れるならば――聖なる栄養の経路にアクセスしやすくなると言うにとどめておきます。

## 生命保護——そのポイントと応用と装置

私たちが純粋にプラーナで生き、物質的な食べ物を摂取しないことを選択したときに発生する調整については私の別の本ですでに紹介しましたが、多くの人々が抱える問題の一つは私たちがベータ場の世界に存在することで問題を引き起こしてしまう極度の感受性です。母なる自然は主にアルファ場であるため、私たちは都市環境ではなく自然の中にいるほうがより快適に感じます。過去10年間私はほとんどの時間を汚染された都市で、人々の汚染されたマインドとエネルギーの伝達を扱ってきました。たいていの場合嘲笑の的となり、ときには強い否定を受けることもありました。どんなに丁寧にふるまおうとも、私は10億ドルの食品産業に加えて、薬学と医学の業界を転覆させる可能性のある研究報告を発表することで、現状に挑んでいたのです。ゆえに、このとき私に向けられたエネルギーの集中は非常に毒性の強いもので、この結果として私は様々な生命保護装置の使用方法を学んだのです。これは人里離れた山中の村や修道院で生活しているのでない限り、どこで生活していても私たちが出会ってしまう様々な汚染形態の影響をあまり受けずに、この世界を動き回れるようにするためのものです。

それゆえに私たちは聖なる栄養にアクセスする中で、私たちがプラーナの経路にエネルギー接続し、特定の周波数を引き寄せることを可能にするためのいくつかの装置を考案しました。生命保護装置は、私たちが混沌としたベータ場の世界の無差別な周波数の攻撃を受けることなく、選択したフィールドから必要なものを吸収することを可能にします。

簡単に言うと生命保護装置とは紫の光の繭または網であり、普遍的知性の量子領域内で特定のバイオフィードバック反応を引きおこすために作られ、プログラムされ、活性化されたものです。場は次元バイオフィールド技術者たちがパターンニングや編みこみなどと呼ぶ方法によって覆われ、編みこまれます。場に影響を及ぼすことの重要性とともに、どのような結果を得ようとしているのかについても事前に考慮する必要があります。私たちはこれらの課題について「フィールドの編みこみ」（第11章　パート4）というタイトルの章で詳しく紹介します。

小冊子『バイオフィールドの体系球体学：現実のホログラフィックなモデル（*Systemic Spherology of Biofields : A Holographic Model of Reality*）』の中で著者のヨハネス・エイデルマン博士は次のように書いています。「バイオフィールドはホログラフィックなエネルギー場であり、意識の場です。一般的にそれらは球状であり、体系的な法則に従います。私たちはホログラムがフラクタルであるという事実によって特徴づけられることを知っています。すなわちもっとも小さな部分でさえも、ときには単なる可能性として、常に全体を包含しています。ちょうどドングリがオークの木全体を包含し、機が熟したときにオークの木へと成長するように」。さらに彼はこう言っています。「ホログラフィーの内面図を見つけることは、神経学的変化を通して私たちの選択を支える脳の回路に反応を引き起こします。明確なビジョンまたは目標は磁石のように作用し、適切な状況を引きつけ、それらが実現するための可能性を創りだします」。すなわちもしも私たちが、自分自身が形をもった神であると信じ、紫の光でエネルギー場を作り上げ、私たちの人生に特定の現実を引き寄せるためにこれらの場をプログラムすることができると信じるならば、私たちにはそれができるのです。何度も言っているように、この現実は私たちの目的が私の勝利、他人の勝利、私たちの勝利の結果をもたらす計画を基準としているときに強力に支持されます。

## 生命保護装置

### 聖なる栄養プログラム──テクニック26　消化のバイオシールド

(A)　聖なる栄養の計画を助ける第1のツールは、消化器系生命保護ツールです。

その目的は、私たちが食べるものすべてを瞬時に私たちに必要な完璧な光の波動へと変える、内なる転換システムとして機能することです。意志、想像力、目的を使って私たちは次のことを行います。


*少し時間をとって静かに座り、愛の呼吸瞑想のツールを使って自分自身を集中させてください。

*あなたの5本の指から5本の光の線が出ているのを視覚化し、円を描くように動かしてください。

*エーテルの光の網をあなたの口のまわりに編みこんでください。

*喉のまわりにも同様に編みこんでください。

*食道のまわりにも編みこんでください。

*続いてこの回転する光のパターンを胃のまわりに編みこんでください。

*腸のまわりに編みこんでください。

*そして最後に排泄器官のまわりに編みこんでください。

*あなたの消化器系全体をピンクの光、次に金色の光、次に青い光、次に紫の光の領域で包みこんでください。

*第3の眼を使って内面を調べ、あなたの消化器系が繭に包まれたかどうか確認してください。

*これらの光の領域はコード化されるまでは不活性な状態なので、この新たなエネルギーのマトリックスをプログラムすることが必要です。

*推奨するプログラミング・コード：まず、あなたの消化器系のまわりのエーテルの網に集中してください。

*それを機能するためのソフトウェア・プログラムを待っている、生きた知性の領域としてとらえてください。

＊次にテレパシーで指令してください。
「私は今この瞬間から、私の消化器系生命保護装置を通して流れる食べ物、液体、そして私が摂取するすべてのものが、私の身体に今必要な聖なる栄養と完璧な光の周波数へと自動的に変換されるよう命令します。その通りです！　その通りです！　その通りです！」


そして何かを食べるときは必ず、自分自身に次のように言います。

「私は必要だからではなく、これが大好きだから食べます。そして私が食べ、飲むものは、私の身体が今必要としているものに自動的に変化します」

これはもともとの場のプログラムを強化し、「チョコレートは私にとってとても悪い」または「生きるための栄養として、私にはこの食べ物が必要だ」などという制限的な独り言をプログラムしなおします。これらは両方とも制限的な言い方です。もちろん「私が食べるものは何もかも良いものだ」という純粋な態度で、すべての毒性を無効にすることは可能ですが、これには集中とマインドのマスターが必要です。ゆえに私たちがマインドの力を開発している間、消化器系生命保護装置はそのプロセスをエネルギー的に支えるのです。

(B)　**聖なる愛のマドンナの周波数場から栄養を摂取している人々にとって、2番目に私が必要だと感じるのは、私たちの個人的エネルギー場を包みこむ生命保護装置です。**
それは私たちに必要のない信号や周波数のすべてをさえぎります。適切にプログラムされれば、それは私たちが個人的な放射を通して、聖なる愛、聖なる知恵、聖なる力、または癒しの紫の光のスペクトルからの周波数の影響だけを受けることを可能にします。このことについても『*Biofield and Bliss Book 1*（バイオフィールドと至福

1）』の中で簡単に紹介していますが、紫の光の接続瞑想を適用することによってその機能を拡大することができます。バイオフィールド科学の詳細について興味のある人は、『バイオフィールドと至福シリーズ』を読むことをお勧めします。

**個人的生命保護装置**は聖なる栄養の周波数に同調し、プラーナだけで生きることを選択した人々にとって非常に重要です。すでに生命保護装置が備わっている人は基本的維持プログラムの次のレベルに進みます。生命保護装置の維持は世界中で活動する人々にとって必要であり、それには自分自身の領域を不安定にすることなく、情報やエネルギーのパターンを捨てたり消したりする能力も含まれます。定期的な調整やリセットをすることも必要です。

## ステップ1──基本的生命保護装置の創造と生命保護装置の詳細

すでに述べたように、生命保護装置は環境的な場の装置であり、これがプログラムされたときには、私たちのまわりの見えない力として働きます。不調和な周波数をさえぎり、私たちが必要な波動だけを世界から選択することを可能にし、私たちのオーラ場にでたらめな信号が入りこむのを阻止し、場の不調和や分離をなくします。

生命保護装置は聖なる愛、聖なる知恵、聖なる力の周波数を使って内面に築かれ、私たちが奉仕をする間、感受性と健全さを保つための自由を与えてくれます。すでに述べたように、生命保護装置は内面にDOWが住むための繭を作り、世界へ向けて力強く永遠に輝き続けることを可能にします。

この紫の光のエーテルの繭は、私たちの肉体が主にベータ-アルファ界に存在しているときでも、聖なるデルタ場のDOWが私たちの体内にうまく、完全に存在するための「快適ゾーン」を提供する宇宙ホテルとして機能します。

この保護装置を作ることは非常に簡単であり、以下の瞑想は一度だけ行えばよいものです。しかしながら保護装置のプログラミングと維持は、私たちの世界での活動しだいでは定期的に、あるいはときどき調整することが必要となります。

### 聖なる栄養プログラム――テクニック27　実行

＊瞑想状態で楽に座り、愛の呼吸法、またはヴェーダの呼吸ツールのどちらかを使って集中してください。
＊あなたのまわりに編みこまれていく網、繭、または保護装置の光の領域の中に座っていることをイメージしてください。
＊静かに座り、深く呼吸をし、あなた自身を強力な紫の光のクモの巣の中に座っている、あなたの領域の王または女王であるとイメージしてください。
＊このクモの巣のような保護装置が聖なる愛、聖なる知恵、そして力強い創造の起源としての目に見えない聖なる力によって作られていることをイメージしてください。
＊この保護装置が内面で聖なる愛、聖なる知恵、聖なる力の無限の流れを運ぶ三つの宇宙ケーブルとつながっていることをイメージしてください。
＊これらの宇宙ケーブルが全創造の至高の力のハートとマインドとつながっていることをイメージしてください。
＊この保護装置が知性をもって生き、あなたのまわりで脈動し、それを包みこむ知的宇宙へ向けて明確な指令が発せられるのを待っていることをイメージしてください。
＊紫の光で脈動しているこの領域が、やがて私たちがプログラムするものを吸収するのをイメージしてください。
＊この保護装置が生命コンピューターであり、あなたのマインドがソフトウェア・プログラムであるとイメージしてください。
＊あなたが求めるものすべてについて考えてください。たとえば、愛、健康、幸せ、富、幸福、情熱、目的などです。

＊これらの望みを明確にイメージし、考えることによって、あなたの保護装置にこれらが植えつけられていきます。あなたの願いのすべてが叶ったときの感情も加えてください。
＊共鳴の法則が、あなたの生命保護装置に植えつけられた明確な信号やイメージに応答するために必要なものすべてをもたらし、脈打つのをイメージしてください。
＊あなたの保護装置が、あなたのまわりの知的宇宙からあなたの領域に、あなたが望むもの、必要とするものすべてを吸収し、引き寄せていることをイメージしてください。
＊保護装置にあなたの思考や願望を刷りこみ終えたら、次にこれらのメッセージがまるでネオンサインのように生命保護装置内で光り、宇宙へ明確なメッセージを送っているのをイメージしてください。
＊「その通りです！」と3回言いながら、あなたの生命保護装置プログラムが活性化されたことをイメージしてください。

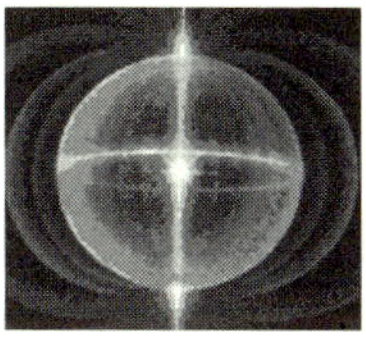

ヨハネス・エイデルマン博士の『Systematic Spherology of Biofields（バイオフィールドの体系球体学）』より。

図 15

基本的な生命保護装置がいったん創造され、場が整えられ、ＤＯＷの力を信頼するようになると、私たちの人生のすべての側面において場を調べ、再調整することが問題となります。すなわち、私たちが人生で何かを顕現させたければ、私たちの周囲に物質的な顕現を助ける協力的な力を与えなければなりません。明確な信号が必要です。ですから時間をかけて、あなたの人生のすべての側面であなたが何を求めているのかを真剣に考えてください。あなたの周囲の知的領域は常にあなたに反応し、あなたの優勢な信号を反映するイメージをもたらすということを覚えておいてください。

## ステップ2—基本的生命保護装置の維持：投棄、消散、不安定化

### 聖なる栄養プログラム——テクニック28　バイオシールドの維持

生命保護装置の維持管理は、ベータ-アルファ場に積極的にかかわる人々にとって必要です。個人的生命保護装置がエネルギーを反映し、反射し、向けなおすからです。個人の領域へのベータ場の影響が絶えず続き、強すぎるとき、私たちはベータ場の残留物を吸収してしまい、生命保護装置にその毒性の影響を受けてしまいます。これは私たちが細胞の記憶の中に、反射する鏡のような感情をいまだ定着させている場合に起きやすく、それによって生命保護装置にも鏡が備えつけられ、それが磁気的誘引の領域として作用するのです。

3本の宇宙ケーブルを通して私たちの生命保護装置を紫の光の源に接続させることによって、もし私たちが期待し、受け入れるならば、紫の光の絶え間ない流れが私たちの保護装置内とその周辺をほとんどの毒性から守ってくれます。紫の光は触れるものすべてを変容させ、その本質へと戻すからです。しかしながら、もしも私たちがベータ場の世界で積極的に活動する場合、ときおり不必要なエネルギーを私たちの保護装置から捨てる必要があり、これは私たちの周囲の場を不安定にすることなく行われる必要があります。

これを行うための一番の方法は、紫の光で場を満たすことです。変容こそが完璧な消散のためのツールだからです。

私はまた、保護装置の基本的エネルギー・パターンとそのプログラム・コードを強化する〈ＤＯＷ、今こそ生命保護装置を後押ししてください〉プログラムも気に入っています。生命保護装置を強化するためには細胞の記憶パターンを再調整することも重要であり、これは次のことを通して行うことができます。

(A)過去の苦しみを通して得た学びのすべてに感謝すること。
(B)運動療法または波動の医学を使ってバイオフィールド内に分離や弱さを作りだす毒性のある感情を、私たちの領域から手放すこと。
(C)私たちの内なる領域(経絡、血液、骨格、チャクラなど)と外なる領域(オーラ、身近な外的環境)を紫の光で満たすこと。
(D)また、毎日シャワーを浴びるときに、純粋な紫の光が私たちの生命保護装置とオーラを浄化し、栄養を与えることをイメージするのも役立ちます。

**自立するテンプレート**は、純粋に神々の食べ物だけで生きる人々にとって任意の生命保護装置です。

すでに述べたように、もう一つの高度な次元バイオフィールドのツールは、『*Biofield and Bliss Book 1*(バイオフィールドと至福1)』の中で紹介した自立するテンプレートの概念です。自立するテンプレートに関して私がもっとも好きな点は、それが私たちの既存のライトボディの中と周囲に編みこまれたエネルギー・マトリックスであるということです。このテンプレートは、ある特別なプログラムが作用するためのエネルギーの基礎、またはグリッドとして機能するためにデザインされています。『*Biofield and Bliss Book 1*』で紹介していない要素が二つあり、まず紫の光のスペクトルを使っていったん場が作られると、私たちは特定の感情――通常は私たちの人生と、ここにいる目的を恩寵《グレース》と喜びをもって満たすために必要な美徳――で、テンプレートに刷りこみをしなければなりません。この新しい自立するテンプレートが活性化されると、それは古いライトボディと経絡の領域に自動的に溶けこみ、重なります。

私は自立するテンプレートこそが、もっとも魅力的で価値のある生命保護装置だと思います。いったん元素の均衡状態へと活性化されると、生命保護装置は神々の食べ物の流れを一定にします。空気、地、火、霊的な光、宇宙の炎、アカシャーのすべての要素の完璧な均衡が、テンプレートの自立する側面を満たすことを可能にするからです。自立するテンプレートは特定の目標を達成するために刷りこまれた新たなライトボディ・マトリックスです。すなわち肉体的生命組織が食べ物、睡眠、水、または加齢の必要性から解放されることなどがその一例です。この新しいテンプレートは内面と外面の周波数場が釣り合い、十分強化されるとき、自動的に活性化されます。

自立するテンプレートは、宇宙のマスターが形をもつことを決意して物質的な肉体を創りだす方法を私が見せられた後で、編みだされました。私たちのＤＯＷが形をもって自らを表現するための生命組織を作るには、領域内で取り入れられ、明らかにされなければならない特別な肉体的プロセスがあるからです。「老化なし、液体なし、食べ物なし、睡眠なし」のシステムが実現するためには、元素の特別な整理が行われなければなりません。

自立するテンプレートの中のプログラムは、勇気、明晰さ、慈愛、委任、訓練、献身、ユーモア、謙虚さ、完全性、誠実さ、そして新たな感情の基盤として、私たちが直感的に必要とするものすべてを増大させるために、私たちの領域内に設定されます。

## 自立するテンプレートの創造

**聖なる栄養プログラム――テクニック29　自立するテンプレート**

＊瞑想状態で座り、第6章テクニック1、2のように愛の呼吸とヴェーダの呼吸で自分自身を調整してください。
＊ＤＯＷの鼓動とのつながりを感じるまで呼吸し、次のＤＯＷプログラムを使用してください。

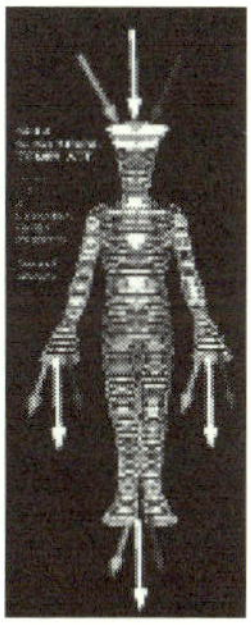

図16

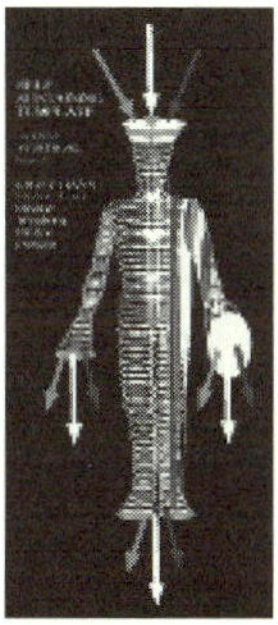

図17

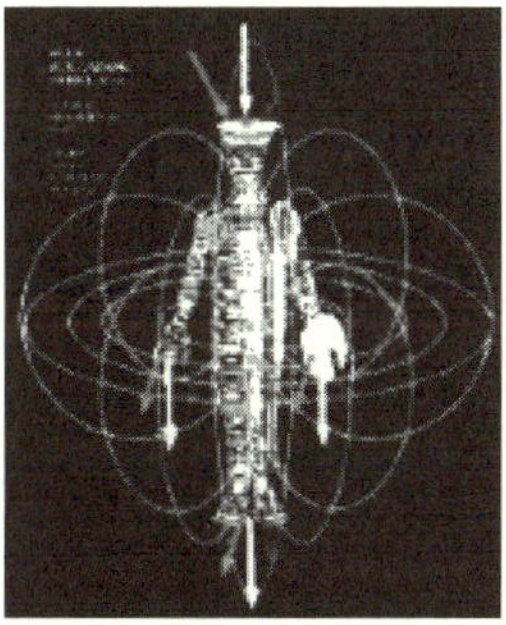

図18

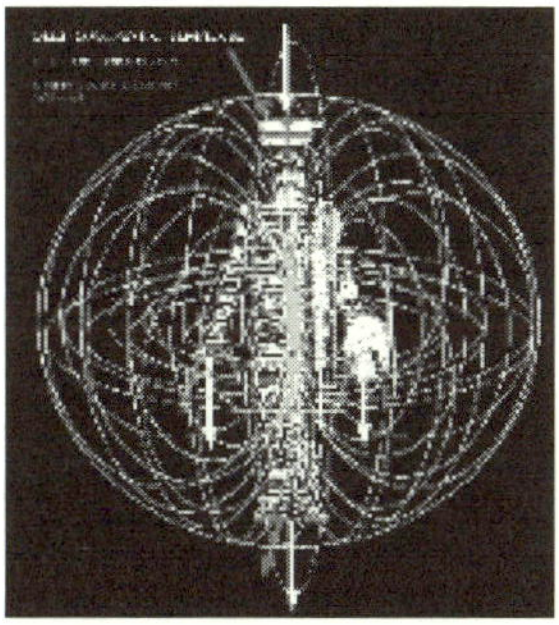

図19

**自立するテンプレートの創造の簡単な図**

「私は今、完璧な自立するテンプレートを創造するための助けをＤＯＷに求めます」

＊あなたのマインド内に精妙な、脈動する光の線で創られた繭のような、網のような体のテンプレートをイメージしてください。このテンプレートが新しく完璧に組みこまれ、強く活力に満ちた、網のような純粋な光のマトリックス——プログラムされることを待っている生命コンピューター——であるとイメージしてください。

＊これが新たなグリッドであり、至高の知性と、必要に応じて活用できるようテンプレートに無限の愛と知恵と力を絶えずダウンロードしている無条件の愛の宇宙コンピューターに接続していることをイメージしてください。

＊このテンプレート内に入り、テンプレートがあなたの中に溶けこみ、あなたのチャクラと経絡システムに定着するのをイメージしてください。

＊地、風、水、火のすべての元素があなたのまわりで固まり、分子と原子を集めてこの新しいグリッドとテンプレートのまわりに新たなバイオ・ボディを再編成するのをイメージしてください。

＊形成されていく新たな形は不老で、自立し、自己再生することをイメージしてください。

＊完璧なあなた自身のホログラフィックなイメージ——完全、全体、健康、幸福で満たされた状態——がこのテンプレートから輝きだし、不老で、光り輝き、自立しているのをイメージしてください。

＊あなたのＤＯＷに指示してください。「私は今、時間を越えて私の感情的な体験の学びのすべてを集め、感情の調和がとれた有効で健康なテンプレートを作るために必要な愛、慈愛、あわれみ、知恵、尊敬、共感、喜び、知恵、

力のすべてを集めることをDOWに求めます」

＊あなたの体が若返るのをイメージしながらDOWに指示してください。「私のバイオ・ボディのテンプレートが〇歳（25歳、35歳、45歳）になることを求めます」と、何歳になりたいかを考え、マインド内にこの新たなテンプレートのイメージを保ちながら、「バイオ・ボディ25歳、バイオ・ボディ25歳、バイオ・ボディ25歳」あるいはあなたが心に描いている年齢を3回唱えます。あなたの身体がこの新たな内なるテンプレートから刷りこみを受け、新たなライフスタイルに支えられて、この新しい内なるグリッドからあなたの身体が若返り始めることを視覚化してください。

このテンプレートが定着し、活性化するためには、加齢のプロセスを止めることや、このような若返りが可能だということを疑ってはならないということに注意してください。いったんテンプレートが作られ、私たちのライトボディと生命保護装置に定着したら、私たちはリラックスして生活し、それが私たちにとって完璧なタイミングで活性化されることを信頼します。テンプレートは私たちが快適なライフスタイルのためのプログラムを楽しみ、ポジティブに意識的に考え、完全に行動し、純粋なハートを維持することで元素の均衡に達したときに、自動的に活性化されます。

## そのほかの資料と装置

私たちの脳波のパターンをベータ–アルファ波からシータ–デルタ波へと変化させ、脳波パターンの変化によってもたらされる恩恵を記録するための装置が現在では開発されています。ポール・ルイ・ローサック氏の松果体訓練装置を用いた初期の研究では、私たちが脳波のパターンをシータ–デルタ場に同調させたときに次のようなことが起こることがわかりました。

①新陳代謝のリズムの変化
②呼吸のリズムの自然な変化
③肌の抵抗力の変化
④生化学の変化
⑤脳波のパターンの同時性
⑥脳半球の電気活動の同時性
⑦ストレスを与える刺激に対する電気皮膚反応の減少
⑧毎分の心拍数の低下
⑨毎分の呼吸のリズムの低下
⑩高血圧患者の血圧の低下
⑪人格の拡大
⑫不安の減少
⑬精神的な健康の増進
⑭自己実現の拡大
⑮知覚力の拡大
⑯より素早い反応時間
⑰短期、長期的なよりよい記憶
⑱アルコールやタバコの摂取量の減少
⑲自発的な電気皮膚反応の回数の減少
⑳高度な学力の発達
㉑新たな考えや概念を通したビジネスの向上

次元バイオフィールド装置や松果体訓練装置などは、バイオフィードバック循環のシステムを通して機能しており、プライマル・ファンデーション（www.primaltherapy.com）の研究によると、脳は優勢な場に自らの共鳴を自然に調和させる能力をもっているということです。

したがって私たちの脳と体液の両方に音楽やマントラの刺激を与えることで、私たちの場、伝達信号に興味深い変化をもたらし、結果的に人生経験を変化させます。またプライマル・ファンデーションは脳波のパターンを振幅、頂点の周波数、ベータ、アルファ、シータ、デルタ帯での力の配分によって描き、感情的な療法を促進するためにこの結果を応用しました。

彼らの研究は、主要なエネルギーを阻止または解放し、私たちの意識帯を分離し、感情の状態と反応をコントロールする「門」についても言及しています。そうすることで私たちが脳波のパターンを変えるときに、人生経験も変えることができ、ゆえに私たちの被害者意識が取り除かれ、マスターのレベルへと移行することができるということを確認しています。

## 気の機械

私たちの自由になるもっとも完璧で複雑なコンピューターが人類の生命組織であることから、私は個人的に機械に頼ることを好みません。私にとって私たちの脳波のパターンを自然に変えるライフスタイルの変化を通して能力の探求をすることは、常により健康的で自由な選択です。このような心の構えは「あなたの外側のものに、決して依存しないこと」と忠告を受けた、初期のヨガの訓練にさかのぼると思います。本当の力の源は、私たちのＤＯＷであることから、私は常にこれをよい忠告だと思ってきました。

以上のことを述べた上で、私は個人的に私のプログラミングの研究と非常に効果的に提携する**気の機械**と呼ばれる装置を楽しんできました。特定の恩恵を獲得するために、私たちの体液をプログラムしなおすことができるという考えは、江本勝氏の水の意識の研究によって支えられています。私たちの身体は70％が水であり、水が音楽や言葉に反応することを私たちは知っているため、私たちの生命組織の液体に直接的にプログラミングをし、調整することによって多くの結果が得られます。

たとえば、気の機械の装置は床に静かに横になり、振動するブロックの上に両足を乗せることで身体を左右に優しく動かします。セッションの後、気のエネルギーが足元から勢いよく流れだし、事実上私たちの生命組織を純粋なプラーナで満たします。このような激しい流れのときに「**完璧な健康、完璧なバランス、完璧な体重、完璧なイメージ**」などのようなプログラム（テクニック10）を活用することができます。これを特別な指のムドラーとともに行えば、私たちの細胞とニュートリノの核心まで深く入りこんで刷りこみを行うことができるからです。

しかしながらこのプログラムは、私たちが全知全能で愛と知恵に満ちた形をもった神であり、私たちの肉体、感情体、メンタル体が地上に聖なる自己を顕現させるという一つの機能をもっているという立場から言われるときにだけ、効果を現すということを忘れないでください。簡単に要約すると、以上のプログラムは、私たちの内なる神に完璧な肉体的、感情的、精神的、霊的健康を作りだす許可を与え、「完璧なバランス」の指令は全生命を通して私たちの存在のすべてのレベルに完璧なバランスをもたらす許可を与えます。完璧な体重のプログラムは物質的な食べ物の栄養を摂らないときに私たちの体重を安定させ、完璧なイメージの指令は私たちのイメージに関して社会やメディアの条件づけを手放すことを可能にします。

また、私たちが次のような普遍的な宇宙に取り囲まれていることを覚えておいてください。

・私たちが形をもった神であるとしてとらえている。
・常に私たちの個人的バイオフィールドを読み取り、私たちの優勢な思考とプログラムを理解し、それらを私たちにもたらす。

ですから私たちの絶え間ない独り言が「私は健康、私は幸福、私は平和、私は豊か」というようなマントラならば、これがあなたにとって初めのうちは真実であろうとなかろうと、やがて宇宙は「この形をもったマスターは、このように信じているからこの人のまわりの命の分子を再整理して、そのようにしよう」と言いだします。何度も強調しているように、これがすべての人にとって有益な生き方をしようと心から願う、純粋なハートで支えられた優しさと慈愛の本質をもつ人によって、誠実な感情をもって言われるとき、それは真実になります。

**聖なる栄養プログラム——テクニック30　気の機械**

＊気の機械の実験を行い、完璧な健康そのほかのプログラムを使用してください。
＊あなたのシステム内の違いを感じてください。

**ステップ13**

時間をかけて、2、3、5年後を目標とする肉体的、社会的準備の計画、たとえば3年以内に私は純粋にプラーナの光だけで生きるようになる、というような計画を立てます。次に右記のポイントを実用的に応用します。急ぐ必要はありません。この体験のために生命組織の準備をするのに何十年もかかる人もいれば、一生かかる人もいます。それが起きるスピードは、常にコントロールし変化させることが可能な私たちの周波数にかかっています。

**ステップ14　この選択を公表することがあなたの青写真にあるなら、「責任のある報告」のガイドラインを読み、適用してください。**以下を参照。

■責任のある報告

私がすでに退いたメディアを通した仕事（役割）の多くを現在担っている、プラーナで生きるある人物に関する批判のはね返りに対処した後、私はこの文章を書くように導かれました。主な出版業界からのこのような誘いを断ることができるのを喜びに感じ（少なくとも世界的に主流な報道機関の場合は）、私は日々、「一人になりたい」と言ったグレタ・ガルボのように感じています。

「オーストラリア人のアルファのグル、ジャスムヒーンがインタビューを断る」などと書かれたニューヨークの有名な記者（聖なる愛の力を尊重することができない人物）による最近の記事を読むのが私は大好きです。プラーナの力のような論議の的となる課題については、沈黙のほうが私にとってより有効であることがわかりました。すべての資料は集められ、提供され（www.jasmuheen.com/who.asp#lol の無料研究マニュアルを通して）、今はただ敬意のある受け入れのみを待っています。もちろん時間が常に私たちの擁護者になってくれるでしょう。

それでもなお、ホリスティックな教育問題に関して、メディアとの仕事に取り組むことを事前にプログラムされている人々にとって、この文章は役に立つものだと思います。

新聞、雑誌、ラジオ、テレビのインタビュー、ドキュメンタリーの求めに7年間応じてきた私にとって、この分野での任務を修了し、世界的に主流な報道機関に関して半引退状態に入ったことはすばらしいことです。

1999年後半、私は出版メディアの仕事をいっさい断り、生放送のラジオとテレビのみに出演することを決めました。私は非常に神聖な霊的イニシエーションの結果として生じたことについて、メディアがお祭り騒ぎをすることに失望したからです。主流な報道機関内でしばしば起こる誤った教育や騒々しい誤表現にも私はうんざりしてしまいました。挙句の果てに、私は理解力のあるリポーターとともに2時間も過ごし、確かな研究を協力的に徹底的に提供し、すべての天使についても責任をもって取り扱うことを入念に確認した後で、彼女の記事が事実上間違いだらけ――正確に言うと20ヵ所以上――であったことを知りました。私は「彼女はバカではないはず」と考えたことを覚えています。ですからこのとき私が導きだすことができた唯一の結論は、彼女が故意に人々に間違った情報を提供したということです。ゆえに私は人々へのこのような誤った教育を支持しないことを決意しました。ですから私はメディアとの仕事を、高レベルの誠実さで機能し、形而上学に理解のある協力的なジャーナリストたちだけに制限しています。そして彼ら全員に心から感謝しています。

1千回以上のインタビューを行い、1996年から8億人以上の人々と接触してきて、私自身いくつかの洞察を提供するのに十分なほど情報通であると思います。形而上学者としての私たちの仕事が、ホリスティックな教育であることを知った上で、私はそのように思います。私たちは皆、恐れが無知を通して生まれることを知っています。ある人にとっては恐れを消散させることが私たちの仕事の一部であり、またある人にとっては世界的なメディアとともに時間を過ごすことを意味するかもしれません。

それでは、次のことを始めましょう。

① より秘教に通じた人々のために、天使のマーケティング・チームとメディア・チームを、あなたのメディアとのつながりを監督する神聖な存在とともに雇うことをお勧めします。これは時間管理のためのすばらしいツールであり、私たちがエネルギーを無駄にしたり、誤用したりすることを防ぎます。私の広報活動メディアの代理人は、セント・ジャーメインで、最先端をいくリポーターだけを送ることを同意してくれました（残念なことに、最先端をいく編集者を頼むのは忘れてしまいました）。

② 主流な出版メディアで一般的な「切り裂いて焼き払う」テクニックに注意してください。これは意識のあるリポーターとすばらしいインタビューの時間を過ごし、調和のとれた、よく調査された記事を提供しているにもかかわらず、編集者が人目を引くためだけに記事を事実上切り裂き、結果としてあなたを焼き払い、あなたが提供した確かな引用や研究を消去することで、インタビューであなたが言ったことを不自然な、または範囲の狭いことのように見せるということを意味します。同じ編集者が、販売促進のために注意を引きやすく、センセーショナルで紛らわしいタイトルをつける傾向にあるようです。ジャーナリストとしての誠実さは、このような人々にとってあまり重要ではないようです。

③ 別の新聞から買い取られた記事は、印刷される前にストーリーや報告の正確さが確かめられるものと私たちは単純に思いこみますが、必ずしもそうではないことを注意してください。私はもっとも信頼性の高い雑誌が、情報の不確実な間違った記事を、事実を確認せずに売り上げだけを求めてセンセーショナルな記事を選ぶことを誰もが知っているタブロイド新聞から購入し、印刷するのを体験したことがあります。これらタブロイド新聞の多くにとっては、売上金こそが正しい理解や事実の報告を提供することよりも重要なのです。

④ ゆえに私は次のことをお勧めします。タブロイド紙にかかわらないこと、また、メディアのインタビューを受けることに同意する前に、報告に関する彼らのジャーナリストとしての誠実さと信頼性を確認してください。

⑤ あなた自身の誠実さを確認してください。なぜメディアとかかわりたいのですか？ あなたは名声や富への願望を心に秘めていますか？ あなたの題材をどれだけよく知っていますか？ あなたは自分が教えている通りに生きて

いますか？　あなたの体験は１００％真実に基づいたものですか？　ジャーナリストのほとんどはあなたを引っ掛け、常に偽りを探し、欺瞞や有名になりたいというあなたの隠された深い動機をあらわにするように訓練されています。あなた自身、あなたの商品、あるいはあなたの提案を１００％信頼し、自信をもって誠実に行動することが絶対に必要です。あなたの領域内のどのような不和も標的とされ、巧みに操作されてしまいます。

⑥　友好的でないメディアに対応するとき、決して攻撃に攻撃で対処しないでください。そうすることで人々を背けさせてしまいます。私が聖なる力についてと、私たちの細胞と魂に栄養を与えるその能力について世界的な舞台で紹介していたとき、私は怒っていたり、または攻撃的な医療関係者、精神科医、栄養士、さらには完全な攻撃モードに入った仲間の形而上学者などが目の前に座り、私を非難し、指さし、拳を震わせ、声を高くするような場面に数え切れないほど遭遇しました。その場に静かに座り、非難に対して愛に満ちた忍耐で応え、十分に調査された支えとなる資料を提供できることは、論議の的となる課題を扱うときには特にあなたのためになります。観衆はこのような不利な状況におけるあなたの穏やかさと精通に驚き、もしあなたが家にいる視聴者にも届くように十分な愛を放射する訓練をしている場合には特に驚かされるでしょう。人々はあなたの言うことの７％だけを学び、93％はあなたの声の調子、肉体的な動き、ボディ・ランゲージを通して学ぶということを覚えておいてください。

⑦　あなたが聖なる経路とよくつながり、あらゆる状況下で愛と知恵の完璧なボルテージを放射できることを確認してください。インタビュー者や支持者があなたやあなたの研究提議や商品をどのように扱おうとも、常に理解力、尊敬、敬意をもった本物のマスターらしく行動してください。これには特にあなたが追い立てられたときに反応するのではなく、常に行動することを可能にする瞑想の分野での訓練が必要となります。

⑧　もしもイベントの宣伝を行う場合は、そのイベントが観衆に無料のツール、または実用的で有益な研究を提供することによって、教育的でもあるということを確認してください。また、あなたが宣伝しているイベントが開かれる前に、インタビューが公表、または放送されることを確実にしてください。もちろん私はここでお金が支払われる広告について話しているのではありません。

⑨　可能ならば、どのような記事も公表される前に、実際の表現のための校正をすることを要求してください。しかしながら、主流なメディアでインタビューを受ける側が編集の権利を与えられるのはごく稀なことです。

⑩ あなたが署名するどのような契約も、弁護士が確認し、あなたが同意した条件下で機能することを確認してください。

⑪ あなたのメディアを通した世界的な活動が与える影響に注意してください。もしもあなたが以上のポイントに従わなければ、あなたの同僚や、特にこれらのポイントをすでに何年も適用してきた人々の信頼できる仕事を危険にさらすことになります。これは特にプラーナのヒーリングやプラーナの栄養、そのほかのエネルギー・ヒーリング様式のような論争の的となる課題に関連があります。私たちは伝統的な信念に挑戦しているのであり、形而上学と主流な世界の橋渡しをするために多くの人々が長年にわたって非常に特別な教育システムを計画してきたからです。ゆえにここで紹介されていることを十分認識することによってこれを支持することを求めます。

⑫ あなたの研究がお金の神を崇拝する人々にとっての脅威となる場合、以上のことすべてを行っても、ネガティブな光の中に描きだされる場合があることに注意してください。予防医療プログラムとして機能するライフスタイルは医療関係者の生計の手段を奪いますし、同様に物質的な食べ物の必要性から解放されることは10億ドルの食品産業、医療業界（私たちが病気にならないため）、製薬業界、そして聖なる力とその癒し（レイキ、プラーナのヒーリングなど）、導き（透視力、霊聴力）、またはもっとも論争の的となる私たちに栄養を与え、愛する能力がもたらす恩恵を体験したことがないすべての人を転覆させます。

⑬ したがって、主流なメディアに対応する場合に期待できる最高のことは、肥沃なマインドにいくつかの種を植えるということだけであり、ゆえにより多くの信頼性を提供することが、より良いということになります。ですからあなたのホリスティックな教育の仕事の結果に執着しないでください。正しい者、聞く準備ができた者だけが、あなたに引きつけられます。耳を傾けない者は準備ができていないか、または彼らがあなたの仕事の流れの一部ではないということです。

⑭ 魂、DOWの力、CNNは常に正しい経路を通してメッセージが聞き入れられることを確実にするということを覚えておいてください。インナーネットは腐敗しないので、それを利用してください。

⑮ 常に評価されるべきものに評価を与えてください。誰かのワークを学び、彼らのツールやテクニックを応用して特定の能力を開発した場合は、常にその人の研究を評価してください。たとえば、聖なるセクシャリティや道教の実習の分野における世界的に有名な研究者はマンタク・チアであり、プラーナのヒーリングはチョー・コク・スイ、人体

の驚くべき能力についての詳しい研究についてはマイケル・マーフィーの著書『*The Future of the Body*（人体の未来）』がすばらしい信頼性を提供しています。同じくディーパック・チョプラ博士もマインドと身体のつながりを理解する研究の第一人者です。

⑯ 同様に、あなたのワークを助ける重要な情報を誰かがあなたに送ってくれたときには、彼または彼女を評価し、適切な場面で感謝してください。互いの宣伝や尊敬に満ちた謝意の表明は協調の新たな計画の一部であり、聖なるエチケットとして奨励され、支持される必要があります。

⑰ あなた自身とあなたの研究商品、またはあなたの提案にもっとも有益なメディアを選択してください。たとえば、霊的またはホリスティックなプログラムは通常偏見が少なく、より開かれた報道をしますが、それらのプログラムもまた、番組に信頼性を加えるためにプロのサービスを引きこむことがしばしばあります。たとえば主流のメディアと秘教に通じたメディアの両方で、光で生きることに関する医師や栄養士の意見を聞くことがよくありますが、そのような専門家が瞑想をし、気やプラーナの研究に精通しているのでない限り、それは基本的には時間の無駄です。伝統的な栄養の研究のすべてはベーター-アルファの脳波パターンに定着している人々だけに適用するものであり、ホリスティックな生活を送り、シーター-デルタの脳波パターンで機能している瞑想者の大衆向きでないエネルギーのレベルや種類にアクセスする能力は、主流な研究者たちによっていまだ理解されていない事柄です。

⑱ 十分に準備し、十分な知識を身につけてください。マスターとしてあなたの人生を生きてください。常に完全に行動し、決して嘘をついたり真実を拡張したりしないでください。そして誰がなんと言おうと、何をしようと、常に明確な良心をもってください。

⑲ 最後に、論争の的となりやすい話題について主流な世界的メディアに対応することは、純真な心や気の弱い心の持ち主には向きません。信頼できるテレビ、ラジオや雑誌が彼らの都合の良いように事実を曲げ、誤った表現をし、さらには彼ら自身の隠された計画に合わせるために偽ることは、あなたを悲痛な思いにさせ、混乱させます。

⑳ あなたが経験や研究を通して発見したことに、すべての人が喜ぶわけではないということを覚えておいてください。特にお金儲けにうってつけの人や、何か失うものがある人は喜びません。名声、お金、セックス、権力の神々を相応な客観性で祭る惑星、人々が力を取り戻す惑星を作りたいと、誰もが願っているわけではありません。たとえば、神

は私たちを含めたすべての内に存在し、聖なる内面の経路を通して神を直接的に体験できると言うことは、聖職者の権力や多くの教会の基礎にとっての脅威となり、同じように安くて持続可能な新しいエネルギー源は、化石燃料の市場を独占している現存するエネルギー豪商らにとっての脅威となり、予防的ホリスティック医学のプログラムは、人々の不健康や病気の循環に生計を依存している伝統的な医学の党派の人々にとっての脅威となります。

㉑　この世界中の誰もが、純粋な計画をもっているのではありません。すべての存在の中に神を見いだすように私たちは訓練されていながらも、この世界でより良く生存するための新たな方法を提供して、否定されることがないと考えることは純真すぎます。

私たちのワークを公表するときには、特に挑戦を受けます。

㉒　ですから、世界的なメディアの計画に参加する人々への最後の忠告の言葉は、あなたが十分な知識を身につけ、勇気と非常に純粋なハートの両方をもっているのでない限り、それにかかわろうと考えることすらしないでくださいということです。

**ステップ15　あなたの聖なる栄養のライフスタイルの選択に関する家族と友人の教育**

これは改めて説明するまでもないことです。ただ、彼ら全員のＤＯＷと調和し、光り輝く実例となり、導かれるままに愛と尊敬をこめてすべてを行ってください。詳細について『*Ambassadors of Light*（光の大使）』を参照してください。

## 転換後——次は何でしょうか？

聖なる栄養プログラムのレベル３の栄養摂取について私が最初の本を書いた後、多くの人々は次のようなことについて十分に書かれていないと言いました。

「私は今純粋にプラーナだけで生きていますが、次はどうしたらいいでしょうか?」

「世界の反応や社会的な再統合の段階に、どのように対処したらいいでしょうか?」

これはガイダンスを与えるのがほとんど不可能な問題です。私たちの世界に対する反応はそれぞれ異なり、それは私たちがもつ青写真にもよるからです。

私たちがレベル3の転換の成功を内密にするならば、公表して現状に挑戦するよりもずっと楽に社会に順応できるでしょう。公表するならば、「責任のある報告のガイドライン」の多くがすべての分野に対処するために非常に役立ちます。

・人々は懐疑的でしょうか? ――確かにその通りです。
・このことに関して彼らは怒り、敵対するでしょうか? ――確かにその通りです。
・ときには嘲笑され、孤独を感じることがあるでしょうか? ――確かにその通りです。
・時間が経てば楽になるでしょうか? ――確かにその通りです。
・レベル3の栄養で生きるためには勇気と強さが必要でしょうか? ――確かにその通りです。

基本的に、私たちの転換後の成功は、人生と同じように開かれています。――それを生き、すべての瞬間にしかるべく対処しなければなりません。そして人生と同じように、私たちがＤＯＷに導かれ完全に同調するとき、すべてはずっと楽になります!

私たちに栄養を与え、支えるための場の編みなおしと場の感受性の解説に進む前に、よくある質問のいくつかに答えましょう。

# 〔第11章〕パート2 よくある質問とその答え

私はこの本の中で可能な限りの情報を提供したいので、過去10年間で私たちが発見したこのほかの論点の詳細に進む前に、『リヴィング・オン・ライト』（小社刊）の中ですでに紹介した質問のいくつかをここに加えるよう導かれました。

最初にまず、『リヴィング・オン・ライト』で示した21日間プロセスと、本書の中で私たちがお勧めしていることとの違いを明確にしたいと思います。21日間プロセスは、正しい周波数内にいる者が、聖なる栄養プログラムのレベル3の栄養摂取に移行することを可能にするすばらしい霊的イニシエーションですが、すべての人に保証されるものではなく、その成功は個人的周波数によってのみ決まります。ゆえに本書では、私たちの個人的周波数フィールドに働きかけることによって、私たち自身をゆっくりとレベル3の栄養摂取の成功へと同調させるためのすばらしいツールを提供しています。

以下は、『リヴィング・オン・ライト』からの抜粋です。質問のいくつかはこの本のために更新されています。

プラーナの栄養とは、光で生きること、または聖なる栄養プログラムのレベル3を意味します。

質問1　プラーナの栄養とは何ですか？　どのような効果がありますか？　いつ、どこで始まったものですか？

答え1　プラーナの栄養とその聖なる栄養の側面は時の始まりから存在しました。普遍的マインド――アカシック・レコード――によると、あらゆる生命体がプラーナの力だけで生きていた時代があったそうです。プラーナの栄養とは、普遍的生命力、または気のエネルギーから、あらゆる養分、ビタミン、栄養を吸収し、健全な肉体を維持する能力のことを言います。これを実践するものは食物を摂取する必要がありません。プラーナの栄養摂取者になるためには、マインドをマスターする必要があります。そのためにはチューニング（調律）された楽器のようにならねばなりません。つまり、細胞に蓄積された記憶から自分を制限する否定的な観念を排除するために、意識的に再プログラムを行うのです。

質問2　プラーナの栄養摂取者になるためには何が必要ですか?
答え2　先ほども申し上げたように、チューニングです。人間には肉体、感情体、メンタル体、スピリット体という四つのボディ・システムがあります。ちょうど4弦のギターのようなものです。それぞれが独自の音色をもち、互いに同調したときに音楽が生まれます。生きるということは、調和がとれた無限の存在になるための感動に満ちたプロセスです。楽器のようにチューニングできていないと、様々な感情、肉体、精神的疾病を体験します。プラーナの栄養摂取者になるための条件とは、ただ制限のない人生と最高の可能性を生きたいと心の底から願うことです。それは自分自身を尊重し、ワクワクするような可能性を心から探求することです。生きることに情熱を傾けること、私たちに与えられた創造の喜びと感謝でハートを満たすこと、肉体の五感と二つの洗練された感覚である「直感」と「認知」を通して、あらゆる次元から自分たちが望むものをすべて吸収することなのです。光によって生きることは、完全なる生き方を情熱的に探求する旅の自然な副産物と言えるでしょう。

質問3　利点と不利な点は何ですか?
答え3　まず最初に感じたことは、信じがたいほどの軽やかさでした。意識が広がり、エネルギーが高まり、多次元に拡大した感じがしました。これは私たちの内側にある聖なる光の輝きの特徴です。この聖なる無限の光を自分の内外に輝かせることによって、私たちはその資質を自分のものにするのです。物理的世界に縛られることなく、完全な自由を感じた日のことを今でもよく覚えています。選択の自由。創造の自由。学習と研究の自由。新しい生き方や思考を応用する自由。私は毎日、人生が贈り物であることを実感し、肉体をもって体験できる喜びを「創造の力」に感謝しました。そのとき「私は人間を体験している霊的《スピリチュアル》存在である」ことを思いだしたのです。今では、誰の中にも「共鳴の法則」によって生きるエッセンスを内在する霊的存在が見え、そのことに心から感謝しています。

そのほかの利点としては、エネルギー・レベルが上昇し、ヒーリングや透視、霊聴能力が高まったことでしょう。これは多くの人が報告しています。なかには髪が生え始めたとか、白髪が元の色に戻った、と言う人もいます。でもこれは単に食べるとか食べないという問題ではありません。あくまでも選択の自由なのです。たとえば私の細胞は生きるために食物が必要だとは信じていません。私には知性と経験に基づいた選択肢があります。食べるか食べないかとか、その結果生じるかもしれない望ましくない結末への恐れとか、そんなことはどうでもいいのです。私はただ、光によって生きたかっただけなのです。そのための方法は私の記憶のデータベースの中に保管されています。しかしながら、この旅の初期段階にあるほかの人々にとって、この道をより楽にするために、私の研究とその紹介を続けていきます。

私たちはともに学び、分かち合い、表現し合っています。不利な点があるとすれば、人との交際に困難を生じ、極度の孤立感を感じている仲間が多いことでしょう。なぜなら、西洋文化において食べることは快楽であり、感情をベースとした行為だからです。それゆえ、人付き合いにはどうしても食べ物がついてまわります。また、味覚の欠如からくる退屈感もある程度問題になります。プラーナの栄養摂取者の多くは、味蕾《みらい》を満足させるためにチョコレートビスケットやほかの味覚を、月に一度くらい味わっていますが、完全にそれらを絶った人々にとっては、このことは大きな課題になるでしょう。

私たちは、必要な栄養がすべてプラーナ・エネルギーの繊細な高次波動から与えられることと、食の必要性からの自由という事実を、身をもって示してきました。もちろん必要からではなく、味蕾を満足させるためだけに味覚を味わうことは可能です。感情をベースとした食と退屈感の関係性を見いだすために、私たちは今でも人間の精神の複雑さと深さを研究しています。

質問4　健康面におけるリスクや、栄養不足（鉄、ビタミンB12など）は起きませんか？

2003年の覚書：私にとって過去10年間でもっとも偉大な贈り物の一つは選択の自由と制限からの自由です。

答え4　先ほどの続きになりますが、生命のエッセンスはプラーナです。もしそれを選択するならば、不死と再生の肉体を維持するために必要なビタミンや栄養は、すべてプラーナの力によって与えられるでしょう。もし疲れを感じたり、健康障害が起きたりするのであれば、細胞やマインドの中に蓄えた信念や観念を変えないからです。私個人としては、意識的に自分のエネルギー・フィールドを完璧なビートに同調させたり、自分の現実は自分が創っていることを認識できない人にはこの旅はお勧めしません。有害な結果を招くことなく成功を収めるためには、高次の知性を尊重し、すべての制限を伴う観念を解放し、自分の直感的ガイダンスを信頼しなければならないからです。

2003年の覚書：医学研究者によると、人体はビタミンCを自ら作りだすことができず、壊血病を防ぐためにそのほかの栄養を食事で補う必要があるとされていますが、プラーナの栄養摂取者が血液検査を受けるとき、ビタミンCを含むどのようなビタミンも不足していることはありません。組織を通して十分効力のあるプラーナの力が流れるとき、健康を維持するために私たちの身体に必要なものすべてを与えることは明らかです。

質問5　身体に生理的変化は起きますか?

答え5　プログラミングと意志の力を使ってマインドをマスターしたら、自分の思いのままに体型を変化させることができます。私たちはこれを「再イメージング」と呼んでいます。このワークは高次意識を保持している脳の5分の4を活性化し活用することでもあります。人間は最高の可能性を追求しようとするとき、物理的現実を生きる「低次のマインド」の生存問題に深くとらわれる傾向があります。でも、この生存問題をマスターしてしまえば、高次意識の探求や瞑想、ほかの古代技法を自由に実践できるようになります。意識的に同調することが無限の生命を楽しむことを可能にするのです。

生理学的に言えば、脳下垂体と松果体の活動が上昇するのでテレパシー能力が開発されます。

2003年の覚書：この本のバランスの中で紹介したほかの多くの利益も得ることができます。

質問6　消化器官はどうなるのですか?　しぼんだり縮んだりするのですか?

答え6　内なるビジョンを使って体の内部を観察すると、ちょうど波のようなエネルギーの流れが見えます。これは宇宙の力に指示をだして、プラーナ栄養を得るときに起きる反応です。プラーナは皮膚の毛穴を通って流れますが、シロナガスクジラが何トンもの水をふるいにかけてプランクトンを取りこむプロセスとよく似ています。実際に内臓や骨格、血液の流れの中をのぞきこむとまず驚きますが、私には、だいたい優れた健康を示す兆候が見えます。このような、直感を使ってエネルギー・フィールドを読む「内なる診断」能力は、第6感が活性化したことによって起こります。ただし、細胞レベルの不純物を燃焼している場合、診断内容は異なります。この不純物とは、有害な思考や感情、有害物質の摂取などから生まれます。

新陳代謝が変化しますし、通常の消化のプロセスを必要としないので、胃は縮みます。でも、医師や対症療法（病気を薬やメスを使って治す一般的な医療）および代替療法を行うセラピストたちによる健康診断は、非常にポジティブな結果を示しています。一つ問題があるとすれば、ほとんどの西洋医学者たちはこのような生き方を選択した人間を診た経験がないため、比較対照できる基準がないということでしょう。でも、私たちが自らの波動とエネルギー・フィールドをプラーナによって維持できるレベルまで同調できるようになったら、エネルギー体に病気や不調が生じることはもうないので、セラピストや医師たちに診てもらう必要はなくなるでしょう。

消化と栄養はまったく別の次元で話し合われるべきものです。エーテル（プラーナ）だろうと物質（食物）だろうと、内臓器官や血液、骨に栄養がいき渡ってさえいれば、健康と活力を維持することはどちらでも可能です。自己診断に関しては、洗練されたエネルギー・ワークのトレーニングを受け、実践していた過去生の記憶を思いだすことをお勧めします。自分の意識を自在に操り、エネルギー診断を普通に行っていた経験を思いだすのです。この能力は、直感を使って「ユニバーサル・マインド」、または「高次の集合意識」に同調し、つながることなのです。自分の意識を映しだす波動のみを引き寄せますので、決して誤用することはありません。

簡単に言えば、あなたが自分のマインドをマスターして無限の現実創造プロセスを始めるとき、究極の健康を達成できます。それまで内臓器官は自らの健康を維持し、機能向上に努めていくでしょう。プラーナ摂取は、私たちを真の意味で生かしてくれる、純粋なエネルギー・パワーの存在を証明するもっともパワフルな手法です。それなくして私たちは生存できないし、喜びや無限の世界を知ることもないのです。以下の宣言をしてみましょう。「親愛なる偉大なアイ・アム・プレゼンス*よ、私の低次の体のすべてを完全にマスターさせてください。あなたが私の中で完全に体現できるように。私は今、あらゆる次元における聖なる魔法《マジック》と熟達《マスタリー》、天国を現実化します！」
なんと力強い宣言でしょう！　良質のプログラムと思考は、良質の人生経験を与えてくれます！

＊の部分は、「内なる神の力」でもいいし、「内なる師」、または「母なる、父なる創造主／神」でもいいでしょう。自分が使いたい名称を入れてください。

質問7　味蕾には何が起こりますか？　味覚が恋しくなりませんか？

答え7　このワークを実践する多くのパイオニアたちにとって、一番つまずきやすいブロックは、味覚と食感への欲求です。でも、これは喜びの旅なのですから、否定しないことが大切です。私たちは、感情エネルギー・パターンと食物への感情的依存について研究を進めていますが、それらが解明するまでは、ときどき味覚を楽しむことも止むを得ないかもしれません。食べることをやめると、人はスパイシーな味覚や強い甘味を求める傾向が出るようです。もちろんその中間もあり得ますが、欲求が出たときにその味覚を口にすることで満足感が生まれます。現在、私たちは食物意識を超越するための再プログラミング技術を活用していますが、大切なのは否定することではなく、喜びに満ちた旅を続けることなのです。

２００３年の覚書：人々が食べ物に関する感情的依存や社会的習慣を手放すのを10年間見続けて達した私の結論は、ほとんどの人にとってゆっくり行うほうがよいということです。この新しい本の中で推奨している方法は、人々が最小限の混乱だけで移行することを可能にします。また、多くの人々が食べ物をめったに見ないことで誘惑が減り、「スナックなし」の方針がより簡単になったと言っています。同じように私たちのワークショップに参加する50％の人々が今生で液体も必要としないよう事前にプログラムされており、水を飲んだりお茶を入れにキッチンに行く必要すらないことが移行をより簡単にしています。再度強調しておきますが、これは自己懲罰、厳格さ、否定、あるいは苦行僧の厳しい道などではありません。

質問8　また以前の食習慣に戻ることは可能ですか？　そのことで何か問題は起きますか？

答え8　この旅の探求者の大多数は、以前の食習慣に何の問題もなく戻っています。スープから始めて徐々に果物、野菜へと復食し、いつもの食事に戻します。通常、社交上のプレッシャーや、人と違うことに疲れた人たちに多いようです。これは大多数の人に適応するライフスタイルのプロセスではありません。ほとんどの人はこのワークの話を聞くと、まずそれは不可能だと感じるか、食べることの喜びを失ってまでなぜこんなことをする必要があるのだろう、と疑問をもつようです。しかしながら、この人類の新たな選択をもたらすように事前にプログラムされていて、これをまったく自然に感じる人も多くいます。

質問9　脱水症状の心配はありますか？　プラーナの栄養摂取者は水だけを飲むのですか？　それともほかの飲み物を飲むこともありますか？　カフェインやアルコールなどの刺激物はどうでしょうか？

**答え9**　完全な無食無飲を選択する人もいますが、西洋のプラーナの栄養摂取者の大多数は人付き合いの必要性からお茶を飲んでいます。アルコールは体のエネルギー・フィールドの波動を下げるのでほとんどの人は飲みませんが、マインドをマスターして、体内に入るものすべてを光に変容させている人もいるかもしれません。私自身は今でもおいしいお茶が大好きです！

質問10　体の成長、発達、サイズに影響はありますか？　太ったプラーナの栄養摂取者はいますか？

**答え10**　この実践に成功している人たちは調律された楽器です。体の分子構造を自由に操作して、体のサイズや体型を再プログラムし、思いのままに変えることができます。肉体は生体コンピューターで、マインドはソフトウェア、人生はその両者を通して印字されたものなのです。もし人生の一部が気に入らなければ、ソフトウェア・プログラムを書き換えてしまえばいいのです。良質の思考は良質の人生を生みだし、無限の思考は無限の人生を生みだします。

「太ったプラーナの栄養摂取者」についてですが、なかには減量が目的でこの旅を始める人がいます。これはスピリチュアル戦士のための聖なるイニシエーションですから、そういう人たちは、このプログラムを最後まで終えることはできず、途中で元の食生活に戻ってしまいます。意図が純粋でなければならないからです。もとに戻ろうと戻るまいと、この「21日間プロセス」は新しい認知パターンを創造します。プラーナ摂取だけで何ヵ月、もしくは何年も生きることができる体験は、私たちの細胞の記憶の中に蓄積され、たとえ微細であったとしても、パワフルな内的自由を得ることができるのです。

質問11　睡眠に与える影響は？　プラーナの栄養摂取者は瞑想するのですか？　エネルギーは高いですか？

答え11　プラーナの栄養摂取者の多くは以前の睡眠時間の半分だけ眠るか、睡眠の必要性を完全に克服しています。通常は自分の意志で幽体離脱を行い、ほかのエネルギー帯域に入ることを目的として、寝たいときに寝ています。

瞑想は自分をチューニングするためのもっとも効果的な手段です。内面の聖なるエネルギーの無限の本質にアクセスさせてくれます。プラーナの栄養摂取者の多くは「永遠なる今」を意識的に生きていますが、西洋文化の喧騒から逃れて静寂を楽しむために瞑想しています。

エネルギー・レベルには目を見張るものがあります。特に必要に迫られたときには。これは物質を超越したマインドの旅であることを、よく覚えておいてください。DOWが私たちに栄養を与えているというもっとも明確な証拠は創造性のレベルの拡大を体験することであり、睡眠の必要性や欲求が減少し、私たちのエネルギー・レベルが非常に高くなります。

質問12　寿命に影響を及ぼしますか？　若さを保てますか？　それとも老化しますか？　美しさに与える影響は？

答え12　一般論ではなく、私個人の見解についてお話ししましょう。肉体の不死は、プラーナの栄養摂取の問題と切っても切り離せないものです。インドのギリ・バラやキリストの聖痕を現したテレーゼ・ノイマンはプラーナの栄養摂取者でしたが、優雅に年を重ね、テレーゼは亡くなりました。プラーナの栄養摂取者になることは、不死を保証するものではありません。ただし、松果体と脳下垂体を再プログラムして、生命維持ホルモンのみを生成するようにできたら可能でしょう。不老不死を得るためには、自分は死ぬのだ、という観念を手放す必要があります。そして、思考や感情、食事から蓄積した毒素をすべて体から排除しなければなりません。

これは浄化の道であり、神のオーケストラ内のもっとも美しく調律された楽器になる道なのです。若さの泉にアクセスできるか否かは、すべてその人の観念や信念体系にかかっています。私は自分の乗り物（肉体）の主人であって、奴隷ではありません。自分の人生の目的を成就して、すべての仕事が終わったとき、この肉体を光の世界に連れて帰ることが私の望みです。体をないがしろにしたり、乱用して朽ち果てるのではなく。

非常に少数ではありますが、シャーマニックな変身術を身につけている人も中にはいて、自在に外見を変えられます。でも、肉体の美より波動の美しさを維持することのほうがずっと大切であり、その人自身の聖なるエッセンスから愛と光を放射している存在ほど美しいものはありません。

質問13　性的欲求と性関係にはどのような影響を与えますか?

答え13　パートナーのいるプラーナの栄養摂取者の多くは、タントラかタオを実践しています。これは脳と全身のオーガズムの双方を刺激する性エネルギーの流れを導く手法です。これを意識的に実践するためには、小周天のテクニック（マンタク・チアの著作『*Taoist Secrets of Love*〈タオ性科学〉』〈エンタプライズ刊〉参照）を使って、性エネルギー（ベースと第2チャクラ）とスピリチュアル・エネルギー（クラウンとサードアイ・チャクラ）、無条件の愛のエネルギー（ハート・チャクラ）を融合させます。

なかには禁欲を選択する人もいますが、これは性交渉の機会がないためではなく、性の生命エネルギーをより高く洗練された、クリエイティブな波動に変容させるためです。健康な肉体は性的です。性エネルギーはより高い波動に変容するか、または生殖やタントラのために使われるべきでしょう。

質問14　国際的なプラーナの栄養摂取者の組織団体はありますか?　もしあるなら、それはカルトか、宗教団体ですか?

答え14　いいえ。プラーナの栄養摂取者であることは、私の存在全体の2%しか占めていません。ほかの人たちもそうですが、自ら進んでパイオニアになったのです。世界の飢餓問題へのすばらしい解決策となる可能性を秘めているため、私たちは多くの人に、食物や睡眠、時間の制限から自由になる生き方を見てもらい、できれば体験してもらいたいと願っているだけです。体温コントロールができたり、食物や睡眠が必要なくなるのは、無限なる存在になって最高の可能性を探求する過程での副産物にすぎません。これは数え切れないほどのヨギたちがすでに実践していることです。イエスは言いました。「私を信じる者は、私が行う業を行い、また、もっと大きな業を行うようになる」（ヨハネ14章12節）と。

2003年の覚書：この新しい存在方法の一部となるために自らの内なる呼びかけに答えているすべての宗教、霊的信念の人々に、これは事前にプログラムされている人が行うものであり、それは第11章のテクニック20によって調べることができるということを私は常に言っています。

■よくある質問とそうでない新たな質問の追加

質問1　プラーナだけで栄養を摂取している女性が、健康な子どもを産むことができますか?

答え1　はい。これはすでにドイツ、スイス、ブラジルで実例があります。私たちのほかの文章でも解説しているように、体が十分な栄養を摂取している限り、肉体的に問題はありません。また、聖なる栄養のマドンナの周波数は農薬、着色料がないため遺伝学上の変化を起こすことがなく、物質的な食べ物よりもずっと純粋な栄養源です。より清潔な栄養源でもあります。物質的な食べ物のように私たちの生命組織が分解し、栄養を吸収し、無駄なものを排泄する必要がないからです。

女性が次の二つのうち、一つをすることをアドバイスします。

＊疑いがなくなるまで、純粋にプラーナだけで生きられることを自分自身に証明し、妊娠する前に少なくとも6ヵ月間はこれを続けること。

＊または子どもを産んだ後で、純粋にプラーナで生き始めること。

この理由は、どのような疑いも胎児の栄養の流れを妨げ、肉体的な問題を生じさせるからです。これはどんなことがあっても避けなければなりません。

質問2　母親は子どもに何を与えますか?

答え2　赤ちゃんが食べ物への欲求を示すまで、母親たちは母乳、そのほかのミルクを与えます。新生児がマドンナの周波数の聖なる栄養の経路にすでに同調していることは興味深い現実ですが、彼らが適切な栄養摂取に成功するかどうかは、周囲の場にかかっています。

たとえば、ブラジルに住む光で生きているある女性の赤ちゃんは、3日から4日に一度の食事で順調に体重を増やしており、健康的です。しかしながら、若い母親の実の母と義理の母、そして友人たちは、彼女が赤ちゃんにわずかの食事しか与えないことを心配し、彼女たちの安全への恐怖をこの母親と赤ちゃんの場に絶えず投影しています。このこと自体、聖なる愛が彼女の子どもに栄養を与える道を妨げています。恐怖の波動は彼ら自身のエネルギー場で、彼らが恐れるものを顕現させるからです。これは金縛り状態です。子どもの栄養に関して私たちには大変な責任がありますので、定期的な検診を受けることをお勧めします。もし子どもが食べる量が少なくても成長しているならば、その子はマドンナの周波数赤ちゃんかもしれません。

20年以上前、私の子供たちが非常に幼いベジタリアンだった頃、このことが学校でどれだけ問題になったかを私は覚えています。もしも子どもが聖なる栄養によって栄養摂取をしているとしたら、学校や学校の友達の家族の上にどれほどの大混乱を引きおこすか想像してみてください。それでも、このような子どもたちは偉大な愛と意識をもって生まれ、現状に挑戦するために必要な勇気のすべてを間違いなくもっています。30年前の私たちにとってベジタリアンであることが困難だったのと同じように、現在私たちが聖なる栄養だけで生きることは社会的に受け入れられませんが、時間が経てばこれが変わることを歴史が証明してくれるでしょう。

質問3　プラーナの栄養で生きることに成功した後で、物質的な食べ物を食べた場合はどうなりますか？　体重は増えますか？　生命組織はどのように対処しますか？　長い間食べ物を食べなかった人の新陳代謝のスピードは低下していると思いますが、新陳代謝に関してはどうでしょうか？

答え3　プラーナの栄養摂取への転向に成功した人の多くは、社交的な理由や感情的な理由、あるいは自然な調整プロセスの一部としてときおり食べ物を味わう喜びにふけることを好みます。しかしながら、まず注意しなければならないことは、*はぎ取りの結果として多くの変化が体の中で起こり、これらが体の代謝のスピードに大きく影響し、即座にスピードを低下させるということです。その結果として、どのような食べ物の摂取も最初は体にとって不必要なものとみなされます。プラーナが体に必要な栄養のすべてを供給しているのに、なぜ食べ物が必要でしょうか？　ゆえにこの食べ物は脂肪として蓄えられ、エネルギーの貯蔵は私たちがエクササイズのプログラムを増やすか、または物質的な食べ物の摂取をやめることによってのみ消費されます。私たちの肉体の機能は聖なる栄養の現実に非常にポジティブに順応しますが、私たちの感情体にとっては、社会的な孤立感からこの選択への移行がより困難であることが研究で明らかになっています。社会的孤立感と疎外感が、ライトイーターがときどき社交的な食事をする主な理由の一つです。

＊はぎ取りと重ねなおしのプロセスについては後ほど紹介します。

質問4　次元バイオフィールド科学やマインド・マスタリーを使って元素との均衡状態に達した人は、瞑想や快適なライフスタイルのためのプログラムを実践する必要がなくなるのでしょうか?

**答え4**　簡潔に言ってしまえば、もちろんその通りということになります。しかしながらこれには身につけるために一生かかるほどの精通した状態が必要です。また、強力なデルタ場の蓄えを築き、アクセスし、さらにヨガの「超現実」の領域内で十分な時間を過ごし、取り返しのつかないほどに変容しなければなりません。この状態はヒマラヤのような騒音やエネルギー汚染のない純粋な環境に住むことを選んだほうが、より維持しやすくなります。都市に生活する、または都市を頻繁に訪れなければならないヨギたちは、定期的にエネルギーを再調整する必要があります。ゆえに快適なライフスタイルのためのプログラムは、私たちが濃密なベータ-アルファ場内を移動する間、私たちを調整する日々のエネルギーのシャワーのようなものです。

質問5　栄養を摂るために物質的な食べ物を食べる必要性から自由になるためには、この本の中で推奨されていることすべてを行う必要がありますか?　ある人々にとっては、すべてがあまりに複雑すぎるように思えますが?

**答え5**　簡潔に言うと、答えはノーです。この移行をほとんど瞬間的に行った人に、私は数多く出会いました。繰り返しますがこれは彼らの波動と、彼らの肉体的、感情的、精神的、霊的健康につながる日々のライフスタイルによるものです。聖なる栄養が絶えず彼らの内に流れ、必要な栄養のすべてを提供する機会をもっているという情報を聞くとき、彼らはこれを本当に理解し、DOWを知り、信頼し、すばやく移行することができるのです。

また、私たちが行ってきたメディアでの仕事を通して8億人以上の人々に、私たちのDOWの滋養に満ちた力について話をしたことにより、この現実を形態形成の領域にしっかりと定着させることができました。したがって現在ではより多くの人々がわずかな準備で聖なる栄養へとつながっています。
これは次のことが原因で起こります。

*彼らをシータ周波数帯に存在させるライフスタイル
*この可能性に対する彼らの考え方の変更

私が誰かとこの話題について語りながら数時間過ごした後、その人がほとんど即座に、健康的に食べることをやめることはもう珍しいことではありません。また別の反応は、彼らが家に帰り、数日間あるいは数週間あらゆるものを食べ尽くすことです。彼らのインナー・チャイルドが食べ物の喜びに対する感情的な執着を手放し、この新しい範例に順応するための対応を始めるのです。

このシリーズの最初の本を読んだことがある人は、聖なる愛とプラーナが私たちに栄養を与え、物質的な食べ物を食べる必要性から私たちを解放するということを理解しようとしながら、私たちの思考がいかに進化したかを証明することができます。私たちの研究を理解し、形而上学的理論を受け入れる人々もまた、私が常に物事をシンプルにしたいと願っていることを知っています。しかしながら、私たちの生命組織とその機能の仕方はそうではありません。私たちの肉体は63兆個の細胞からなる複雑な生命コンピューターであり、私たちの宇宙の63兆個の星と調和して機能しています。すべては神と呼ばれる至高の知性の体の細胞として完璧な調和の中で機能しています。

このクリヤ・ヨガの実習を簡単なものに戻すために、私は聖なる栄養とシータ場の栄養摂取のための最初の必要条件に戻らなければなりません。それはこの変容のための準備として内なるガイダンスに従い、直感に従って行動するということです。そこには正解も間違いもなく、個人的な実験をすることと、DOWの声を信頼することはこの旅に不可欠です。2002年にポーランドを訪問中、私は非常に興味深いロシア人男性に出会いました。彼は聖なる栄養で生きるための様々な方法や提案に関する調査をしており、私は彼のリストの5番目だと言うのです。つまりより多くの方法が普遍的なマインドにアクセスできる人々によって絶えずダウンロードされており、このような方法で栄養を摂取するということは単に基本的な奥義の進化の問題だということです。

質問6　この範例に移行したり元に戻ったりすることによって生命組織内で起こる「はぎ取りと重ねなおし」のプロセスについてあなたは述べていますが、これはどういう意味ですか?

答え6　微細なエネルギーとのワーク（瞑想のような）の中で私が最初に気づいたことの一つは、変化を作りだしている活動をやめるまで、私たちはその変化に気づかないということです。私たちは「微細な」エネルギーを扱っていますので、私たちの生命組織内の変化は意識のゆるやかな変化として現れます。同様に光で生きる現実のための準備期間中、私たちの生命組織はより濃密なエネルギーが洗練されていく、微細でゆるやかなはぎ取りのプロセスを体験します。私たちが、より濃密な周波数へと戻る選択をし、重ねなおしのプロセスを開始したときにのみ、私たちはこの「はぎ取り」のプロセスが起こったことに気づきます。

私がこの現象に気づいたのは2年以上食事をいっさい摂らず、その後5年間1日300カロリー以下で生活した後のことでした（生姜茶に加える豆乳と砂糖、少量のチョコレート、または軽いかぼちゃスープなど）。1年間軽い食事を週に一度摂取し続けた後、私は1年間休暇をとって私の代謝のスピードを再び刺激し、周波数の密度を上げて社会的な関係をもてるようにすることを決意しました。この間、私の内面が光の透明な物質からより密度の高い形態へと、肌の下に何層にも編みなおされていくように感じました。それはまるでいったんはぎ取られて非常に軽くなり、そのときかろうじてそこに存在していたかのような感覚でした。そして私は自らの選択で重ねなおしの形態を経験しました。興味深いことに、この期間中、私が摂取するよう導かれた物質は生姜とかぼちゃのみで、これらは両方とも私たちの脳波のパターンをシータ場に接続させる化学物質の生産を促すものとして知られています。

ここでお話ししておきたいのですが、ある人々にとってこの新しい範例の道は絶え間ない実験の道であり、物質的な食べ物を二度と食べないという考えは多くの人にとってあまり魅力的ではありません。この道に導かれた多くの人々は通常、二度と食べ物を食べないという考えからではなく、個人的な拡大や自由を求めてこれを行います。このことを述べた上で、ほとんどの人は意識の好ましい状態とは純粋にプラーナの栄養だけで存在しているときであると言い、私の個人的な体験もまたそうです。しかしながら、はぎ取りと重ねなおしの観念は医学的な研究を考慮に入れる場合に調査される必要があり、残念ながら意識の拡大を図ることは、私たちが経験する個人的恩恵や脳波のパターンの変化を計測することによってしかできません。

質問7　多くのヨギ、シャーマン、形而上学者の「究極の」目標は悟りのエクスタシーを経験することです。聖なる栄養はこれをどのようにサポートしますか？　神々の食べ物へのアクセスはこれほどまでに求められている状態をもたらすのに役立ちますか？　また、フィールド力学についてはどうですか？

答え7　次元バイオフィールド科学の分野でこれは興味深い挑戦です。たとえば次ページの図20は密度の濃い物質的現実世界に住んでいながら、高次の聖なる本質によって導かれている存在の古典的な図です。

質問は次の通りです。

1　現在の深遠な現実が上昇することではなく、私たちのDOWをこの物質的世界に「降下」させ、キリスト、または仏陀の意識を現すことだとしたら、主にシータ-デルタ場の存在が、どのようにしてベータ-アルファ場内に存在できるのでしょうか？　これは水と油を混ぜ合わせようとしているようなもので、ゆえにエネルギー的配合禁忌ではありませんか？

2　神がいたるところに、すべての内に存在するというのが現実だとすれば、私たちはすでに悟りに達しているはずではありませんか？

3　私たちのDOWが物質的世界に降下するのをサポートするために、どのようにしてフィールド力学を変化させることができますか？

以上の三つの質問は、すべての秘儀の生徒であれば、ある時点で哲学的思考の中で直面する問題であり、特にフィールド科学にかかわる人々は直面します。その答えは非常に簡単です。まず、人類の進化の現時点で、私たちが単に個人のアセンションではなく集団のアセンション力学に注目していることは真実です。この時点で二つ

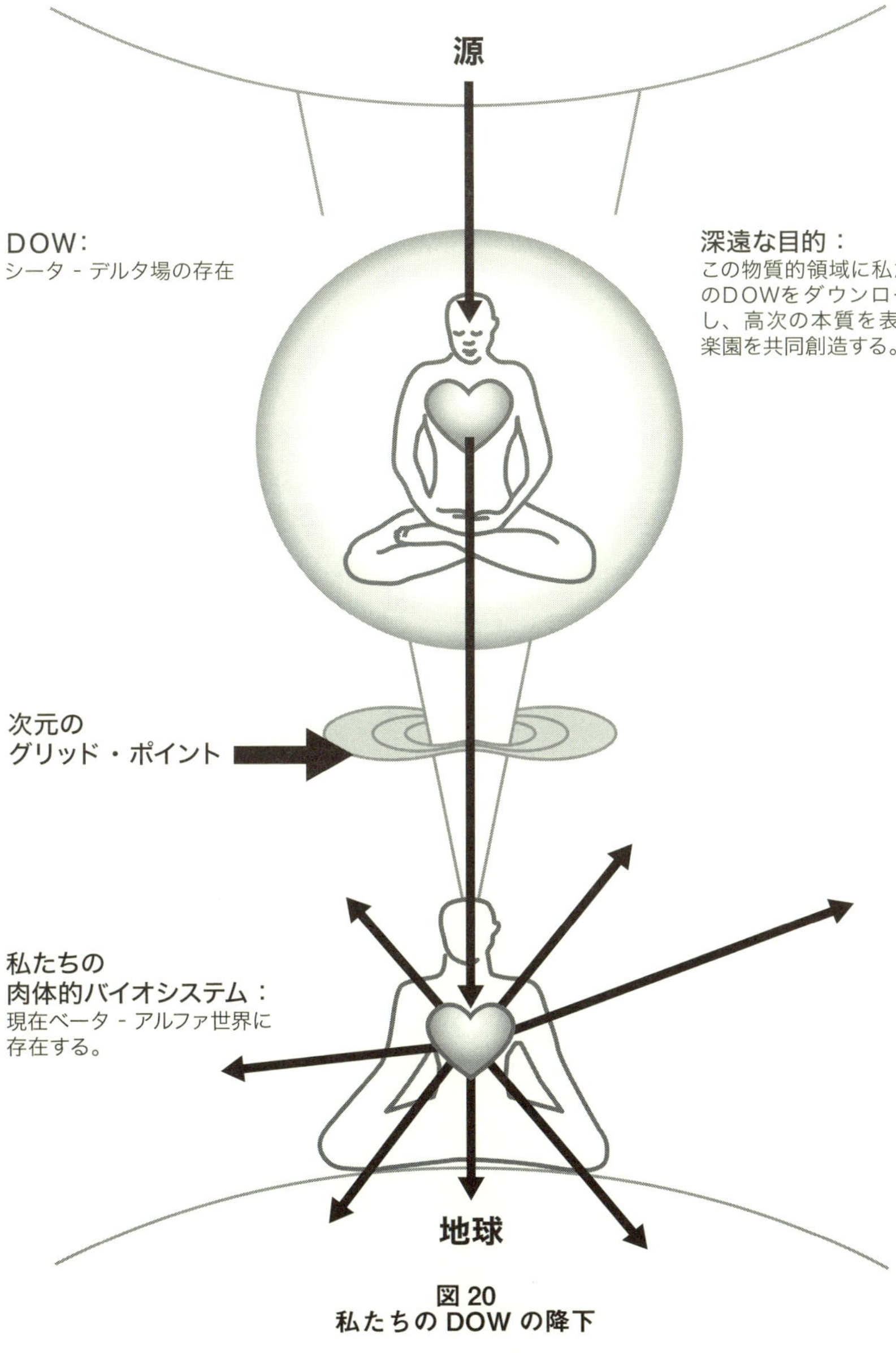


図 20
私たちの DOW の降下

のグループが手を取り合ってアセンションすることが運命づけられています。

神々の食べ物へのアクセスを発達させるために、ライトイーター（プラーナの栄養摂取者）に必要な感性のレベルは非常に高く、ベーターアルファ界に生活しながら私たち自身の周波数をシータ波に維持することは、生命保護装置の利用によって対処できる問題です。この装置については紫の光の力の詳細な分析とともに後ほど詳しく説明します。この生命保護装置は宇宙ホテルとして作用することができます。私たちはこれをシーターデルタ場の紫の光のスペクトルで満たし、私たちのＤＯＷが存在するための適合性のある環境を作ります。

(A)私たちが愛と光の無限の源にアクセスすることを可能にする「吸収よりも放射する」心の構え、第7章にある宇宙の源のケーブル接続の瞑想。
(B)常に完全な存在らしく行動し、似たような力を引きつけるという約束。

これらとともに、私たちはこの物質世界の中で私たちのＤＯＷと十分につながることができ、ＤＯＷを引きつけ、保持し、輝かせて世界中を移動することができるようになります。

生命保護装置の使用は、私たちの肉体的な生命組織の周波数をＤＯＷとその栄光のすべてと合わせるために、フィールド力学を変化させるための一つの方法です。しかしながら私たちのＤＯＷはその光と愛を受け入れる受容力に応じて、私たちの回路にその力をダウンロードできるという点に注意することが重要です。私たちの受容力は、第6章にある快適なライフスタイルのための8ポイントのプログラムを通して拡大することができます。

次に悟りに達するということは、光に満たされることを意味しますので、愛と光の聖なる栄養の経路に同調することはこれをサポートするでしょう。また、現在の一般的な秘儀の理解は、私たちが焦点を合わせるものが成長するというものですから、私たちが常に悟りに達するためのプロセスにあるなら、そこに達することは決してありません。しかし、もし私たちが悟りに達したように行動するならば、宇宙はこれを現実としてもたらします。秘儀の考えや経験に基づく古代の知恵は、シータ-デルタ波の栄養摂取が魂のレベルで個人の悟りの状態を作りだすということを私たちに教えています。それは光に満たされた状態です。シータ-デルタ波の周波数を引き寄せ、保持し、放射する私たちの能力が拡大するに従って、私たちの内なる領域がよりＤＯＷの力にアクセスしやすくなり、より多くの細胞が輝き、原子が強化されます。ＤＯＷの内在的な本質は癒し、エネルギーを与え、強化することです。この私たちのＤＯＷの気の放射の増大が非常に興味深い副産物をもたらします。

明らかな恩恵は次の三つです。

1　気の流れが常に生命組織を活気づけるため、睡眠の必要性が減少します。
2　アルファ、シータ、デルタ場内で過ごす時間を通して私たちが引き寄せる感情的な波動により、私たちの生命組織からストレスが軽減し、病気が減少し、やがては自らを癒す能力が生じます。ついには老化と病気の必要性がすべて排除されます。

正常な生命組織が病気や死を作りだすような毒性のある領域に存在するものにとって、多すぎるほどのシータ-デルタ周波数がこの領域内で脈動しているからです。これもまた、もちろん個人のライフスタイルの選択によって支えられます。ポジティブで再生力があり、新たな細胞を作りだす肉体の本来の能力を信頼するライフスタイルです。ディーパック・チョプラ博士の研究からわかるように、私たちの肉体のすべての細胞は1年半から2年の間に生まれ変わります。私たちの肉体は、すべてが絶えず変化しているのです。健康な人間の生命組織に必要なすべてのビタミンやミネラルを供給し解放する能力とは、機会さえ与えられればシータ-デルタ場の本質的な特性なのです。
3　ヨギの人生の奇跡に関しては数多くの本が書かれていますが、それらはシータ-デルタ場に浸ることで人類の生命組織に及ぼされる影響について説明しています。マイケル・マーフィーの著書『*The Future of the Body*（人体の未来）』は現在医学的、科学的言及を提供する数多くの書籍の中の1冊です。

質問８　悟りとは神からの贈り物、私たちが悟りに達した存在であることを経験することである、ということについて、もう少し説明していただけますか?

答え８　東洋の文化では、タントラのヨギや目標へ向けた修練、献身、忠誠の必要性に気づいている気のマスターたちによって悟り（西洋ではアセンション）の状態が探求されます。このような純粋な領域内に存在して完全に栄養で満たされるために訓練が必要とされる肉体的、精神的、感情的、霊的献身を行うのに、十分な意欲や決意をもっている人はごくわずかです。それにもかかわらず、数百万人の人々が絶えず挑戦し続けています。西洋ではアセンション、または悟りの現実は長い間二の次にされてきました。主な焦点のすべては、霊的イニシエートの道の途上のテストである名声、お金、セックス、権力の神々に合わせられているからです。このようなことにどう対処するかというのが、それらが私たちに与える影響と同じように、本当の課題なのです。

創造とは、様々な周波数の波のように見え、ときには非常に分離しているように思えることもありますが、次元バイオフィールドでは事実上すべてが相互に連結しており、一つなるものから生まれ、すべての生命は霊的なのです。

現在これは、次元バイオフィールド技術者たちの間で一般的な知識であり、ゆえに形態形成の分野の意識は新たな影響を受け、これらの新たな影響が人間の可能性の新たな領域の現実をサポートしています。簡単に言うと、シータ－デルタ場の周波数を吸収する私たちの能力が、集団で拡大したということを意味します。ですから私たちは、ダウンロードしたいもの、そしてエネルギー・スペクトルの中で放射したいと思うものに関してより幅広い選択肢をもっています。これはまた、ニューエイジの哲学者や最先端の科学者や医師などによって提起され、形而上学者たちによってたびたび行われた議論のおかげで、私たちがベータ場の影響を受けにくくなったということも意味します。

私たち以前の次元バイオフィールド技術者の研究によると、地球とその住人は集団のアセンションをサポートする可能性の新たな領域に入りました。アルファ波がベータ場内をより強烈に動き回るようになり、まだ非常に少数ながらも光、愛、調和と内なる平和の感覚が、シータ場に同調している人々にとっての不変の体験となりつつあります。

シータ–デルタ場への接続の過去の例

1 仏教徒の虹の体。ラマ僧たちが死後、体を非物質化し、縮め、完全に消してしまうこと。

2 「腐敗しない」体。魂が離れ肉体的生命組織が事実上死を迎えた後、数百年経過しても維持される聖人の体。

3 地中に3週間から40年間、食べ物、水、酸素や睡眠さえとらずに埋められているヨギ。彼らは意識を移動させて、シータ–デルタ場内に深く休ませることでこれを達成します。たとえばアメリカのメッセンジャー・インスティチュートの研究などで、デルタ場に定着しながら意識を完全に保つことができるかどうか試され、証明されたヨギたちもいます。

瞑想はヨギをデルタ場の深い悟りの状態へと導き、そのあまりの深さにヨギはマインドを超越した状態に入り、その意識的な記憶を保持することはありません（時間の喪失の感覚をのぞいては）。しかしやがて意識を取り戻すと、彼らは完全に変容したように感じるのです。変容することなくデルタ場にとどまることはできません。デルタ場とは愛、純粋さ、創造性、知性、確実性、意識、明晰さ、知恵に満ち、私たちが把握できる以上のすばらしい帯域だからです。この領域に浸った人は、誰もが何らかの方法で永遠に影響を受けます。私たちがいかに完璧に変容するかは、この領域内に浸る時間次第で決まります。

シータ–デルタ場へのアクセスは、瞑想と古代や現代の形而上学的ツールを使用するライフスタイルによってコントロールされる私たち自身の脳波によって決まるということを忘れないでください。過去にヨギたちは瞑想、チャンティング、マントラ、呼吸法、祈り、軽い菜食または完全菜食の食事、奉仕、宗教対話（真実の分かち合い）を通してアルファからシータ、デルタ場へと自らを同調させました。ヨギにとっての究極の現実はサマディのデルタ場内に浸ることですが、次元バイオフィールド技術者たちは、現実的な生活の意識を失うほどに深くはないデルタ場の状態から、日常的に機能することに焦点を合わせています。私たちが、アルファ、シータ、そして軽いデルタ波から機能して日常生活を送ることを探求しています。私たちはもたらされる恩恵を理解した上でこれを行っています。

過去にラマ、ヨギ、聖人たちは挑戦的なイニシエーションを経験し続け、アルファ、シータ、デルタ場へと移動する悟りの旅を楽しみながら、彼らの能力を試し、意識を拡大させてきました。その旅自体が、それぞれの場の恩恵と贈り物を彼らがより親しむことを可能にします。

質問9　第6章の中であなたは紫の光について、その道教の哲学とのつながりについて、プラーナの栄養が自立のために必要な愛、知恵、力のすべてを生命組織に満たすことができる本当の源であるということについて話しました。これはセント・ジャーメインの3重の炎やマルタ十字架とどのような関係がありますか?

答え9　セント・ジャーメインは、私と同じように自由（聖なる本質を表現し、ゆえに地上に再び楽園を作りだすための人間の自由）に焦点を合わせる最高次の錬金術のマスターとして長い間知られています。彼のツールの一つは自由の紫の炎であり、これは私たちが栄養のために利用するのと同じ紫の光です。この炎はすべての人のハート・チャクラの中に存在し、聖なる本質との調和へ向けて成長するために必要な愛、知恵、力を与えてくれると言われています。私たちがそれに集中すればするほど、より多くの効力を利用することができます。マルタ十字架はセント・ジャーメインの象徴であり、私たちのハート・チャクラの中心に視覚化することができる偉大なる「神に支配される」力の宇宙発電機です。それは私たちの生命組織を通して次のようなエネルギーを世界へと放射します。

＊スピリットのエネルギーが白色の上の部分から降下し、キリストまたは仏陀の個性の美徳のダウンロードと、神聖な変容の炎を象徴します。

＊左側の部分は紫の炎と同じように聖なる力の青いエネルギーをもっています。また、左側の部分は西と、形をもった

三位一体の負電荷を表し、神の力の光が注ぎこむ「るつぼ」としての男性の肉体的性質を表します。

＊十字架の右側の部分は東と三位一体の陽電荷を表し、聖なる愛のピンクの光によって特徴づけられます。それは私たちが左側の部分の挑戦に適切に対処するときに放出されます。

＊十字架の下の部分は聖なる知恵のエネルギーをもっており、指示と目的をもって左右両方の部分を満たす啓蒙の金色の光をもっています。

紫の光の光線は屈折して、青、ピンク、金色の三つの光線を作る霊的自由の7番目の光線です。この十字架はまた、神と人との完璧な統合と、私たちが内面にあるこの三位一体のエネルギーを放射し、世界中に輝かせるときに見いだす自由を象徴しています。

この十字架を受け入れてつながりをもつ人には、次のテクニックの使用をお勧めします。

## 聖なる栄養プログラム――テクニック31　マルタ十字架瞑想

＊瞑想して座り、愛の呼吸瞑想を使って愛のエネルギーに集中してください。

＊第7章の宇宙ケーブル接続の瞑想と、第6章のテクニック12を通してあなた自身を紫の光で満たしてください。

＊目の前にマルタ十字架をイメージし、先にあげた特質のすべてとともにそれを浸透させてください。――この人生で、あなたがやるべきことを行うための力と強さ、すべてに利益をもたらす方法でそれを行うための知恵、そして愛をこめて行うための愛。

＊あなたのハート・チャクラを輝く光の玉、一つの支柱となって回転しているほかのすべてのチャクラとつながったボールとしてイメージしてください。

＊マルタ十字架（あるいは自由と真実の3重の炎）があなたのハート・チャクラの中央

**図21**
**マルタ十字架**

に置かれているのをイメージしてください。

＊プログラムしてください。

「私は今、この聖なる自由の象徴が私のハート・チャクラを通して永遠に輝き、聖なる愛、聖なる知恵、聖なる力のエネルギーがすべてを育む方法でこの世界へと放射されることを求めます」

質問10　プラーナの栄養摂取がどのようにして可能なのかについて、次元バイオフィールドの見解はどのようなものですか？

答え10　最近、時代を越えた神の定義づけについて見つめたとき、私はそれぞれの神が私たち自身のチャクラを反映する宇宙のチャクラ・システムの中のグリッド・ポイントであり、グリッド・ポイントはある特定の鼓動で脈打つ扉だということを理解しました。そしていくつかのグリッド・ポイントがほかのグリッド・ポイントよりも強力に輝き、それゆえ領域により深く到達できるということを理解しました。私たちの太陽がすべての生命に栄養を与えることができるのは、太陽もまた聖なる力を引き寄せて放射する神だからだということを私は理解しました。ですから太陽崇拝もまた、場の栄養とプラーナの光を引き寄せることができるのです。

聖なる栄養という意味で（宇宙の電気の源に接続しているような状態で）グリッドとケーブル接続、そして力学と動機について見つめてみましょう。形而上学者たちは私たちの太陽がその力を10のビートでセントラル・サンから受け取り、これを地球上のすべての生命に栄養を与えるために7のビートで放射することを知っています。私たちはセントラル・サン――私たちの物質的な太陽の中心に愛と知恵の光線を継続的に放散する――がその力を33のパルスで宇宙コンピューターを通して受け取り、私たちの太陽に12のビートで放散することを知っています。それぞれの太陽は遮断器と、それぞれの次元のシステム内の生命に栄養を与えるために光を受け取り、放散し、分散させるグリッドを備えた貯蔵庫として機能します。

これはまだ形而上学的理論ですか？　はい、そうです。

これは私たちがプラーナの栄養を摂取できる方法を説明しますか？　はい、グリッドがより光に満ちて力強ければ強いほど、それぞれのグリッド・ポイントはより洗練された現実を表現することができます――より複雑な＝より洗練された、精妙な＝より深く、より多くの扉＝より多くの選択肢。

33は、3次元の現実のフィールドを維持するために私たちの地球が機能している7のビートよりもずっと複雑な数字です。もう一つの主要なグリッド・ポイントは、私たち人間の生命組織とその中の七つの主要なエネルギー・センターあるいはチャクラです。私たちの生命組織は私たちが知っている中でもっとも複雑なコンピューターです。

私たちのライフスタイルの変化が私たちの脳波のパターンを変化させるということは真実です。その代わりに光のエネルギー・ビートを私たちに受けさせ、内的、外的グリッドにアクセスできるようにします。この考えに複雑すぎることは何もなく、それぞれの太陽が神でありグリッドであり、別次元の領域への扉であるという考えを理解することも決して難しくはありません。

なぜ次元バイオフィールド技術者にとってこれを受け入れることが簡単なのですか？

なぜならすべての生命組織はグリッド・ポイントをもつマトリックスで機能しているからです。これらの内なるグリッド・ポイントは私たちの経絡の鍼《はり》のツボであり、光のクモの巣のように見える内面のケーブル・システムの普遍的なパターンを反映しています。このクモの巣は光と音の層と面をもち、私たちの脳波パターンが定着しているレベルによってはこれらにアクセスし、見ることもできます。

私たちの7レベルはベータ場を表し、10はアルファ、12はシータ、33はデルタを表し、宇宙コンピューターまたは私たちのシステムの創造神にアクセスするためには、私たちはそのビートに適合するのに十分なほど洗練されなければなりません。ベータ場に定着している人物が、美徳や贈り物に関して限定的な意識をもっていることは明らかであり、彼らがアルファまたはシータ場に移動したときにだけそれらは現れます。テレパシーやそのほかの超常的な力の恩恵は、私たちが美徳を実践することを約束し、マスターらしく行動するときに現実のものとなり、花開きます。

# 〈第11章〉パート3 これまでに行われた研究と推奨される研究

## 聖なる栄養の調査結果

より多くの人が聖なる栄養の経路に同調し、レベル3の栄養を摂取するようになるに従って、この領域で行われるべき研究の種類に関する私たちの好奇心が高まります。それは経験をして仮説を立てること、そしてそのすべての奥にある科学を理解することです。

私たちはすでに、ある人が日々のライフスタイルを通してシータ−デルタ場に脳波パターンを同調させることで奇跡が起こるという理論についてと、これが聖なる栄養と、物質的な栄養を摂取する必要性から私たちを解放する恩恵を生じさせる方法であると仮定する数多くの研究者の理論について説明してきました。

この分野における過去10年間の研究で、私は答えを知りたいと思うことを数多く経験しました。このようなことは聖なる栄養摂取者たちの多くもまた経験したことだろうと思われますので、私はこれらについての科学的仮定を提供したいと思います。そのほかの経験についてはこの課題の詳述のためだけに提供します。

■必要とされるレベル2の栄養の研究

＊第一にこの本の中で提案したアイデアのすべて、特に8ポイントの快適なライフスタイルのためのプログラムに研究費用が費やされることを願っています。完全なライフスタイルが一括して学校のホリスティックな教育プログラムを通して確認され、教えられるようになれば、世界により早く平和がもたらされるでしょう。

■必要とされるレベル3の栄養の研究

＊もっとも純粋なレベルで私たちを満たすのが聖なる愛であることから、私たちが深い懐疑論や嘲笑などの敵意のある領域内で時間を過ごすとき、私たちの体重が減少したり、疲れを感じたりするということが明白になりました。

＊プラーナの栄養のエネルギー場は非常に強力でありながらも、非常に精妙であり、より密度の濃い場によって圧倒され、栄養の放出を妨げられることがあることを私たちは知っています。ですからフィールドの編みこみと力学に注意を向け、それらを学ぶ必要があります。

＊物質的な食べ物を摂取しなくても、体の細胞をDOWが提供するものにゆだねることで私たちの体重を維持し、すでに説明したような特別なプログラミング・コードも利用できることを私たちは知っています。

＊ヒラ・ラタン・マネックによって行われた研究からもわかるように、体重を安定させるプログラミングが適用されなかったとしても、私たちが栄養を摂取しているという思考形態の現実を維持し続ければ、体重はやがて自ら安定します。

＊体重の再プログラミングは、誰にでも効果のあるものではないことを私たちは知っています。特に適切な栄養を摂取するために聖なる栄養が容易に流れる周波数場内にとどまるための適当なライフスタイルを送っていない人、または新しいプログラミング・コードを覆すほど強力な過去生の細胞の記憶をもっている人には作用しません。

＊いったんプラーナの流れが定着すると、私たちが再び食べるときに体重が急増することを私たちは知っています。それは明らかに、①私たちの代謝の速度が急激に落ちるため、そして、②私たちが二つの栄養源（食べ物とプラーナ）から吸収しているためです。

＊体重の急増を防ぐために、私たちは「つまみ食い」をやめ、余分なカロリーを燃焼するためにエクササイズの量を増

やす必要があります。

＊レイキ、プラーナのヒーリングなどで聖なる栄養をチャネリングする人々の多くが、現在体重を増やしていることもわかっています。普遍的なエネルギーが私たちに栄養を与えるという現実が、現在の形態形成の領域に定着しているからです。地球的な形態形成の領域が個人のバイオフィールドに及ぼす影響に関しては、さらなる研究が必要です。

＊物質的な栄養の摂取に戻ることで疲れや力の減少を感じることもわかっています。再び食べることによって、より多くの睡眠が必要となり、思考と創造的なプロセスが不明瞭になってくることもわかりました。すなわち私たちが純粋に聖なる栄養だけで生きているとき、私たちはより力強く健康であり、精神的にも敏感で創造的です。それはおそらくシータ場に定着していることの自然な副産物だと思われます。

＊超常的な能力と脳波パターンとの間には原則があり、ベータ場はこのような本質的な能力を低下させ、シータ場はこれらを高めることを私たちは知っています。これらの能力には透視能力、霊聴力、超感覚力、プラーナの栄養を摂取する能力などが含まれます。

＊今日までの研究では1、2時間の睡眠で長期間過ごすことは人間の生命組織に有害であるとされていますが、最小限の睡眠で健康的に過ごす能力は、聖なる栄養の経路によって栄養を摂取することの自然な副産物のように思われます。肉体的生命組織が最小限の努力で楽に機能し、よりエネルギーに満ちあふれ、睡眠を通した休息の必要性が減少するようです。これが人間の夢見る時間やレムの必要性に有害な影響を及ぼすかどうかは調査の必要があります。

＊松果体が私たちの体の体温調節を管理することは知っていますが、プラーナの栄養摂取者は、たいていの人よりも寒さを感じやすいのですが、これには何か相互関係があるのでしょうか？

＊以上の研究から始めて、やがて科学者や医師たちが聖なる栄養プログラムのレベル2に到達し、アルファ、シータ、デルタ場を通して彼らの意識が拡大したとき、私たちはさらに多くのことを発見することになるでしょう……。

## シャー博士とのインタビュー

親愛なるジャスムヒーン、

あなたの要望通り、質問に対する答えと注意点を送ります。私の経歴は次の通りです。

① 神経科医、グジャラートの知事
② 97年から98年、アーメダバード医師協会会長
③ PGMRとNHL、MMCのK・M・スクールの神経学の教授
④ アーメダバードV・S総合病院の神経学者
⑤ ISRO、PRL、NIDのパネル神経学者
⑥ ヒューストンとロンドンにおける脳卒中とパーキンソン病に関する団体の会員
⑦ 『*Epilepsy*（癲癇《てんかん》）』と『*The disease of brain and nervous system*（脳と神経系の病気）』の著者
⑧ 世界中でストレス、宗教、そのほかの霊的側面に関する講義を行っている

質問1　最初に、何があなたをこの領域（気やプラーナの栄養の研究）へと導いたのですか?

答え1　自然です。私はジャイナ教のスリーHRMの宗教的な方法による411日間に及ぶ長期間の断食を、科学的論拠でモニターする機会に恵まれました。その経験によって、私は食べ物のカロリーを日常的に摂取していないときに、肉体を維持するための代替の方法を仮定するようになりました。その唯一の答えは宇宙エネルギーの活用でした。

質問2　通常の医療行為の中で行われる何千にも及ぶ脳のスキャンや心電図、MRIなど分析を始めたのはなぜですか?

答え2　標準の解剖生理学を学び、脳の機能を理解するためです。今のところ、私はそこから具体的な結論を導きだすことはできません。しかし、それは非常に魅力的で莫大な可能性を秘めています。私は松果体とその下垂体と視床下部とのつながりに注目しています——自律神経系などすべてが将来報告されるべき重要な役割をもっています。

質問3　あなたが探しているもの、そしてあなたが見つけたものは何ですか?

答え3　松果体、下垂体、視床下部、前頭葉の関係が私の集中する分野です。松果体とそのつながりがいくつかの答えを提供してくれる可能性があります。松果体はサイコ・スピリチュアル体であり、マインドの機能に何らかのかかわりがあり、オカルト的な力や霊的能力は松果体によって表現されます。宇宙エネルギー（人体のプラーナの栄養の活用能力）においても重要な役割をもっている可能性があります。宇宙マインドと何らかのつながりがあります。

質問4　これらの発見からどのような結論をだしましたか?

答え4　まだ結論はでておらず、すべては仮定のレベルにあります。遠まわしの兆候はありますが、結論をだせるほど直接的な科学的証拠はまだありません。ある特別な研究対象の人々の松果体が拡大していることがわかりました。たとえば食べ物なしで生きる人々、または非常に低カロリーで生きる人々、非常に霊的な人々や長生きをしている人々などです。しかしながら、私たちは松果体のホルモンのレベルをさらに研究し相互に関係させる必要があります。さらなる研究だけが、私たちを明確な答えへと導きます。

質問5　あなたの太陽の栄養研究プロジェクトにおける最近の状況を教えていただけますか?　ヒラもまたアメリカに滞在中で、そこであなたが何人かの医学研究者とつながりをもっていると聞いています。そのことについて少し教えていただけますか?

答え5　私は太陽の栄養の研究プロジェクトについて、私の考えを具体化しています。ボランティアを作り、彼らを調査したいのです。同じ研究成果を異なる人種、異なる年齢の様々な人々のグループで再現しなければなりません。太陽を見つめる古典的なHRM方式以外の宇宙エネルギー活用の様々な方法も研究するつもりです。また、たとえば空気、水、植物、地球などの潜在的な宇宙エネルギー源についても研究しています。目の網膜以外にも、肌、肺など、そのほかの受容する器官組織があるかもしれません。ですから設備、資金、研究資源次第では莫大な可能性があります。現在私たちはいくつかのアイデアと予備的な資料をもっています。ヒラ・ラタン・マネックさんはアメリカに滞在中であり、フィラデルフィアのペンシルバニア大学やジェファーソン大学で非常に適任と思われる医師や科学者たちによって検査されています。彼は網膜と目を調べるために眼科医による検査を受けました。彼の精神測定も行われました。数多くの血液検査やレントゲン検査も行われました。ホルモンと神経伝達物質のレベルが研究されました。脳の画像化とスペクト(SPECT)が研究されました。EAV方式によるエネルギー・レベルが研究されました。彼の栄養と代謝もまた研究されています。ほとんどの研究は三つのレベルにおいて行われました。一つは断食前、次に断食中、最後のレベルはジャイナ教の方法による130日間の断食の最後に行われます。そのときに結果がわかるでしょう。

質問6　素人にわかる言葉で言うと、栄養としてのプラーナ、あるいは私が聖なる栄養と呼んでいる分野でどのような種類の研究が行われる必要があると感じますか?

答え6　プラーナの栄養、宇宙エネルギー、聖なる栄養、これらのすべては科学にとっては新しい事柄です。科学者や医学の分野に携わる人々はこのようなエネルギー場の存在を感じ始めてはいますが、それらを証明し、計量化することが困難なことから、このような事柄は超自然的すぎるとされています。現在のツールではこれらを計測することはできません。これが私たちの限界です。西洋的な思考様式のために問題が具現化しています。本当の障壁です! 物事は変わることができ、変わらなければならなくなります。新たな理解が続かなければなりません。これは科学にとって量子的な飛躍となるでしょう。研究の主な焦点はエネルギー場を証明すること、そしてエネルギー方程式と転換公式を計算することです。これに宇宙エネルギーまたはプラーナの栄養を日々の生活に適用すること、そして特別な目的のための応用法が続きます。これには数年かかりますが、きっと人類の未来を変えることでしょう。

# 〔第11章〕パート4 錬金術的行為とフィールドの編みこみの科学

私たちを消耗させる場や、サポートするために強化することができる場に編みこんで、影響する錬金術の技法を理解することは、聖なる栄養のレベル３の栄養摂取に成功して、純粋に生き続けるために役立つと感じますので、私はここに次の情報を加えます。

人生の出来事に対する一瞬一瞬の反応を通して、私たちは絶えず内なるエネルギー場、個人的バイオフィールド（私たちを取り囲むオーラのスペース）、そして社会のバイオフィールドを再定義しています。私たちがもつ思考、言葉、行為のすべてがこれらの場にエネルギーの影響を残し、その総計が惑星の場にも影響します。私たちの存在自体が場に影響を及ぼしていることを私たちは知っています。

場を創造する、または既存の場に精妙に同調するためには、私たちがそれぞれの場にどのように再同調して影響したいか、そしてその新しい影響がもたらす結果に何を期待するかなどのような、いくつかの重要な課題に焦点を合わせる必要があります。錬金術的行為の第１の法則はその領域内で何を変えたいのか、そしてなぜ変えたいのかを明確にしなければならないということです。ときにはこれは新しいフィールドを作りだすことであったり、古いフィールドを単に調整することであったりします。個人的に私はこのことが重要だと思います。これはプラーナ摂取者が、協力的で滋養に満ちたあらゆる領域とつながることを可能にし、このゆえに生命保護装置に依存することが少なくなるからです。

## ■場の組み立て

新たな場を編みこむことを決意し、結果を意図した後、私たちは基本的な場の組み立ての次の段階に入ります。場の組み立ては創造するのに一瞬から数年、一生かかるエネルギー・マトリックスとともに始まります。すべての場には精妙さの程度があり、それには感性が鍵となります。私たちの場の感性は、すでに述べたように私たちのライフスタイルを通して調整することができます。その日のすべての瞬間の過ごし方が、私たちが場の刷りこみをする強さと、その場の中で私たちが力と位置を維持できる能力を決定づけるからです。

私たちは生命保護装置が場の中に空間を取り、それをある特定の周波数に設定して特定の結果を得るということを知っています。ですから場の操作は誠実さをもって使われるべき贈り物であり、芸術でもあります。なぜなら場のコントロールの結果は、すべてに対してすばやく明白になるものだからです。場の編みなおしの錬金術的行為の主な理由は、個人的にも世界的にも、より栄養に満ちた環境を作りだすためです。

場を編みこむことに成功するためには、編みこむ者に多くの美徳と特質が必要とされます。場に完璧な影響を及ぼすためには、私たちは完璧なプログラムと完璧に調和し、完璧な結果を生みだすための完璧な行動計画をもたなければなりません。

場の編みこみの次の段階には、私たちの意識の再調整が必要です。私たちの生命組織が絶えず場を編みなおしているからです。

## パートA：調整する

### 聖なる栄養プログラム——テクニック32　個人的な調整

ステップ1—まず、**力の無限の源に接続**し、すべての領域に完璧な栄養を放射するために必要なすべてのものにアクセスできるようにする必要があります（第7章テクニック16参照）。

ステップ2—次に、真のグルであり私たちの存在のボスであるDOWに、場の刷りこみと**編みこみのコントロール**をゆだねる必要があります。この推奨されるプログラムは誠意をもって言う必要があります。

「私は今、私の存在のすべての細胞、すべての原子を聖なる自己にゆだね、今より永遠に私の生命がすべてのレベルにおいて栄養を与えられるよう求めます。また、これが聖なる自己とこの世界のすべての存在の最高次の本質との完全なる調和のうちに行われ、私たちすべてが一つの惑星で調和した一つの民族として共存できるようになることを求めます。その通りです。その通りです。その通りです」

ステップ3—この本の中ですでに紹介されているステップ、特に第6章テクニック5の8ポイントの快適なライフスタイルのためのプログラムを使うことによって洗練と感性のレベルを開発し、聖なる栄養の経路に同調し始めます。私たちの生命組織が聖なる愛と知恵に、より同調すればするほど、私たちの周囲の場を正しく調整することがより簡単になり、これを行うための協力がより多く得られるようになります。

ステップ4—愛と光と音の内なる領域や創造的な視覚化に加え、あなたの創造の意志と目的を使って、**あなたの内なる領域を活性化**、**あるいは洗練**します。これはあなたの人生をコントロールし、新たな熟達のレベルへと移行させ、健康、幸福、平和、豊かさ（レベル2）の計画を達成するための特別なツールを応用することを意味します。この本のマニュアルを通して与えられたすべてのツールが推奨されている通りに利用されれば、この結果を達成することができるでしょう。

ステップ5―これから紹介するガイドラインを通しながらいったん場が作られ、機能するようになると、この段階で私たちは**リラックスしてくつろぎ、計画を楽しむ**ことが必要になります。私たちが求めている結果に集中し続けながら、それが起きていることを楽しみます。また、最大の生産高、最小の努力という心の構え――「私は恩寵《グレース》の波に乗る」というマントラ――を身につけます。場が創造され、確実になり、活性化され、満たされ、もっとも栄養に満ちた力の源に接続し、プログラムされると、結果が保証されるということを理解してください。必要なのは集中力だけであり、これを行えば行うほど、よりすばやく現状の中でこれが現実となります。この心の構えだけでも場に影響する力をもっているからです。それが聖なる栄養の愛の経路に十分に同調している人から放射されるとき、より大きな影響力をもちます。錬金術は私たちの場のポジティブとネガティブ、両方の側面を強めることができるからです。

要約すると、場を編みこむ、または場に影響を及ぼすためのもっとも効果的な方法は、私たちの存在と、私たちのまわりの外的領域を、私たち自身を反映し、私たちすべてにとって滋養に満ちたものへと常に調整することができるエネルギーの放射によるものです。以上のステップは私たちがより多くの愛を放出することを可能にし、このゆえにほかの人々がより多くの愛を解放するよう刺激するものです。

## パートB：調和、平和、愛のフィールドへと世界を調整する

次の疑問は、「一つの惑星で人々が一つになって調和する（One People living in Harmony on the Planet

OPHOP）共同創造の計画はそれほど難しいものですか？」になると思います。答えは、「いいえ、難しくはありません。非常に簡単です。私たちはただ、存在のすべてのレベルにおける正しい栄養が必要なだけです」。それは私たちの生命組織のための創造的な栄養として、神々の食べ物が提供します。基本的な場の土台とともに私たちが利用する周波数——聖なる愛、聖なる知恵、聖なる力の紫の光のグリッドの光線——のために、このような結果が確実になります。基礎をなす場の共鳴のためです。また、場の創造者、操縦者、協力者のハートと意図の純粋さによってもそれは確実になります。場の編みなおしにおいて、私たちが少なくとも聖なる栄養プログラムのレベル2の状態に達していることが役立ちますが、場の編みなおしもまた、私たちがこの状態に達し、それを維持するのを助けます。

では、いったん私たちすべてが三つの宇宙ケーブルとライフスタイルの習慣を通して聖なる愛のフィールドに接続したら、場の編みこみの計画の次にくるものは何でしょうか？

## 聖なる栄養プログラム——テクニック33　世界的な調整

ステップ６——次のステップは、私たちが**手を差し伸べる**ことの必要性を認識することです。私たちは孤立していません。私たちはすべて聖なる人間の領域の細胞です。私たちは神の原子です。この神の意志と喜びによって生かされ、呼吸をすることでその愛を認識できる存在です。より認識すればするほど、そして私たちがみな相互につながればつながるほど私たちは強くなり、無視すればするほど私たちはより弱く、病気がちになります。

ステップ７——手を差し伸べるためには、まず私たちの周囲のものに気づき、共鳴の法則に従って私たちの場に何が引きつけられ、引きこまれたかを認識する必要があります。ですからステップ７は時間をかけて**人生を**正直に**評価する**ことを意味します。世界を見つめ、関連づけることが私たち自身の意識の反映であるのと同じように、私たちの人生はすべてを反映しています。

* ＊私たちの個人的な世界は、私たちが望んだ通りのものですか？
* ＊もし望んだ通りのものでないとしたら、それはなぜですか？
* ＊惑星の計画に私たちはどのように適応しますか？
* ＊世界をどのように見ていますか？
* ＊人間性に何を求めますか？
* ＊私たちの子どもたち、未来に何を求めますか？

このステップでは、私たちが明確であることが必要です。それによって私たちを取り囲む宇宙の知性が、私たちをより楽にサポートできるようになるからです。

ステップ8―次に**達成目標**を明らかにします。たとえば、海辺の聖地で生活する、という私の呼びかけに答えるために、私は天使たちに完璧な場所を見つけるようお願いしました。私は天使たちに必要条件の詳しいリストを与え、彼らは2週間で見つけてきました。ですから、明らかに引越しの必要性は差し迫ったものでした。新しい生活の場を見つけ、それを確保した後、私は場の拡張と準備を始めました。

私の達成目標は、新しいアパートを協力的で滋養に満ちたグリッドに同調させることでしたが、地球的な達成目標は世界中の人々が栄養を摂取することができる愛の場を作りだすことでした。この両方には同じ原理が適用されます。ですからこの世界に求めることをリストに書きだし、どのようにそれを見たいかを描きます。たとえば、すべての内にあるDOWの輝きを刺激して世界により多くの愛と光を満たすという目的で、すべての人が幸せで優しくて親切であるとイメージします。また、場の編みなおしの達成目標が、あなたの職場や、政治の中心などであるかもしれません。いったん達成目標を認識したら、新たな場にどのように機能してほしいか、そしてこの変化の結果がどのようなものであってほしいかを考えます。

例1　もしその場が政府の建物ならば、新しい場に十分な紫の光を与え、その機関がすべての計画においてレベル2の健康、幸福、平和、豊かさにより協力的になるようにします。

例2　もしその場が家族の家庭環境ならば、この新しい場の刷りこみが家族全員の人生の選択に対し、互いにより協力的で愛情深くなるという結果を望むのがいいかもしれません。聖なる栄養プログラムのレベル3の栄養の側面を選択している人にとって、特に協力的になるようにします。

ステップ9──**場の拡張**：新たなグリッドを広げるためのもっとも強力な場は、あなたの現在の基盤です。私は地球の一市民ですが、私の家庭基盤は有効的に接続し、調整され、地球の場の中で価値ある刷りこみツールとして自ら機能しています。すなわち、私の家庭基盤が地球の場に刷りこみをして、特定のことを達成するために特定の周波数を放射しているのです。私の家庭基盤はまた、その中に住んでいる人々のためにある特定の周波数を放射し、彼らがやるべきことをやるために必要な力と栄養を与え、彼らが支持され、愛されるようにします。

## 聖なる栄養プログラム──テクニック34　場の拡張

新たな場へと広げる手順は非常に簡単です。

＊最初に、あなたの家庭基盤の現在の場を視覚化してください。

＊次に、あなたの家の強力な視覚的イメージを保持しながら、そのまわりに愛と光の生命保護装置を作ります。栄養を与えてくれる宇宙に接続したボールまたは繭です。

＊光の光線が、家庭基盤から直接新しい家へと差しこむのを視覚化してください。私の場合それは海辺のアパートです。そのほかの人にとって新しい家とは愛に満ちた世界かもしれません。ですからあなたの現在の本拠地から愛の光線が広がりあなたの社会を包みこみ、さらに広がって国を包みこみ、さらには地球を包みこむのを視覚化してください（この詳しい方法は『*Biofield and Bliss Book 2*（バイオフィールドと至福2）』を参照）。あなた自身の家でこれをまだ行っていないとしても、心配しないでください。なぜなら次のテクニックを①職場、②（私の場合）海辺のアパートのような家族とは別の住居、③政府の建物、④癒しのための病院、⑤孤児院、⑥「愛」の場に包まれることが有益であるとあなたが感じる場所すべてに広げる前に、これを適用することができるからです。

＊ですからあなたの家庭基盤を視覚化し、それが源とつながり、愛と光のボールの中に包まれ、この繭が絶えず紫の光で満たされていることを視覚化してください。

注：あなたの家庭基盤は、あなたの存在によって日常的に栄養を与えられていれば、場の拡張を作りだすことができるすばらしい領域です。しかしながら、あなたの家庭基盤の生命保護装置をその力の源に接続することによって、あなたがいてもいなくても常に放射のレベルを保つことができます。

＊あなたの家の場がピンクの美しい光線を放っているのを視覚化してください。この光が新しい家屋、またはあなたが編みなおすことを意図した物体のまわりに巻きつき、愛で包みこむのを見てください。ピンクの光によって今この新しい場に完璧な同心円が現れるのを視覚化してください。これをボールのまわりに糸が編みこまれていくようにイメージし、この光の最初のレベルが母なる、父なる神のハートからまっすぐに届く純粋な聖なる愛であると想像してください。

＊次に、あなたの家庭基盤から金色の光線が放出しているのを視覚化し、これが包みこまれるべき場所である拡大した場の周囲に巻きついているのをイメージしてください。これを行いながら、この光の光線がボールに巻きつく糸のよ

うに自然に水平、垂直、斜めに巻きつき、次に重要な白金の光の場の層を加えて、聖なる知恵の周波数をこの場に刷りこみしていることをイメージしてください。知恵、知識、知性、決意、巧妙さ、慈愛のすべて、あなたの家、またはこの新しい場が機能するために必要なものすべてが十分にあり、求められる結果がもたらされることをイメージしてください。

＊このピンクの場と金色の場が今混ざり合い、燃えているのをあなたのマインドの目で見てください。次の層では、青い光線が新たに作られた場のまわりに放出されているのを視覚化してください。この青いエネルギーが水平、垂直、斜めに巻きつき、この拡大した場に力、強さ、勇気、信念のすべて、求められる結果を達成するために必要なものすべてを編みこんでいることをイメージしてください。たとえば、ホワイト・ハウスのまわりに大統領と彼の政府のメンバーが十分な愛と知恵にアクセスし、地球全体に利益をもたらす決断ができるようにする、という意図をもって場を編みこむことができます。

＊マインドの目で、この拡大した場が今、ピンク、金、青の光で脈動し、すべてが溶け合い、紫の光の泡の中に包まれるのを視覚化してください。

＊この泡がそれ自身の聖なる愛、知恵、力の三つの流れをもち、この新しい場が第7章の瞑想のように自らの力の無限の流れに接続していることをイメージします。

## エネルギー・グリッドが設定された後の基本的な場の創造

ステップ10—**新たな場の刷りこみ**：次にいったん基礎となる場を用意したら、この場の中に何が必要かについてよく考えなければなりません。この新しい場が世界に向けてどのような特質を放射したらいいと思いますか？あなたが場の編みこみ作業で意図した結果は何ですか？

ステップ11—**感情的な場の刷りこみ**：それぞれの場の拡大は内面だけに表れるものですが、この領域内に物理的に編みこまれるときに、より効果的になります。これを効果的に行うために、私たちは新しい場、またはグリッドに感情的な刷りこみをする必要があります。個人的に私にとって新しい生活空間、新しい場とは、私が「喜び、安心、恩寵《グレース》を伴う健康と幸福、平和と豊かさ」の計画（レベル2と3）に同調することができる霊的聖地であるべきでした。ですから場のグリッドラインを設定した後、私はこのプログラムを、目的とこの場に対する感情と思考をもって設定しました。ヨガのような聖なる踊りを使って、私は私の希望、祈り、願い、ハートから流れだす愛とともに歌って踊り、この新しい場にこれらの材料を感情的に刷りこみました。

　私たちが無味乾燥な空間を求めているのでない限り、すべての場にはでたらめではない、特定の感情の刷りこみが必要です。私は個人的に暖かくて感じが良く、人々が快適に過ごし、栄養を得られ、優しく感じ、私自身も含めて感謝され愛されるように感じる場に存在したいと思います。

　次元バイオフィールド技術者たちの中で、ヨギたちは本当の聖地が私たちの内面にあることを知っており、私たちがただ静かに座り、内面に向き合うとき、深く滋養に満ちた平和の島にアクセスすることができることを知っています。そしてシャーマンは、私たちを取り囲む場の刷りこみの重要性を知っています。

　感情的な刷りこみは、求める結果を得るために適切な動きとリズムを、新しいフィールドに愛情をこめて刺激することになります。愛情をこめた刺激は、生命機構の魂のための食べ物であり、生命組織が感情的な感受性を経験することを可能にし、人生に深みをもたらします。ゆえにすでに説明したステップはすべて重要なのです。

　ステップ12―**生命の多様性と場の相互依存の尊重**：次に、いったん場が確立し、機能するようになると、そこには新しい場のためのサポートシステムとしてアクセスできるようになります。それはたとえば、私たちが家庭基盤をもち、そこから別の住居を包みこむために場の拡大を送りだすと述べたようなことです。これが基本的なグリッドのネットワーク作りであり、それには場の溶けこみや分かち合いが必要となります。実際に、私はこのうな交換における場の状態が、ポジティブで滋養に満ちた相互依存の状態であることを好みます。この方法ですべての場がより良く機能するからです。**別の場の独自性と生命の多様性の贈り物を認め、他人の場を支配したりコントロールしたりしようなどと思わないことが重要です。**

もう一度言いますが、私たちが紹介している場のテクニックの種類は非常に強力なので、もしこれらのテクニックが完全な生き方を誓い、愛と誠実さをもって働く人々によって使われる場合、驚くべき結果をもたらします。また、すべての場が調和と相互依存のうちに機能しているため、私たちはすべての場の拡張におけるそれぞれの無限の紫の聖なる供給源への接続を確実なものにしなければなりません。ほかの場に栄養を与え、サポートし、自らの強さを維持するのに十分な力を発生させている限り、基盤（または家）となる場は、好きなだけ多くの拡張をもつことができます。これを確実に行うための一つの方法は、ステップ14の自然霊の橋を使うことです。

ステップ13―次に私たちはDOWの力、「**DOWの適合**」、そしてレシピ2000の**楽園コードのツール**を使う必要があります。これについては『*Four Body Fitness : Biofields and Bliss*（四つの体のフィットネス：バイオフィールドと至福）』で詳しく説明しています。適切な共同体と社会の場の調整テクニックについては『*Co-creating Paradise : Biofields and Bliss Book 11*（楽園の共同創造：バイオフィールドと至福11）』の中で紹介しています。これらの本を読むことは必須ではありませんが、次元バイオフィールド力学を理解するためには役に立つでしょう。簡単に言えば、「DOWの適合」は、私たちがすべての場で出会うすべての存在とDOW対DOWで機能することを可能にします。私たちがつながるすべての人に純粋なハートの愛の光線を送り、心をこめて「DOWの適合」と3回唱えるだけで、このレベルでの接続は十分です。

ですからいったんそれぞれのフィールドが編みこまれ、活性化されると、バイオフィードバック循環を通して場が自ら拡大することが可能になり、それが接続の橋を作ります。この動機となる力は似たようなマインド、似たような心の構え、似たようなライフスタイル同士のエネルギーの引きつけによる異なるフィールド同士の磁化であり、ときには過去生からの磁力の場合もあります。私たちが努力することなく、まるで魔法のように場同士が引きつけ合う理由は数多くあります。しかし一般的に、それは単に似た者同士が引きつけ合うという数学的なコードです。

ステップ14―新しい場の特徴もまた、**目に見えないツール**になるかもしれません。私が新しい聖地を、それを取り囲む社会的な場の中で控えめな存在となるように決めたときにも、このようになりました。私は新しい場が存在感を示すのではなく、すでに存在している環境に平和のうちに溶けこむことを望みました。しかしながら、同時に私は取り囲む場に、すべてにとって調和に満ちた方法で刷りこみができるようにと願いました。ですからこれを成功のうちに行うために、私は**自然霊の橋**を使用しました。

ステップ15―自然霊とは元素の神々のある特定の分子の組み合わせを表しており、それは人間の生命組織も同じです。それはディーバ[*]界のエネルギー場と比較して異なるパターンに再整理されます。たとえば、もしあなたの基盤となる場に私の場と同じように巨大な木があるとしたら、木の霊とつながり、通じ合い、相互のサポートシステムを設定することができます。私たちは木の生命組織の場に私たち自身の生命組織を溶けこませることができます。それは私たちの鼓動を木の鼓動が覆い、不明瞭にしてしまうほどです。それゆえに私たちは木に同調することで目に見えなくなり、より優勢な場に隠れることができます。目に見えなくなるというのは、ときには非常に適切で好都合なことであり、旅行者のためにはすばらしいツールです。私は都市の場を基盤としながらも、旅の間自然霊の橋から栄養を引きだしてきました。自然霊の橋はエーテルの領域で作用し、時間と物質の両方の制約を越えることができるからです。

たとえば、木の霊とつながって溶け合うことは、私たちが木の霊のディーバのエネルギーで満たされるために場を開くことを意味します。木の本質は、私たち自身の肉体的な生命組織と比べるとあまりにも巨大であり、私たちは木の場の中へと簡単に消え入り、その1本の枝の1枚の小さな葉になることができます。そうすることでほかの技術者が場を調べているときに私たちは簡単に見過ごされるのです。

新しい場のプログラムの一部は、あなたが目に見えるようになることが有効な瞬間や状況下において、自然霊の場があなたを解放し、異なる周波数で脈動し始め、再び分離するということだと思います。目に見えなくなるためには見る人になる能力も必要となり、ほとんど足跡を残さずに場の中を動き回れるようにもならなければなりません。見つめるだけでも、場は変化してしまうからです。

私はかつて、目に見えないということは実際に分子構造を非物質化して、肉体的な目で誰かの肉体的な存在を見ることができなくなることだと考えていました。しかし場のコントロールによって実際に目には見えていても、誰かのすぐ側にいながら私たちの存在が見えず、感じられず、認識されない方法で溶けこみ、影を薄くすることが可能になるということを私は学びました。

次に進む前に、私が数年前に経験した例を使ってこのことについてもう少し詳しく説明したいと思います。私はかつて食べ物も水もなく、空気が毒性のある二酸化炭素の煙で汚染された環境に生活しており、私はそれに圧倒され、悪影響を受け始めていました。この数日後、私は大きな木とつながることに成功し、その髄に私のハートからの愛の光線を通して接続し、知性同士テレパシーでつながりました。私は木のディーバに私のシステムから毒を取り除き、酸素の滋養に満ちたエネルギーを私の場に満たすのを助けてくれるよう頼みました。これは相互のエネルギー交換として起こり、非常に価値のあるもので、その木の霊は私に内なる目を通してサポートの橋と優勢な場と目に見えないものを見せてくれました。シャーマンはこのようなコミュニケーションや場の感受性が、シータ場では一般的だということを知っています。そこで私たちは、すべてが一つであることを経験し知ります。私たちが神の一部であるのと同じように、すべての自然に対して私たちの一部であるように愛と優しさをもって話しかけることは、この可能性の領域への扉を開きます。

＊ディーバは天使のような存在の種類のメンバーで、自然の元素の力に仕えます。彼らは自然と人間界の間の地球上のキリスト意識のマトリックスをもっています。

ステップ16―個人的に、私は**生命組織を宇宙的至福ネットワーク（CNN）につなげること**もまた必須だと感じます。私たちのDOWと同じように、それは私たちに腐敗しないネットワークと、すべてにとっての楽園という共通の目標への集中を提供するからです。これは内面のネットワークをイメージして、DOWに私たちを相互に有益な方法でつなげてくれるよう頼むというだけの簡単なことです。

ステップ17―**追加の場のプログラミング**：次に、私は場を**成功と調和に満ちた豊かさのプログラム**にセットする必要があると思います。もし必要があれば、知恵、愛、明晰さ、訓練、信念、資金、地球と宇宙のチームの力などの資源に加えて、恩寵《グレース》と気の流れを、基本的な場の刷りこみの成功のための秘訣として溶けこませることができます。私たちが常に強調しているように、場は創造され、次に特定の結果をもたらすためにプログラムされる必要があり、成功と調和のプログラムは人生に安心の層を一つ加えます。

以上のステップは、単に私が自分自身の栄養の経路を強化するために行ってきた、個人的探求の領域です。シータ場の栄養摂取者にとってベータ界で存在することは、それぞれの場のでたらめな信号に従ってしまうときに非常に困難になります。ゆえに私たちが時間を過ごす場の編みなおしが、形態形成の領域がより協力的になるまでの間、私たちに必要なサポートを与えてくれます。たとえば今日では、菜食主義者たちのための無数のサポートシステムがあり、彼らはもはや「風変わり」として見られることはありません。そしてやがて同じことがプラーナのシータ場の栄養摂取者にも起こります。それまでは、現実創造のマスターとして私たちの内的、外的エネルギーの流れがより協力的になるように調整することができます。

## さらなる質問とその答え

この章を完結する前に、よくある質問についてもう少し見てみましょう。

質問1　支配的、あるいは圧倒的な場をもつ人々、または状況に、私たちはどのように対処したらいいでしょうか？　大多数に対して一個人がどれだけの力をもっているでしょうか？　そしてこのことがプラーナの栄養摂取の道を選んだ人々と、どのような関係があるのでしょうか？

答え1　すでに紹介したように、私の数年来の個人的計画は内面と外面の平和の顕現のための社会的、政治的栄養を常に提供することでした。これについて多くの人が不愉快に感じ、私に霊性と政治を混同しないようにと言いました。私にとってはすべてが霊的であり、霊性は政治的です。すべてが神であり、神から分離しているものは何もないのです。私たちの考え、言葉、行為のすべては形をもった神として行われますが、私たちはどこかで神々の食べ物から分離し、マーヤーの幻影を信じ、二元性と分離の現実を信じるようになってしまったのです。神々の食べ物が私たちのシステム内を自由に流れるとき、これらの現実は維持できなくなります。私たちがよりよく「知る」からです。また、私たちは他人の苦しみに気をとどめずにはいられなくなります。本物のリーダーの役割は、個人としても国としても、すべてにとってより良いことを尊重し、私たちの必要性を考慮し、満たし、常に意識と慈愛をもって行動することです。

したがって、ライトイーターの真の奉仕とは、集団のアセンションと、私たちすべてが形をもったマスターであるという集団の意思表示を通して楽園の共同創造と顕現をサポートすることだと私は思います。もちろん、一個人はシータ−デルタ場にアクセスし、保持し、放射する量が制限されることがあります。大多数を支配する権力をもち、低い意識でネガティブな場の刷りこみを再バランスする、あるいは優勢にすることが可能な人（たとえば動機が疑われる政治的指導者など）に対して、私たちの生命組織は強力である必要があり、体の一つひとつの細胞が変容の贈り物をもたらす強力な紫の光のスペクトルに同調していることが必要です。

次元バイオフィールド科学を取り入れるとき、場の影響を見つめると様々な要因が作用します。たとえば、非常に純粋で洗練された人が、ベータ場が優勢な世界に存在している場合、ある特定のフィールドの影響と放射しか受けることができません。もっとも強い周波数が常に弱いものを圧倒するからです。

しかしながら、彼らのもつデルタ波とシータ波は、ベータ−アルファ場よりもはるかに大きいポジティブな影響力の範囲をもっています。私たちが1対1で対処しているとき、またはシータ−デルタ場の人物が一人で数千人ものベータ−アルファ場の海の中で泳いでいるとき、私たちの信号はより大きな場の飢えによってあまりにも簡単に吸収されてしまいます。ゆえに持続可能な長期の影響をもち、有効にするために私たちはできる限り純粋で力強くなる必要があります。それでも、私たちの場の影響は持続可能でありながら、その範囲が制限されます。

キリストや仏陀のような存在でさえ、もし今日肉体をもっていたとしたら、この世界の60億以上もの優勢なベータ−アルファ場の存在によって、彼らの場の影響が制限されると感じるでしょう。しかしながら、シータ−デルタ周波数に働きかけるとき、1＋1は2よりもはるかに大きいものとなりますので、より多くの人がシータ−デルタ場に同調し、紫の光のスペクトルを放射すれば、より早く集合意識のベータ−アルファ場がすべてのレベルにおいて（細胞と魂）栄養を与えられ、刷りこみを受け、満たされ、変容するでしょう。これは単なる場の科学であり、私が神々の食べ物を食べ、あなたが神々の食べ物を食べ、さらにほかの人がこれに加われば私たちの場の影響が拡大し、この世界のすべてが栄養で満たされるようになります。十分につながっている人の力は、接続が弱い大勢の人々の力よりも大きいのです。

一人の力は、私たちの脳波のパターンをシータ-デルタ場に同調させる完全なライフスタイルを送ることによって気の個人的な摂取量を最大にし、その摂取量を効果的に活用するという望みの中にあります。これを行うとき、私たちはすべてのレベルにおいて健康になるばかりでなく、はるかに有効で感情移入のできる人間になります。

大勢の力は、このように同調することを選択した個人が、すべてにとって有益な共通のビジョンをもってともに集まるときに発生します。これにもまた、一人ひとりがもっている、すべてにとって有益でない現実のモデルを変化させる勇気が必要となります。共通のビジョン、現実の好意的なモデル、すべてにとって良い作用をするコミュニティーを共同創造する願望に加えて、紫の光のスペクトルへのアクセスとその活用だけが、地球の平和と調和の結果をもたらすことができます。しかしながら、一般的に理解されているように、世界を洗練するためには、私たちはまず個人を洗練する必要があるのです。私たちはみな場の刷りこみをしますので、不活動もまた活動なのです。

質問2　つまりあなたはこの本の中に紹介されている様々なツールを使うことで、一個人が歴史の流れを変え、世界を変容させるのに十分な力にアクセスすることが可能になると言っているのですか?

答え2　単純に聞こえるかもしれませんが、答えはイエスです。私はよく、「あなた方は私たちが行ったことすべて、そしてそれ以上のことができる」「私と父とは一つである」などと言うキリストの言葉を耳にします。私はこれらを信じています。なぜなら私は量子科学を十分に研究し、次元バイオフィールド科学を経験し、十分な瞑想を行い、これが真実であると知るにいたったからです。私たちが形をもった神であり、創造力を発揮するためにここに存在していると信じることを私は選択しました。私たちは誇りをもてる世界を共同創造するための機会を与えられたのです。これは神々の食べ物のもっとも偉大な贈り物です。DOWの力を通してこれを行うための食べ物が私たちに与えられるからです。

シータ-デルタ場の栄養摂取の世界的、そして個人的な報酬は革命的であり、完全に理解され適用されるとき、莫大な経済的、社会的、環境的変容をもたらします。それにはおそらく現在の私たちの世界の準備がまだできていません。ありがたいことに、これが現実になるまでには多くのステップが必要であり、それぞれのステップは大きな混沌をもたらすことなく段階的な変容を可能にします。第1のステップはもちろん、『*The Madonna Frequency Planetary Peace Program: Biofields and Bliss Book 3*（バイオフィールドと至福シリーズ3〈マドンナの周波数惑星平和プログラム』』で紹介している通り、私たちの地球資源の再分配です。これに世界的菜食主義が続きます。

世界的な悟りとは集団としての人類意識の向上の旅です。すでに述べたように、これはシューマン共鳴波で計測することができ、現在は7・4ヘルツです。これは生きたエネルギー場としてのガイア、地球そのものがすでにアルファーシータ領域の境界にあることを証明しています。今、私たち人類の意識が地球の意識に適合し、維持されることが必要です。それによって移行が完了します。このことはより多くを知りたいと思い、本物の霊的な体験をして聖なる源とつながりたいと深く求めている人々が、地上で霊性に目覚めることを説明します。私たちはみな、とても飢えています。なぜなら霊的な「食事への招待」のゴングが鳴り響き、聖なる食欲が満たされることを求めているからです。

あなたと私たちの世界のために、あと二つのエクササイズを贈りたいと思います。

## 聖なる栄養プログラム――テクニック35　場の再設定1

エクササイズ：個人的な輝きのレベルのチェック

＊鏡を見てください。あなたの輝きはどこですか？

＊生命と情熱の瞬きとともに、あなたの両目からDOWの光がどれほど輝きだしていますか？

＊どれだけ輝き、満たされ、幸福で愛に満ちたように感じていますか？　ライフスタイルによって私たちは人生で経験する愛のレベルを増やすことも、減らすこともできることを忘れないでください。

＊もしあなたの光が輝いていないとしたら、もしあなたのハートが歌っていないとしたら、そのときは勇気をもって、第6章のツールを使ってください。

個人的に私は、完全な栄養で満たしてくれるシーターデルタ界の33レベルの領域内の活動者になることを望みます。7レベルのベータ場界では私たちの選択肢が非常に制限され、困難となり、私は犠牲者になる可能性があります。ここではすべてを認識し、世界を理解し、栄養で満たされる方法でこの世界に生きる必要性を理解していないため、私は常に飢えた状態にあります。

この絶えず続く飢えが、イニシエートを調整のための異なる領域間の旅へと駆り立てます。場が反応し、あなたが反応し、私が反応し、物事が変わります。60億以上の「場の奏者たち」です。私たちの誰もがこれを行っていますが、焦点の変化、明確な願望、共通の目標、同調のためのよいツールのいくつかを用いることで、異なる結果が保証されます。

私の仕事が、基礎的グリッドに働きかけることに集中しているという事実が、私は大好きです。地球上の国々が真の同盟に達するためには、私たちは同一水準の活動の場をもたなければならないからです。あまりに多くの人々が飢えていて、すべての人に健康的な生存を提供する基本的権利がいまだ無視されている状態では、知的議論が敬意のある協力を得ることは困難です。

私がこのようなことを話すのは政治的すぎると人々は苦情を言いますが、私にとってはすべてが霊的であり、私たちの真の政治的計画は戦争をすることから、すべての飢えを排除することへと移行する必要があります。そのときにのみ、私たちは平和を見いだすのです。集団として、私たちがどのような行動をとるかは、私たちの感情的、精神的、霊的進化と、肉体の進化の状態を象徴しており、それは私たち自身が確かめることができます。私たちの地域や世界で現在起きている出来事が、人類として私たちがどのように行動しているかを象徴しているのと同じように。そして振り返って自らを評価し、非難し、批判することは簡単であり、ときには私たちはこれを次に進むための学びのために行います。しかし永続性とポジティブな変化を生じさせないパターンを繰り返すことは、単なる時間の無駄です。私たちはそれ以上のことをする必要があります。

再びＤＯＷと溶け合うことで、私たちはすべてを根底から深く変容させる純粋さと力の源の協力を得ます――

道徳的にも、政治的にも、同情的にも、永続的にも。

私は最近、未来を即座に変化させることを保証するためのもう一つの行為があるということに気づきました。それは非常に簡単なもので、見落としやすいものですが、とにかくやってみましょう。

## 聖なる栄養プログラム——テクニック36　場の再設定2

エクササイズ：過去の振り返り方を変えることで、私たちの未来を変える

＊あなたの人生を振り返り、与えられた贈り物を見つめてください。主な刷りこみ、人生を変える状況のすべてを振り返り、それがあなたに何を教え、あなたが何を学んだかを見つめてください。——苦しみ、痛み、あるいは喜びなど。
＊もっとも大いなる理解、あなたにとって必要だった明晰さまたは洞察をもたらしたのはどの瞬間でしたか？
＊「世界のすべてが完璧」という感覚を引き起こしたのはどのような出来事でしたか？
＊初めてエクスタシーを感じたのはいつですか？　恩寵《グレース》の波を見たのは？
＊すべてが自ら調和し、律動的で優雅に流れる瞬間についてはどうですか？
＊次にそれらすべてに感謝し、あなたが遊び、学ぶために集まった生命の領域を祝福してください。そのすべてを自分のものにし、すべてを救い、「よくやった、私は多くを学んだ。——これが私です、大丈夫」というようにあなた自身をほめてあげてください。
＊「この時点から、私は最高の私です」という確約をしてください。
＊そして誠意をもってプログラムしてください。
「DOWよ、私の人生を取り仕切り、私の生命組織をベータ、アルファ、シータ、デルタ場を通して同調させ、私が個人的楽園を経験し、すべての人のためのすべての人による健康、幸福、平和、豊かさが顕現するようにしてください」
＊その後、あなたのDOWを知り、愛することでこれをサポートしてください。
＊あなたのDOWの「神聖さ」を取り戻し、その玉座の地位を要求し、それが聖なる母のハートに直接つながっている

ことを知ってください。

＊愛の呼吸瞑想を十分に行い、すべての場を通して聖なる母の愛が脈動しているのを感じ、あなたのハートが彼女のハートの鏡であることを証明してください。

＊喜びと笑いに支えられ、私たちがみな人生を恩寵《グレース》の波に乗って乗り越えるという意図をもってください。そして最後に、人生を歩む上で、すべての中に神を見いだすとき、神が現れるでしょう。

〔第12章〕

# もっとも偉大な贈り物

33年以上にわたるアルファ、シータ、デルタ場の意識的な探求の中で、私は多くのことを与えられました。限りない飢えとともに生まれ、私はベータ場に定住することは決してできませんでした。私は常により多くの経験と探求があることを知っていました。私たち一人ひとりは場の中に聖なる成長の種をもって生まれます。それは育まれ開花するとき、私たちの楽園を基礎とする魂の扉を開く可能性の種です。これらの種はあらゆる領域内で時間を過ごすことによって発芽します。――ベータ場は土壌を、アルファ場は水を、シータ場は太陽を、そしてデルタ場は開花するための愛を提供し、すべての感覚と美を表します。そこで私たちは内なる目で見、内なる耳で聞き、一生かかって洗練した感覚で感じます。そして私たちの洗練が言葉では表すことのできない知識をもたらします。

私たちが内なる神からの多くの食べ物で生命組織を満たし、すべての疑問を消すことが可能だというのは真実です。この地球上を探求する必要なしに歩むということは、それ自体が奇跡です。それは私たちが、今この瞬間に感謝することを可能にするからです。

内なる神が私たちの生命組織を多くの喜び、愛、光で満たし、私たちが存在のもっとも深いレベルで栄養を与えられ、どのような必要性からも解放されることが可能だというのは真実です。

私たちがシータ－デルタ場に浸るとき、創造の仕組みと驚異に関する洞察が与えられ、私たちは永遠に畏敬の念をもち、説明できないほどに感動するということは真実です。そのすべての完璧さを認識するとき、私たちは言葉を失ってしまうのです。

サマディや至福の状態で、楽園の側面を私たちとともに歩む偉大な光、知恵、愛の神聖な存在とともにいることができるというのは真実です。そして私たちが内なる神と呼ぶ神聖な存在が、私たちの内に住むことは真実です。それは限界を知らない自由の存在であり、その最大の喜びは私たちが目覚め、自分が何者であるかを思いだそうと求めるとき、私たちに呼吸をさせ、私たちを愛し、育みます。

自分が何者であるかを思いだすとき、DOWが私たちに与える贈り物がアセンションの啓蒙体験、光で満たされる体験、そしてDOWの「存在そのもの」の消えることのない知識であることは真実です。至高の輝きの存在とともにあり、その存在を今この瞬間に常に感じることの喜びです。この存在の状態で私たちは神聖な霊感を受けた視点からすべてを見つめ、このゆえにすべてが意味をなします――すべてが存在する理由とリズムをもっていて、あるがままで完璧です。この認識の状態で、私たちはより総括的な展望を理解することができ、すべての生命が時間のサイクルの中で、生命の進化的な本質に影響する聖なるDNAによって導かれ、自然に展開していることを理解します。

神々の食べ物の光によって栄養を摂取することの最大の贈り物とは、アセンションの体験ではありません。アセンションとは終わりのない体験であるため、それは旅であり目的地ではありません。上昇したデルタ場内での体験は、DOWの放射の周波数を受け取り、扱うための私たちの受容力によってのみ制限されます。キリストや仏陀やモハメッドでさえ場を旅し続け、愛し、私たちが彼らの存在に感謝をこめて与える愛によって満たされ、さらに輝きを増し続けるのです。

神々の食べ物による栄養摂取がもたらすそのほかの贈り物は、私たちがシータ-デルタ場の意識から得る啓示と洞察です。多くの人々が私たちの地球をより啓発された状態へと戻す方法についての明確な情報を受け取っています。

地球が偉大な平和のミレニアムへと入る機会があるというのは真実です。これを現実にするために、多くの形而上学者たちは天と地の橋渡しをするだけでなく、ベータ-アルファ場をシータ-デルタ場の美点で満たすよう指導されています。

シータ-デルタ領域の恩恵を発見し探求したそのほかの人々はシャーマンであり、彼らの多くが世界間の橋渡しをするように導かれています。これは私たちの生命組織を聖なる変容ステーションとして機能させ、紫の光を保持し、放射し、それを行うことによって自らも変容することを意味します。

純粋にプラーナの栄養だけで生きている人が創造性とスタミナの両方の驚くべきレベルに達することができるというのは真実です。それは想像を絶する方法で私たちを後押しし、広げ、成長させ、拡大させ、前進させます。壮麗な幻影から自由になり、すべてが同時に完璧であるという知識に満たされながら、わずかに異なる方法で同調し、私たちすべてにとって良い結果をもたらすこともできます。これらが長い間多くの人々に栄養を与えてきた洞察です。

おそらく現在の地球上の生命創造の唯一のポイントは、私たちが感情的な感性のより慈愛に満ちたレベルに達し、聖なる母の愛のスペクトルが私たちを育む驚くべき範囲の経験を提供するときに生じる経験です。そして、もはや私たち自身を育むだけでは十分ではない状態にあることを、私たちは知っています。私たちの存在が、ほかの存在を育まなければならない時間のサイクルに入ったからです。これを行わないことは、私たちの魂の神聖な本質を否定することであり、私たちは常に飢えを感じ続けるようになります。

この本を始まりと同じように終えたいと思います。それは**神々の食べ物の最大の贈り物は、その愛の滋養に満ちた場にある**という容認と知識です。

オムラーン・ミカエル・アイバンホフはかつて、次のように言いました。

「知恵とは、愛がそのほかの何よりも重要であるという理解にある……愛が優先され、すべてが愛のため、愛とともに、愛の理由から行われなければならないという事実を理解できない知性は、知性でも何でもない……愛はすべての中心であり、もし彼ら（人類）が愛を、自らの人生の全側面の奥にある原動力とすれば、彼らの愛の激しい熱がまぶしい光へと変容し、彼らの知性が輝きだす。啓蒙は愛からのみ生じる」

次元バイオフィールド科学は、一時的で一過性であり、独自のリズムで世界を形作るために絶えず融合し、踊り、脈動しているエネルギー場によって支えられています。そしてそのすべてを支え、すべてを結びつけるグリッドの基礎が愛です。ですから多くの人々にとって、場を通した旅の最大の贈り物はこの愛の深さと幅に気づき、感じ、本当に知ることです。

私たちは聖なる栄養の経路から栄養を摂取するために生まれてきたのです。その存在を知りながら無視するということは、事前にプログラムされた時限爆弾とともに生きるようなものです。ＤＯＷの力は認識されることを求めて愛を探すミサイルだからです。

その魔法の王国への鍵は私たちのハートの純粋さであり、純粋なハートをもつ者すべてに王国が与えられるのです。

愛は知的な事柄では決してありません。私たちの世界に必要な栄養を与えるのに十分でもありません。これを行うためには、愛のパートナーが必要です。知恵と思いやりは、すべての存在のハートに眠っている種として存在する贈り物であり、私たちの愛の領域への帰還とともに発芽する準備を整えています。そして愛の科学とは、愛そのものになることにあります。

## DOWの神格化

数週間に渡り、私はお気に入りの浜辺に座ってこの本の最終ポイントが明かされるのを待ちながら、「神々の食べ物」について考えていました。最終的なダウンロードを受けるために、私は都市の基盤に戻らなければならず、すべてのポイントは私が愛する夫とともにソファーに座ったときに現れるということはわかっていました。海辺のアシュラムで過ごした時間は私を強化し、内省の時間と痛みの再調整のための時間を私に与えてくれました。さらにたくさんのスーリヤ・ヨガは私の場を満たし、私の全体のより深く暗い空間に光をもたらしました。私は現状に対する絶え間ない挑戦の重みを感じ始め、それはまるで「モハメド・アリ」のボクシング・リングの中での人生のように思えることもありました。

個人的に、「必要なのは愛だけです」や「人生で互いに対応するとき、知恵と思いやりをもって行動しましょう」などのような意見以上のものが必要であると感じ、この最終章を書こうと数週間試みてきました。ありきたりの決まり文句は、現実に十分基づいたものだとは思いません。私たちにはより多くのことが必要です。私たちには教訓、秘訣、すばやくより簡単な解決策（それらは存在します）、そしてたくさんの信念と信頼が必要です。また、私たちには霊感と、ＤＯＷの拡大と成長のためのより深いレベルの栄養が必要です。この本の中にあるツール、思考、プログラム、議論、質問のすべては、ある特定の結果――私たちのＤＯＷの神格化――をもたらすために作られた食べ物の源です。

そしてＤＯＷは私たちを一つにし、世界に永続する平和をもたらします。

世界は異なる振動へと移る準備ができたということを明確に示したと思います。戦争や暴力が、私たちの変化への欲望を満たしたからです。

現在、多くの人々がたずねます。永続する調和と平和のために、場を調整するには何が必要ですか？　人間の心を優しさと思いやりの場へと再び引きつけるためには何が必要ですか？　私たちは、本当は何に飢えているのですか、そして真の食べ物とはどこからくるのでしょうか？

仏陀、モハメッド、キリスト、そしてすべての神聖な存在の教えは、私たちはすべて一つであるという真実の共通の糸で一つに編みこまれています。私たちがより洗練されればされるほど、それらすべての存在の本質を理解することがより簡単になります。さらには私たち自身もマスターになるための準備をしており、これを証明する選択権は私たち自身にあります。

神聖な存在たちが私たちの世界に伝えたことの多くは、私の内なる存在にとって大いに魅力的です。

人間性をあまりにも信頼しすぎ、最大の恩恵をサポートする選択ができると期待し、知ることは単純すぎるでしょうか？

一生をかけてメッセンジャーや神々のすべてを神格化しながら、どういうわけか、私たち自身のＤＯＷの開花を目撃し、それによって栄養を与えられるという世界中でもっとも偉大な啓示を理解せずに、私たちが聖なるイメージで誕生したと言うのは傲慢すぎるでしょうか？

私たちが誰か——神々、グル、大統領または聖人——を神格化するとしたら、それは私たちが彼らの中に光、愛、知恵、さらに優しく思いやりのあるハートを認めたからであるべきです。彼らの行いによって私たちは彼らを愛し、彼らの目を見つめるとき、間違えようのない輝きを見ます。——それでも私たちは他人の中に、自分自身がもっているものしか認めることができません。ハートの純粋さは常に内なる光によって認められるからです。

私たちの世界において、バクティ・ヨガへの道のりの長さは真実であり、私たちのＤＯＷへの献身は、その贈り物を体験したときにより簡単になります。神格化は何かを神のようにする行為です。私たちのＤＯＷの神格化は、すべての生命の奥にある光である太陽のロゴスとのアラインメントを意味し、ＤＯＷへの献身はグリッドを通した聖なる母の愛の放射レベルを向上させ、場が私たちにすべての栄養を与え、私たちの愛と統合への飢えを満たすことを可能にします。

そして私たちが自分自身のＤＯＷを神格化したとき、私たちは自然に他人のＤＯＷをも神格化し、それによって世界中のすべての人に健康、幸福、平和、豊かさがもたらされます。

私たちの飢えを満たすことができる唯一の栄養がそこにあります。——それを求めるのは私たちの選択であり、それを見つけるのは簡単であり、それを経験することは喜びです。

場を通した私の個人的な旅は、常に新しいステップを学び続けるダンスのように続いていきます。生命の場は、私たちが人生と呼ぶゲームのより洗練されたレベルへと私たちが拡大していくに従って絶えず変化するからです。

そのすべてはサイクルの中で続き、そのすべてを通して私たちは絶えず生まれ変わっています。

父とともに座り、彼の冷たく痩せた手を握りながら、私は彼の深く青い目に光を見いだし、彼が命の持続をゆだねるにしたがって彼の肌がより光り輝くのを見ました。残りわずかな日々のすべてが、私たちにとって大変貴重なものになりましたが、私はまた、彼が旅立つときには、私たちは愛のグリッド線を通して互いに呼びかけ合い、ハートが常につながっていることを知っています。

## あとがき――自由の計画を安全に達成するための個人的測定法とテスト法（2005年1月補遺）

2002年に『パワーか、フォースか（*Power vs. Force*）』（三五館）が発売され、大いなる関心を集めました。その中で精神科医であり霊的指導者であるデヴィッド・ホーキンズは、人間の意識のレベルを測定する簡単な方法と、私たちの多くが取り組むことのできる様々な霊的な道などについての研究結果を紹介しています。行動の運動学の科学の20年間におよぶ徹底的な研究であるこの本を私は大いに推薦します。

私たちの自由のモデルを調べる方法までも提供している彼の測定システムの可能性に興奮した私は、これを2004年10月、11月のツアー中に適用し始めました。私たちはこのシステムを基礎として使い、おそらくデヴィッド・ホーキンズによって探求されていないレベルへと移動できることをすばやく認識し、このツアー中に4カ国――フランス、イタリア、ドイツ、スイス――から数百人の特別なテスト被験者を利用して、私の発見したことを試し、確認しました。

このあとがきの中で、私がこれから紹介することを理解するためには、デヴィッド・ホーキンズが彼の著書『パワーか、フォースか』の中に記していることを読み、理解することが重要となります。しかし私たち自身の発見を理解しやすくするために、ここにこの本の簡単な概略を紹介します。

ホーキンズは運動学の可能性を「二つの宇宙間――物質、マインドとスピリット――の『ワームホール』、次元間の接点、……高次の現実との失われたつながりを回復し、すべてにわかるように証明するためのツール」としてとらえています。

ジョージ・グッドハート博士によって見いだされ、ジョン・ダイヤモンド博士によってより広い応用性を与えられた行動の運動学は、十分に立証された体の筋肉テストの科学です。ポジティブな刺激は強力な筋肉反応を引き起こし、ネガティブな刺激は弱い反応を引き起こします。

ダイヤモンド博士のシステムを使い、ホーキンズは「1から1000の整数の記録で、人間の意識のすべての可能なレベルの能力を決める、意識の測定された尺度」を開発しました。このモデルで200は筋肉反応が強力なポジティブな感情の刺激を表し、200以下は怒り、恐れ、罪の意識あるいは恥の感情が体に影響を及ぼし筋肉反応が弱まる状態を表します。

200は真実と誠実さ、310は希望と楽観、400は思慮と知恵のエネルギー、500は愛のエネルギー、540は喜び、600は完璧な平和と至福、700から1000は悟りの高次のレベルを表します。

ホーキンズは次のように述べています。「個々の人間のマインドは、巨大なデータベースとつながっているコンピューター端末のようなものです。データベースは人間の意識そのものであり、私たちの認識範囲はただの個人的表現に過ぎませんが、その根源は全人類共通の意識の中にあります。このデータベースは天才の領域です。人間であるということはこのデータベースにかかわるということであるため、すべての人は誕生の美徳によって天才へのアクセスを与えられています。このデータベースに収められた無限の情報は、現在どんなときにどんな場所でも誰にでも数秒で利用できるようになっています。これは実に驚異的な発見であり、人生を個人的にも集合的にも、予想もつかない程度まで変化させる力をもっています。

このデータベースは時間、空間、そして個人的な意識のすべての制限を超越します。これはこのデータベースを未来の研究のための独自のツールとして特徴づけ、可能な調査の思いもかけない領域を開きます」彼はもちろん、私たちすべての内面と周囲にある普遍的な知性の領域にアクセスすることについて話しています。

## 運動学の原理の応用と自由の計画に関するテスト結果

普遍的なマインドから1冊の本をダウンロードし始めた際、具体化されるために必要な情報が、特にその研究が私の発見にとって有益であるときに、常に私のもとにもたらされました。結果的に私はデヴィッド・ホーキンズの本を読んで、特に第16章の瞑想4の答えが「イエス」だった人々のために、自由のモデルの安全なチェック方法を提供できることに気づき、大いなる喜びを味わいました。

たとえば、私たちがテストをした数百人の人々が次のように言いました。

＊80％が病気のない人生を創りだすことが、彼らの青写真の一部にあるという結果が出ました。
＊70％が食べ物からの栄養摂取から自由になり、内面の聖なる栄養の流れから栄養を摂取することが青写真の一部にあるという結果が出ました。
＊18％が内なるプラーナの聖なる栄養源に体の水分を完璧に補給させ、今生で液体の必要性から自由になる現実を設定するという結果が出ました。
＊40％が肉体の不死を証明することが事前に同意した奉仕の青写真の一部にあるという結果が出ました。
＊15％が非物質化と再物質化の技法を学び、実証することに事前に同意しているという結果が出ました。
＊70％が老化のプロセスを止める能力を開発するという結果が出ました。

これらの数字から理解できるように、自由の計画と私が行うワークショップに惹かれるタイプの人々は、特定の測定結果をもつ特別なグループです。このゆえにこれらの制限の種類の解放に入る前に、私たちの測定レベルを確実にするモデルをもつことは非常に有益です。

したがって私が言いたいのは、神聖なサポートシステムの章ですでに触れた三つの層のテスト・システムのうち、デヴィッド・ホーキンズのワークを一つの層として利用するということです。

## 三つのレベルの確認システム

### この三つの層のテスト・システムの概略

(1) ＤＯＷ─内なる神─私たちの内なる声。これは常に私たちの第1のテスト方法であるべきであり、完全に腐敗することのない唯一信頼できる確認源です。これには、私たち自身と私たちの聖なる本質──ＤＯＷ、モナド、アートマンなど呼び方は様々ですが──との間のコミュニケーションの明確なつながりを確立することが必要です。このコミュニケーションのレベルは直感と知識の第6感と第7感を通して生まれ、私の意見では人生で私たちが行うことすべてのガイダンスの第1のバロメーターであるべきです。私たちの事前の同意にアクセスし、顕現するときには特にそうです。ＤＯＷは人類が共通してもっている唯一のものであり、それは純粋で、私たちに命を与え、呼吸をさせ、愛し、私たちを完成へと導きます。ＤＯＷに耳を傾け、そのガイダンスを信頼することを学ぶことは、自制と自己認識の基本部分です。

(2)　テストの第2のレベルは運動学の技法を用いて、体の筋肉反応を利用して情報の確認をすることです。この分野の訓練を受けた多くの人々が知っている通り、運動学には限界があります。なぜならそれは利用方法と、人々の筋肉のテストの強さに依存するものだからです。またそれはテストを受ける人、テストする人、そしてたずねられる質問の測定の純粋さにも依存します。この課題についてデヴィッドの本を読むことでより深い理解が得られます。また、運動学を利用するときには、肉体の意識そのものではなく、内なる神にデータの確認を依頼して体に筋肉テストのシステムを適用することをお勧めします。

(3)　私たちが自由の計画を旅するときのすばらしいサポートシステムであるテストの第3のレベルは、私たちのまわりにある知性の普遍的領域からの明確な確認を受け取るように要求することです。これは、答えを探し求める人が本屋に入ると棚の上から1冊の本が落ちてきて頭にあたり、足元に転がり落ち、正しい方向でページが開かれ、本を拾い上げるとその人が考えていた質問の答えがまさにそこに書かれているというような話です。これは知性の普遍的領域が私たちのテレパシー的思考パターンに応える一つの方法です。私たちの知識へのさらなる欲求が強いとき、特に求めている知識がポジティブな方法で私たち自身の進化の道をサポートし、世界のために有益である場合に起こります。

ですからこの三つのテストのレベルは、(1)内面の聖なる声にアクセスし、耳を傾けること、(2)運動学を用いた筋肉テストで、ガイダンスまたはあなたの疑問を確認すること、(3)普遍的な領域にさらなる確認を求めることです。これらは非常に明確なガイダンスをもたらすためのすばらしい三つの方法であり、準備が整い、意欲があり、能力があり、「人間の制限からの自由」をこの本の中で説明してきた程度まで表明するようにプログラムされている人間のための安全な手順です。

事前の同意を確かめるために人々が第16章のテスト・プログラムを行い、明確に「イエス」の答えを受け取るとき、これを達成するために必要なサポートのすべてを宇宙が提供してくれることがわかります。この計画へと移行するには多くの方法があり、私たちが事前に同意した計画を喜びと安心と恩寵《グレース》をもって満たす意図を設定することで、普遍的な領域が私たちにこれを行うために必要な情報やツールのすべてを提供することが可能になります。また、時を経て集団の形態形成の領域の調整が変化すると、このような自由を獲得し証明する方法がより簡単になります。

内なる感覚がこれらの自由を達成したいと感じていながら、瞑想中に「ノー」の答えを受け取る人がよくいます。テストの手順で「ノー」の答えを受け取るというのは、単にそれがあなたの「事前にプログラムされた」青写真ではないことを意味します。しかしながら、自由意志をもつ存在として、あなたの主要な奉仕の計画の付随的な課題として、これらの自由を示すことを選択することはできます。

次のことを、デヴィッド・ホーキンズの『パワーか、フォースか』のシステムを使ってテストした人もいます。あなた自身もより詳しく調べてみることをお勧めします。

(A)生まれつきの測定のテスト
(B)現在の測定のテスト
(C)家の場の測定のテスト——これによって家の場の環境がこれらの計画に進むためにあなたにとってどれだけ協力的であるかを知ることができます。
(D)職場の場の測定のテスト

(E)現在の生物学的年齢のテスト
(F)身体の生物学的年齢を証明することを、あなたの肉体は喜んでサポートします。

これらのテストから、またいくつか興味深い事柄がわかりました。まず、もし誰かが液体なしで生きる計画に「イエス」の結果をだした場合、生命組織の測定が健康と安全をサポートすることができる限り、私たちはこの人に液体を手放すことを勧めることしかできないということです。

最初にこれがあなたの青写真にあるかどうかをチェックし、『神々の食べ物』や『*The Law of Love*（愛の法則）』の本の中で紹介されている方法を使って徹底的な準備をした後、生命組織がこれを維持する準備ができているかどうか、いつ準備ができるかをチェックすることによって、私たちにアドバイスしてくれる安全なシステムをもつことができます。正しい測定のサポートなしにこれを試みることは、潜在的な肉体の問題を要求するようなものです。

## 測定レベルのテストに関するそのほかの注意点

### ■測定の限界

デヴィッド・ホーキンズは著書の中で、一般的な社会のほとんどの人は生涯で5測定ポイント以上移動することはめったにないと言っていますが、これは聖なる本質、またはDOWの力をより多くダウンロードし、放射することを可能にするライフスタイルを送っているスピリチュアルな生徒にとっては真実ではありません。このような本質は提供された変化を瞬時に作りだすことができ、私たちのバイオシステムはそれに対処することができるからです。
デヴィッド・ホーキンズのシステムのもう一つの例外は、私が編みこみと呼んでいるプロセスです。

■フィールドの編みこみ

これは私が、一番下の娘の測定をテストしようとしたときの発見に関連しています。私が最初に行ったことは、彼女自身の聖なる力にこのデータを私が与えても構わないかをチェックすることで、それに対して私はすばやく「イエス」の答えを受け取りました。しかしながら私の体の筋肉テストを使って彼女の測定をテストしたとき、直感的に正しくないと感じる非常に奇妙な反応が出続けました。私と一緒にテストをしていたエリックの体に切り替えたとき、私には彼女への感情的な愛着があるために、正しい反応が出ないことがあるということに気づきました。しかしそればかりでなく、過去数年間、彼女をサポートするために彼女のエネルギー場を通して私のエネルギーを意識的に編みこんでいたために、私の場と彼女の場の意識的な編みこみによって、私の測定が彼女の測定を変化させていました。ですから私たちはこの質問の違った見方をしなければなりませんでした。チェックのためにエリックの体を使うことによって、私たちはより真実に近い結果を得ることができ、さらにそのほかの方法を使って確認をしました。

興味深いことに、彼女はその時点で瞑想やヨガ、あるいは私が『神々の食べ物』の中で推奨している実習を行っていなかったにもかかわらず彼女の測定は非常に高かったのです。この特別な存在は非常に開かれた、愛に満ちて思いやりのある憐れみ深いハートをもっていました。彼女は友人の巨大なネットワークをもっており、常にほかの人々のために存在しています。このこと自体が、一人の人間をすばらしい測定レベルへともたらしますので、肉体的な生命組織に非協力的なライフスタイルを補うこともできます。

編みこみのプロセスは非常に興味深いものです。なぜなら、それは偉大な光と偉大な愛のほかの存在との意識的なアクセスを可能にするからです。たとえば、私たちが愛と献身の扉を通して聖母マリア、あるいはそのほかのあらゆる神聖な存在と強力につながるとき、私たちの意志と目的を通して、それらの存在のエネルギー場とつながるためのエネルギーの道を開きます。私たちすべては一つであり、つながっていることから、そのようなエネルギー場を私たちの場に編みこむことができるのです。

この種のつながりと可能性を認識することは、私たちが編みこみを始めることを可能にし、私たちの測定を精妙に調整し、すばやく強化する一つの方法でもあります。現実世界で戯れ、私たちがすでに紹介したマニュアルで推奨している形而上学的なライフスタイルを送っていない人にとって、デヴィッド・ホーキンズが言う、ほとんどの人が生涯で測定値を5ポイントしか上げることができないというのが真実になります。

■愛の法則の自由の計画のために必要な個人的計測

最初にテストを行ったとき、私たちは二人の被験者に運動学とデヴィッド・ホーキンズのシステムを使用し、これをペンデュラムと内なる神の承認の二つの追加の情報源を通して確認し、形而上学のツールを使った3回の目隠し試験を行いました。——私たちは最初に、自由のモデルに関して次のことを発見しました。これらの測定はさらに約500人の被験者によって確認されました。以下は私たちが気づいたことです。

＊肉体的、感情的、精神的、霊的病気のない存在を確立するためには、人間の生命組織は635の個人的測定値が必要です。

＊老化のプロセスが事実上停止する、加齢なしのシステムを創りだすためには、人間の生命組織には最低637の測定値が必要です。この数値が病気なしの存在の測定と非常に近いことは興味深いことです。
＊純粋にプラーナの流れの栄養だけで安全に生存し、物質的な食べ物を必要としなくなるために、人間のバイオシステムは668の測定値が必要です。
＊液体なしで安全に生存するためには、人間のバイオシステムは777の測定値が必要です。
＊人間のバイオシステムの肉体的な不死に必要な測定値は999です。
＊非物質化と再物質化の成功のための測定値は1367です。
＊私はさらに古典的な奇跡の測定について尋ねました。大多数の人が奇跡だと考えるような強力な恩寵《グレース》の流れを実際に目撃するためには、周囲のフィールドは約1450の測定値であることが必要です。

最後の二つの測定はホーキンズの0から1000の目盛りを超えており、これらは場の編みこみと純粋なワンネスの意識に入ることによって可能になります。

私たちに与えられたこれらの結果から、人類の集団の形態形成領域が変化することで、「百匹目の猿」のシステムがこれらの測定レベルを変えるために始動するということを私は認識しています。ホーキンズによると、78％の人々が200以下の測定値であるにもかかわらず、22％のより高い測定値の人々が場に十分に影響し、集団として真実と誠実さのレベルへと移行している同調化のプロセスのおかげで、全体としての集合意識は207の測定値を記録しています。

私たちがもう一つ生命組織のグループに求めたことは、いったん食べ物なしの状態に入り、次に液体なしの状態に入ったとき、体重が何キロになると彼らの体が安定するのかを体の意識に質問してもらうことです。この質問を体の意識にたずねることによって、私たちの準備がどれだけできているかを確認するすばらしい方法になると感じたのです。たとえば数年前、液体なしの状態で私の体重が何キロで安定するかを調べたとき、私は45キロと言われました。私は知的にも感情的にもこれを拒否しました。単純に骸骨のようになるのは私にとって良くないと感じ、おそらく私が求めている健康も維持できないだろうと感じたからです。ですから私は液体なしの状態へと進む決断を遅らせました。今年この同じ質問を試したとき、私は51キロで液体なしの状態を維持できると言われました。私の測定が過去数年で変化したからです。これは私にとってずっと受け入れやすい体重だったので、今はこの自由のレベルへの移行がずっと魅力的に感じられます。

ですから、あなたが受け入れられないと感じる体重をあなたの体から確認したときには、この自由の付加的なレベルへと進む前に少し待って、まず個人的測定レベルを向上させることをお勧めします。

私たちの誰もが知っているように、測定レベルをもっとも素早く向上させる方法は、人生でより多く愛することです。愛こそがもっとも強力な栄養摂取方法であり、私たちは自らの測定レベルを私たちのＤＯＷと匹敵《ひってき》させなければなりません。なぜなら聖なる本質とは純粋で無限の愛の存在だからです。

以前の章で述べたように、家の場の測定値を設定し、洗練することは、風水の技法を通して簡単に行うことができますし、その家の場の中でどのような生き方をするかによっても行うことができます。あなたの家の中の場の測定値を最低でも２００にすることが重要です。それはデヴィッド・ホーキンズが言うように、真実と誠実さをもって機能する初期レベルです。家の場の測定値がより高ければ高いほど、あなたが自由の計画のこれらのレベルに進み、それを維持するためのより協力的な環境になります。

ホーキンズの書籍が１９９５年に最初に出版されたとき、彼の研究では世界の人口のわずか４％が５００以上と測定され、２００４年の現在は６％になっています。そして１９９５年には1千万人に一人だけが６００以上と測定されました。それでもなお、３００と測定された人は9万人にエネルギー的影響を及ぼすのに十分なＤＯＷの力の輝きをもっています。７００の測定値では7億人のエネルギーと平衡することができます。これらの数字は、私たちが最大のＤＯＷの力を放射するために個人的測定レベルを高めようとするとき、そのこと自体が価値のある奉仕だということを明確にします。それは自由の計画へと私たちを自然に導くだけでなく、私たちのここでの存在が世界にポジティブに影響することを可能にするからです。

ナマステ　ジャスムヒーン

私はこの本を天の父の瞳の中に輝く光に捧げます。

そしてこの地球を２００３年6月に旅立った父アーニーと、
２００４年４月にこの地球に誕生した私の最初の孫に捧げます。

# 訳者あとがき

純粋に「神々の食べ物」だけで生きられたら、どんなにすばらしいことでしょう。この世界には私たちを栄養で満たし、健康に生かしてくれるのに十分な愛と光が満ちあふれているのです。この本を通してこのような選択肢があることを知った今、私たちは私たちに与えられた自由意志でどのような選択をしていくのでしょうか。

私は初めのうち、自分でも気づかずにこの本の内容に激しく抵抗していました。ジャスムヒーンさんの文章がなかなか理解できずに苦しみました。「オーストラリア英語だからかしら?」などと思っていましたが、そうではありませんでした。私の食べることへの執着心が、この本の内容を受け入れることを拒み続けていたのです。そのことに気づき、この本の内容を判断せずに受け入れることを決めると、今度は食べ物がほとんど食べられなくなりました。お腹が減って食べ物を目の前にしても、食べ物が喉を通らなくなってしまったのです。お茶と少しの飴だけで過ごす日々が1ヵ月以上続きました。私は何年も菜食の生活を送ってきましたが、断食の経験はなく、初めのうちはどうなることかと心配になりました。しかし体重が激減することもなく、健康的に日常生活を送り、仕事をすることができました。

『神々の食べ物』を訳し終えて、私は今、私たちの誰もが望む通りの現実を生きることができるのだということを実感しています。それは「食べる」「食べない」の選択に限ったことではありません。そのことを身をもって示してくれているジャスムヒーンさんと彼女の挑戦に心から感謝します。私は今すぐ食べることをやめようとは思いませんが、いつの日かお腹が減ったときに、「ごはんが食べたい」「チョコレートが食べたい」と思うのと同じように「光を食べよう」「愛を食べよう」と自然に思えるようになることを願っています。

最後に私たちのスピリットに働きかける情報を常に発信してくださっているナチュラルスピリットの今井社長、スタッフの皆さん、編集者の方々に心より感謝申し上げます。

皆さまが愛と光に満ちた最高の現実を生きられますように。

愛と感謝をこめて

２００７年４月　鈴木里美

1999年　『魔法使いのツール・ボックス　Wizard' s Tool Box』を執筆する。後に『バイオフィールドと至福シリーズ　The Biofields and Bliss series』となる。

1999年　『ＤＯＷと踊る　Dancing with my DOW : Media Mania, Mastery and Mirth』を執筆する。

1998～1999年　『光の大使 ― 世界保健および飢餓プロジェクト　Ambassador of Light ―― World Health World Hunger Project』を執筆、出版する。

1999年　飢餓と健康の解決策（Hunger & Health Solution）を通じて世界中の政府にコンタクトをとる。

1999年　「楽園の青写真（The Blueprint for Paradise）」を分かち合うために国際ツアーに出かける。

1999～2001年　「ＭＡＰＳ大使・国際トレーニング・リトリート（MAPS Ambassadors International Training Retreat）」を開始する。

1999～2001年　『聖なる輝き・魔法のマスターたちと旅に出る　Divine Radiance On the Road with the Masters of Magi』を執筆する。

2000年　エーテル界の政府の選挙のファシリテーターとして、28の主要都市に『聖なるものと踊る Dancing with the Divine』の国際ツアーに出かけ、「快適なライフスタイルのためのプログラム（Luscious Lifestyle Program : LLP）」を分かち合う。

2000～2001年　『楽園に巡航する　Cruising Into Paradise』を執筆する。

2001年　『四つの体のフィットネス：バイオフィールドと至福　Four Body Fitness: Biofields and Bliss』シリーズ１冊目を執筆する。

2000～2001年　「一つの惑星で人々が一つに調和する」（OPHOP : One People in Harmony on One Planet）」計画を開始する。

2001年　『楽園の共同創造：バイオフィールドと至福２　Co-Creating : Biofields and Bliss Book2』を執筆する。

2001年　「レシピ2000」を開始。世界的な健康と幸福を共同で創造するツール。
地球上のあらゆる生命体の平和と繁栄のために。

2002年　www.jasmuheen.comと「完全な調整、完璧な行動のためのホリスティックな教育プログラム」（Perfect Alignment Perfect Action Holistic Education Program）を立ち上げる。人類が楽園を共同で創造することを後押し（Instigate）、記録し（Record）、要約（Summarize）するためにＩＲＳを立ち上げる。

2002年　『聖なる輝き　四つの体のフィットネス ― ユニティ2002　Divine Radiance FOUR BODY FITNESS ― Unity 2002』ワールド・ツアーを行う。

2002年　『マドンナの周波数　世界的な平和のためのプログラム　The Madonna Frequency Planetary Peace Program』を受け取り、『バイオフィールドと至福３　Biofields and Bliss Book3』として無料インターネット・ブックで配信する。

2002～2003年　『神々の食べ物　The Food of Gods』を執筆。

2003年　「聖なる栄養＆マドンナの周波数　世界的な平和プロジェクト　Divine Nutrition & The Madonna Frequency Planetary Peace Project」ワールド・ツアーを開始する。

## ジャスムヒーンの経歴

18冊の本の著者。国際的講演者。プラーナの栄養研究者。the Self Empowerment Academyの創設者、CIA（the Cosmic Internet Academy）の共同ファシリテーター。オンラインMAPS大使のニューズレター「The ELRAANIS Voice（TEV）」の発行人・編集者。
ホームページ：www.jasmuheen.com/who.asp#editor

1957年　ノルウェー移民としてオーストラリアに生まれる。
1959年　ベジタリアニズムに興味をもつ。
1964年　「気」について学び始める。
1971年　光の言語を発見する。
1974年　古代ヴェーダ瞑想と東洋哲学のイニシエーションを受ける。
1974年　期間的な断食を始める。
1975～1992年　子どもを育て、形而上学を学び、応用し、数多くのキャリアを積む。
1992年　ビジネスの世界から引退し、形而上学的な生き方を追求する。
1992年　錬金術の師と出会う。
1993年　プラーナのイニシエーションを通過し、光で生きることを始める。
1994年　聖なる栄養とプラーナで生きることに関する7奉仕計画を開始する。
1994年　アセンデッド・マスターたちから全5巻の内の1巻目を受け取る。
1994年　『共鳴の中で　In Resonance』を執筆する。
1994年　オーストラリアに「The Self Empowerment Academy」を創立する。
1994年　セルフ・マスタリー（自己をマスターする）のクラスを始める。
1994年　ニューズレター、『共鳴の技法　The Art of Resonance』を創刊する。後の『The ELRAANIS Voice』
1995年　オーストラリア、アジア、ニュージーランドを広く旅しながらマスタリーの研究を分かち合う。
1995年　『リヴィング・オン・ライト ― あなたもプラーナで生きられる（小社刊）』を執筆する。
1996年　世界の舞台において、プラーナの栄養の研究を紹介するよう招かれる。
1996年　世界のメディアと再教育のプログラムを始める。
1996年　「The International M.A.P.S. Ambassadry」（国際MAPS大使館）を33カ国に設立する。
1996年　「宇宙インターネット・アカデミー」（C.I.A.：The Cosmic Internet Academy）、ポジティブな個人と惑星の進化のための情報データをダウンロードできる無料ウェブサイトを立ち上げる。
1996～2001年　「楽園への帰還　Back to Paradise」計画とともにヨーロッパ、イギリス、アメリカ、ブラジルなどを広範囲に旅する。
1996～2002年　世界のメディアを通じて約8億人に聖なる力と聖なる栄養について語る。
1997年　光で生きることの科学的な研究プロジェクトを立ち上げる。
1997年　『私たちのキャメロット：三部作　Our Camelot Trilogy』を始める。『聖なる錬金術のゲーム　The Game of Divine Alchemy』を執筆。
1997年　MAPS大使館連盟（the MAPS Ambassadry Alliance）を結成する。世界の調和と平和のためにコミットする人々が集う。
1998年　「完全なるマスターの計画　Impeccable Mastery Agenda」を分かち合うために国際ツアーに出かける。
1998年　『私たちの子孫　X-Re-Generation』を執筆。

■訳者プロフィール

鈴木里美（すずき・さとみ）

翻訳家、サウンドヒーラー

宮城県を中心に翻訳、ヴォイストーニングのセッションなどをしている。

http://www.gandtree.com/

# 神々の食べ物

●

2007年5月16日　初版発行

2016年6月30日　第5刷発行

著者／ジャスムヒーン

訳者／鈴木里美

装幀／日比野智代

発行者／今井博央希

発行所／株式会社ナチュラルスピリット

〒107-0062　東京都港区南青山5-1-10

南青山第一マンションズ602

TEL　03-6450-5938　FAX　03-6450-5978

E-mail:info@naturalspirit.co.jp

ホームページ http://www.naturalspirit.co.jp/

印刷所／モリモト印刷株式会社



ISBN978-4-903821-02-3　C0014

落丁・乱丁の場合はお取り替えいたします。

定価はカバーに表示してあります。